中公文庫

完本

昭和史のおんな（上）

澤地久枝

中央公論新社

完本　昭和史のおんな（上）　目次

妻たちと東郷青児　11
昭和四年三月、朝刊社会面トップに「洋画の鬼才東郷青児氏／愛人と情死を企つ」とのスクープが載った。この時東郷には二人の妻がいた

井上中尉夫人「死の餞別」　55
満州事変勃発直後、軍人の夫の出陣前夜に二十一歳の新妻は謎の自決を遂げた。やがて事件は、軍国妻の美談へと仕立てあげられていった

保険金殺人の母と娘　97
多額の保険金をかけられていた〝日大生殺し〟は母と妹の自白で肉親の犯行とわかった。医者一家はなぜ長男を殺さねばならなかったのか

志賀暁子の「罪と罰」　137
二・二六事件以来の戒厳令下、新興キネマの人気女優志賀暁子は産婆Gと共に堕胎罪に問われた。銀幕に咲いた無垢の女のイメージは……

杉山智恵子の心の国境　179
昭和十三年初頭、杉本良吉は女優岡田嘉子と共にロシアへと越境した。残された杉本の妻、杉山智恵子は病いの床で孤独なたたかいを続けた

チフス饅頭を贈った女医　221
病院副院長宅にデパートから送られてきたチフス菌饅頭――贈り主は男への長年の献身を踏みにじられ、懊悩にとりつかれた女医であった

性の求道者・小倉ミチヨ　261
近づく軍靴の響きをヨソに、小倉清三郎と妻ミチヨは極貧の中で空前の性研究誌『相対』を出し続けた。だが夫婦の間にあったものは……

桝本セツの反逆的恋愛　311
科学史家、岡邦雄の新恋愛論は、二十二歳下の桝本セツへの愛の賛歌であった。セツは妻子ある岡との恋を、生涯を貫く愛へと着地させた

初代女性アナ翠川秋子の情死　353
昭和十年八月六日、「初代アナウンサー悲しき母の一生／永遠の憩いを死へ？」の記事が載った。しかし、このとき彼女はまだ生きていた

擬装結婚の愛と真実　393
非合法共産党活動に挺身していた若松齢が逮捕されたとき、彼女が案じたのは自分の前歴について何も知らない九歳年下の「夫」の身だった

完本　昭和史のおんな（下）目次

完本 昭和史のおんな

上

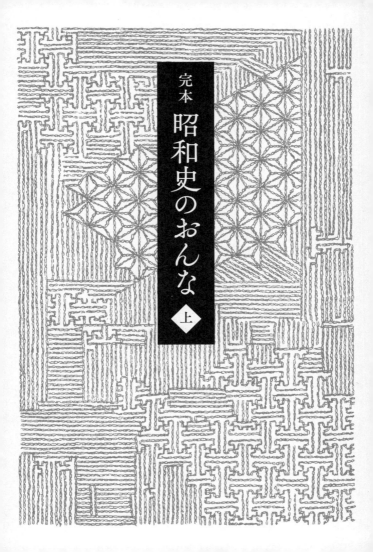

前頁 扉絵 安野光雅

妻たちと東郷青児

昭和十年頃の東郷青児と盈子
（写真提供・東郷たまみ氏）

1　情死伝説

昭和四年（一九二九）三月三十一日、日曜日の朝、『東京朝日新聞』の社会面トップに十段ぬきのスクープ記事がのった。

「洋画の鬼才東郷青児氏
　愛人と情死を企つ
　　ゆうべ大井鹿島谷の自宅で
　　ガスを放ち咽《のど》を切る」

このとき、フランスから帰国早々の東郷青児（本名東郷鉄春）には戸籍上の妻明代《はるよ》と一子志馬《しま》がいた。同時に前月十七日に中村修子と結婚披露宴をあげたばかりという複雑な男女関係があり、情死の舞台となった家は、その修子との新居であった。世間はもとより、親しい友人たちさえ、情死の報を聞いて、相手の女性が誰であるのか想像できなかったという。

事件の詳細を、新聞はつぎのように報じている。

「二科会会友で未来派画家として将来を嘱目されている東郷青児氏（三三）は、三十日午後八時、この朝同氏の許を訪れて来た愛人西崎盈子《みつこ》（二一）と府下大井町鹿島谷三一三八の自宅寝室を締切り、台所のガスを放ち部屋に充満させた後、鋭利なカミソリで両人ともけい部をかき斬り、心中を企てた。あたかも外出先から帰って来た同家の女中が発見、付近の者に知らせたので大騒ぎとなり、警察からも係官が急行、応急手当を加えた後直《ただち》に大井町水神下の某医院にいれ更に治療を加えた結果、出血は甚だしいが生命は両人とも取止めるらしいとの事である……」

戦争が激しくなって、新聞が世俗の記事を書くのをひかえるようになるまで、昭和の時代だけをとってみても、心中、情死の報じられない日はないといっていいくらい、恋愛の不毛な試練の時代がつづいた。

男満三十歳、女満二十五歳になるまでは、結婚は同居する戸主の同意（あるいは後見人、親族会の同意）を必要とした。むかしの新聞を繰っていて、時代相というべきものを感じるのは、兵士の脱走・自殺事件であり、家柄や身分の差を理由に結婚を阻止された男女の情死事件である。

東郷青児の事件のちょうど一年前には、東京高校の理学科教授北川三郎と、女給小林よね子の情死事件が起きている。

H・G・ウエルズの『世界文化史大系』の訳者で自然史学の新進気鋭の学者であった北川教授は満二十九歳、よね子は九歳年下であった。三月十四日夕刻、富士山麓精進湖に近い青木ヶ原の樹海でよね子の遺体発見、北川教授の行方は不明という三月十八日の新聞に、

「一家を挙げて
　結婚に反対した
　　まさか死ぬことはあるまい
　　　北川氏の父勘三郎氏談」

の記事がある。色恋沙汰などで「まさか死ぬことはあるまい」とタカをくくった一家の反対に対する答が、情死である。北川三郎は三月二十七日午後、阿難坂峠の山林中で死体となって発見された。これは「家」を第一義におき、その結果生じる人間性の抹殺はかえりみなかった旧民法下の時代の、典型的な情死事件であるように思われる。

東郷青児と西崎盈子の情死未遂とその後には多岐にわたる物語がひかえているが、中村修子をよく知っていた『東京朝日』記者のスクープがなかったら、後年まで語り伝えられ

る（しかもかなり歪曲され潤色された好色譚になった）情死伝説は残らなかったのではないだろうか。

「生き恥」を天下にさらした形の恋の道行きをした二人は、満年齢でいえば東郷青児三十一歳、西崎盈子は十九歳の若さであった。この情死未遂のいきさつは、宇野千代の『色ざんげ』に男の回想の形式で作品化されている。

それは事件の一カ月後、宇野千代がまだなまなましく血痕の残る夜具にくるまってともに一夜を明かしたのち、五年間東郷青児と暮す仲となって書かれた長篇である。

事件に素早く反応して騒ぎ立てる世間は、忘れ去ることも早い。東郷青児は昭和五十三年四月二十五日、旅さきの熊本で八十一年の生涯を閉じるまで、二科会の総大将として、芸術と商業美術の大胆な触媒的存在として、存分にその人生を生きた。自らを語る機会も、評伝を書かれる機会も数多くあった。

東郷青児と同じ明治三十年生れの宇野千代は、『或る一人の女の話』『私の文学的回想記』などの後年の作品におのれを語っているほか、『色ざんげ』『私と子供』『別れも愉し』『未練』など、東郷青児との出会いから生れた一連の作品がある。

画家と作家。それぞれに一業をもち一家をなした人々にとっては、過去は汚名も栄光も、屈辱も勝利も、すべてが生きる糧となり、仕事に対する賦活作用さえもつものであった。

だが、昭和四年三月の情死未遂事件のあとを辿ると、それきり忘れられ、消息もたって、当時新聞を読んだ年配の人々に、恣意《しい》的な記憶を残すだけになった女性たちがあり、さらにかくれた形の子供たちが姿をみせてくる。

2　鮮烈な邂逅

東郷青児は明治三十年（一八九七）四月二十八日に生れた。二十四歳の大正十年四月に渡欧しているが、両親はその持ち家を売り払って費用を出したという。この船旅に同行し、さしずめスポンサーでもあったのが五歳年下の義弟・永野芳光であった。

東郷青児の最初の結婚は大正九年の九月。大阪の高麗橋に永野眼科医院を開業、のち西宮に移り、田畑や山林を多くもつ資産家永野家の次女明代がその相手である。

永野家は女四人、男三人の七人の子供があったが、父壽造は大正八年二月に亡くなったばかりで、まだ幼い子供たちも残されていた。母の篤子《とくこ》は西宮の家屋敷や土地を処分し、法律上のきまりにしたがって、共有財産若干を残したほかは、子供たちに父親の遺産を分けた。家督相続した芳光が手にした財産はかなりの額のものであったといわれるし、明代も娘として父の遺産を受けついだ。

永野明代は明治三十二年生れ、梅華女学校を出た。青児より二歳若い。

永野家は代々医家の家系で、家伝の秘技として「風眼」の治療法が伝えられ、明代たちの父は東京帝大医学部の出身であったという。父親が存命であれば、前途の定かでない画家と次女との結婚に反対したであろうし、次女のみか年若い長男までが遺産を使って渡欧することなど許しはしなかったであろうといわれている。

大正十年四月に夫と弟が旅立ち、そのあと、明代は身重の躰で夫のあとを追う。そして十一月二十二日にパリで長男の志馬を生んだ。

だが、滞欧中の東郷夫妻の生活はたちまち困窮をきわめたようである。まず東郷と芳光とが喧嘩別れをする。芳光は持ち金を使い果たしてしまい、永野家の共有財産から一部をひきだして窮地をぬけだし、落魄《らくはく》の帰国を余儀なくされた。

子供一人をかかえたパリ生活の苦しさについて、生前およそグチを言ったことのない明代が、「あれほど辛い生活はなかった」と口にしたのを耳にした人々がいる。結局、明代は渡仏から一年半ばで子供を連れて日本へ帰ってきた。

帰国までの窮状について、明代の母方の人々は、「日本政府から召喚状が出るような貧乏だった」と言い、あるいは「帰りの船の中では、帽子をまわして皆さんのおかねをいただくようなこともあったのじゃないですか」と語っている。

二歳足らずの子供を一人かかえ、遺産は使い果して実家へ頼れる状況ではなく、明代は職業を転々としながら働きつづけた。ダンサーや、バーの女給のような生活も、必要に迫られればせざるを得なかった。夫の両親の生活費が、一部彼女の肩にかかっていたという噂もある。


東郷青児は丸七年の滞欧生活を終えて、昭和三年五月に妻子のもとへ帰ってきた。帰ってはきたが、へだたっていた時間以上の溝が夫婦の間に生じていた。

明代は几帳面できれい好きな女性であったという。ほっそりとして姿のいい人であったともいうが、女の細腕一本で暮してきた五年近い歳月は、一人の女性から夢をはぎとり、きわめて現実主義的な乾いた眼をかわりにおいていった。

東郷青児は、外国生活中に生活のためさまざまな苦労はしながら、放埒《ほうらつ》ともいえる多彩な女性遍歴にもまれ磨かれ、画風に一貫して漂う超現実的な夢を追う心をもつ、ダンディな新帰朝者であった。夫の帰国をむかえ、明日からの生活の見通しを問わずにいられない妻に対して、答える言葉の用意はなかった。つきつめた眼をした妻の問いかけに、うとましさと白々しさを覚えたであろう。絵で生活してゆけるかどうか、本人にとっても明日からの生活はまったく不明であった。実際、絵が売れるようになるには、四十代になるのを待たなければならなかったという。しかし不幸なことに持ち金と、若さという持ち時間を使い果した妻には、待っているゆとりなどはなかった。

東郷青児は当時の心境を書いている。

「私は巴里に居て遠く故国に居る子供を考えた。私は生後一年にも足らず私を置いて帰った子供に対して、離れ居から来る異様な興味を持ち続けて居た。（中略）

私の魂を懶《ものう》い憂鬱で蝕ばんだ後半の巴里生活は、無意識の内に落ちついた霊魂の安息所を遠い妻や子に描き結んで、郷愁に似た物寂しさが常に私を泪《なみだ》ぐました。（中略）

これは疲れ切った旅人が茫漠たる荒原で遠い我が家を狂おしく想起した気持に似て居た。救いを求める様な心だった。

だから私が故国の土を踏んで、老い朽ちた我が家に永い永い憂苦の旅装を解くと、たちまち貪《むさぼ》る様な観察を妻や子の上に働《はたらか》して、即刻にも融合する魂の流れを激しく期待したのである。

しかし、極めて僅《わず》かな日数が経過して、私の心に映象した凡《すべ》ては、ことごとく積年の夢を打ち壊す潤いのない結ぼれに過ぎなかった。

……妻は私を現実的な機械律の上に追いあげて、あれ程私の渇望し続けた夢は、価値なくして与えられた架空の価値として、みじめにも消え失せて仕舞ったのである。

これは、言うまでもなく多くを求め過ぎた愚しい私自身の曝露に過ぎなかったけれど、その求め過ぎた心は崩れ失せた価値の前で諦め切れない程、何か切実な、本原的な動きだったと思う。

私は定められた軌道に、唯瞑目する事が出来なかった」（東郷青児「情死未遂者の手記」『婦人公論』昭和四年六月号）

これを、長い間家庭をかえりみなかった男の、身勝手、無責任と評するのは簡単だが、一つの恋の成就のために死のうとして死にきれなかったあとで書かれたこの一篇の手記には、「純粋」と形容するのが近いようななにかが感じられる。おそらく、これほど正直に、自己中心的に、貪欲に、愛への欲求を書いた日本の男は数すくないはずである。

「糟糠の妻」は、その献身と苦労の「現実的機械律」を捨てられるはずがない。夫婦の間の亀裂は無残なものとなる。だが夫も未来派と呼ばれ、キュビズムの作風を打ち出してはいても、画家としての前途に対する不安、逡巡は深かったはずである。

これが昭和三年五月七日、七年ぶりに東京のわが家へ帰りついた三十一歳の新進画家の境遇であった。その東郷青児の前に出現したのが西崎盈子である。

西崎盈子――東郷青児よりちょうどひとまわり年少の明治四十二年四月の生れ。彼女はお茶の水高等女学校を卒業したあと、音楽学校へ進みたい希望をもっていた。だが、受験準備が十分とととのっていないと考えて、日本女子大家政科の学生になった。

父の西崎勝之は海軍兵学校二十一期出身の海軍少将。海軍からの派遣学生として東京帝大で物理を専攻し、さらに米国に留学してハーバード大学で無線電信を研究した。事件がおきたときには、海軍艦政本部に出仕している。クリスチャンであり、テニスやダンスに興じるモダンな人であったというのが長女であった盈子の語る父親である。盈子は二男五女七人きょうだいの第一子で、クリスチャン・ネームをエミーと言った。

事件から五十余年たった現在、盈子の語る東郷青児との出会いは、きわめて淡々としたものである。女子大の学友二人が、銀ブラをしていて、二人連れの男性と幾度も行きあううちに言葉をかわすようになった。次に会う日を約束したのに、あいにく学友の一方の都合が悪い。「かわりにゆかない?」と誘われて、「お茶をのむくらいならいいわ」と思ってついていったというのである。授業はなるべくまとめてとるようにして、週のうちの何曜日かが、遊びにゆける日であった。東郷青児という名前も知らないくらいで、もとよりなにをする人かも知らなかった。

「運命的な」というべき初対面の日は六月二十六日。はじめて会った西崎盈子の印象がいかに鮮烈であったかを、東郷青児は書いている。

「この時の述懐は私にとって、あまりに最大級的驚異の連続である。彼女の明眸と、すこやかな指と、かたく結んだ唇から、彼女の内部に波打っている純粋な姿を初一見で感じつくした。

彼女は溌剌《はつらつ》とした植物の、健康な香りを一杯に持っていた。

蒼空の様にほほ笑んだ。

私は期せずしてめぐり逢ったこの美しい対象が、私の定められた運命線上に、決定的な動きを招来したものであると、その時、それほど鮮やかに感じたのである」

「私は遂に全我を持って渾然と燃えあがる自分の姿を知ったのである」「その時の私の気持は、たとい彼女が、その小指一本を私に許して呉れたとしても、胸一杯な明るい幸福感で、凡てを祝福出来たろう」

「『あなたは威張って、私を愛さなければ駄目……』

ああしかし、気まぐれな彼女の右手で、気まぐれに愛撫される野良犬の一匹で、私自身があったとしても、一切を歓喜する私だった」

さらに、

「私に稀有《けう》な情感を全我的に燃焼させた盈子との結ぼれを、云い得べくんば前後唯一の恋愛であると、私はそれほどはっきり意識したのである」

と東郷青児は書いている。

西崎盈子は一六〇センチの長身、色白できわめて肌理《きめ》こまやか、細く長い首と美しい手をもっていた。「父が描いた女性の絵の、長い首と美しい手は、すべて若かった日の母の印象で、終生、父の絵のどこかに母が描かれていた」というのは一人娘のたまみの言葉である。

初対面の日、東郷は言葉をつくして盈子の美しさを言い、理想の女性であると語って結婚を申しこんだ。東郷自身はこの日の日記に、

「彼女が私に死を与えるか生を与えるか、私は果断な運命がこの邂逅《かいこう》の内に秘められているのを知る」

と未来を予見するような文章を書いている。東郷は自分のポートレートに「我が最初にして最後の愛人西崎盈子へおくる」と書いて贈った。

それまでの盈子は、恋らしい恋も知らず、結婚は親の決めた相手の方が無責任でいられていいと考える娘であった。そういう娘に、はじめて会うなり結婚を申しこみはしたが、

妻の明代との離婚は、慰謝料や子供の養育費をめぐって、思うように進まない。盈子の方はきわめて自然な気持で、母親に東郷との交際や求婚を打ち明ける。西崎家は東郷の身許を調べた。フランス時代のみならず、その前後の女性関係、現に妻と子があって離婚は成立していないことなど、良家の長女の縁談にとっては致命傷というべき材料がぞくぞく出てきた。

「妻子ある男との恋愛は不幸の標本としか父母には思えない筈《はず》である。私はあの人を知らない以前の私に後もどりしなければならなかった。心にもない別れの手紙を書かせられる」

と西崎盈子はのちに書く。東郷に対してまだ友達としての感情にとどまっていた娘は、家に監禁同様の身となった。

自由を奪われた娘は、自分を求めている男のもとへ飛んでゆこうという気持へ追いつめられる。盈子は九月に家出して、東郷のもとへ逃れてきた。だが過去の結婚を清算し得ずにいる東郷には、「死」以外に恋人を受けとめる道はない。その決意は盈子の大きな瞳の中にもすでにあった。

九月十六日、東郷は画家仲間の児島善三郎に後事を託し、盈子と二人その夜の夜行で東京を去るつもりでアトリエへ立ち寄る。事情を察した児島の友情と誠意あふれる言葉によって、このときの二人は心中行を断念、東郷は真夜中近い町を車をとばし、西崎邸へと盈子を送っていった。

このあと、児島や画家の中川紀元などが、恋の橋渡しをしようと西崎家を訪問したが、盈子の両親と会うこともできない。西崎家と親しい帝展審査員のK夫人に頼みこんで、とりついでもらったところ、

「娘は一時はそう云う気持もあったようだけれども、すっかり改心して、親戚の皆の集って居る前で断然思い切ったということを言明して、それは本当に真情溢れてそう云う風に見えたから、家としては絶対に娘を信じます」

という返事がもたらされた。そしてこの夜、

「——最早、相互の為《た》め、音信も断たなければなりません。私達の道はそれぞれ間違いの無い方向に導く事だと思います。……

これがあなたに差しあげる最後の手紙です」

という西崎盈子の手紙が東郷青児のもとへもたらされる。音信はたえ、盈子との縁は切れた。

3　歓喜の代償

東郷は友人たちの諫言《かんげん》通り、「妻を愛し子を愛し、仕事に精進する」べく、親子三人の新生活を営もうとした。しかし、東郷は盈子がくれた一房の黒髪を手に、懐古の日を重ね、階下の一室で明代は子供を抱いて苦しい涙を流しつづける。離婚話が再燃した。

「ふと眼をさました枕もとに、何時の間にかあがって来た明代が、しょんぼり坐って泣いている様な事があった。

私は心をしめつける涙をかくしながら顔を背けた」

西崎盈子が去ったあとの結婚生活の荒涼を東郷自身こう書いている。妻にとっては残酷という以上の夫の苦悩であり絶望であった。

中川紀元は「彼等はなぜ情死したか」（『婦人公論』昭和四年五月号）の文中に、東郷を評して、「人懐《な》つこい淋しがり」、気分のテンポが非常に早く「普通の人が三年五年の間に経験することを半年か一年で済ましてしまう」云々と書いている。

帰国してわずか一年足らずのうちに、西崎盈子との情死へ踏みきったことをさしてもいるが、三年九月に盈子の「最後の手紙」を受けとって間もなく、つぎの女性中村修子が登場したことへの説明でもある。そしてこの女性との関係がぬきさしならぬものになった四年の一月末、西崎盈子の「アイタシ」という電報で二人は四カ月ぶりに再会する。

西崎盈子との仲をさかれていた四カ月の間に登場した中村修子は、盈子とは同いどしであり、二人の恋愛事件も知っていた。立志伝中の人といわれる父の中村幹治は、帝国連合電球の専務取締役、贅沢な環境で両親に溺愛されて育った娘であった。東郷青児と恋におちる女性たちの多くが、美貌だけでなく、親の財産の庇護のもとに育って、不景気な世相などとは無縁な存在であったことは、東郷の生涯の作風と不即不離の関係にあるのかも知れない。贅沢な非生活者の娘たちである。

中村修子はそれ以前に恋愛で手ひどく疵《きず》ついた経験があり、あなたの胸中をわがことのように実感できると東郷に言う。東郷は修子を、日本の娘には珍しい整った足の線、そしてすこし腫れぼったい顔から病身らしい特有な微笑を漏らし云々と、画家らしい観察をしている。その修子と東郷はたちまち「結婚」するのである。

西崎盈子から引き離されたと言っても、盈子の胸中がどうなのか、直接たしかめたわけではない。しかも盈子と会わずにいた四カ月の間に、中村修子と結婚を決める仲になり、その上明代との離婚話は暗礁に乗りあげたままというこの時の東郷青児の心中は、まったくはかりがたい。

東郷青児の手記も、この点についてはいかにも苦しげである。

「元来私は、軽い気持で恋愛の上を散歩する事の出来ない男だ。何時も加乗的な動きを相互に感じ合わなければ陶酔出来ない。だから、修子との関係が盈子を失った虚ろな心から発足したにもかかわらず、日にます切実な動きを彼女の内に見出して、目前の感傷に私は強くひかれて行った」

田辺茂一《もいち》は東郷の帰朝後に知り合い、遊び仲間であり、遊ぶ金の調達役であった。新宿の紀伊國屋画廊で「東郷青児・阿部金剛《こんごう》二人展」を催し、このとき絵を見にきた三宅艶子《つやこ》と阿部金剛の仲が結婚へすすむのを見てきている。

あるとき、東郷によびだされ、東郷と中村修子、田辺と某女の二組の男女が待合へくりこむということがあった。東郷と修子の間柄は、「遊びではなく、本当の恋心のようであった」と田辺は感じた（田辺茂一「小説東郷青児」『中央公論』昭和五十三年七月号）。

それから一カ月ほどして、

「とうとうあのひとと結婚することになってネ」

と東郷は電話で言い、芝の紅葉館での式にぜひ出席してくれと懇願の口調であった。

四年二月十七日、新郎側は東郷青児と羽織袴姿の田辺茂一だけという奇妙な結婚式がおこなわれた。式までに片づくはずの明代との離婚は、明代側からの三万円の慰謝料請求によって頓挫していたという。事情を知っている画家仲間は、明代夫人の十年の苦闘や胸中を知り、しかも正式に離婚が成立していないことを知りながら、新しい結婚式に出席することなど忍びがたかった。

新郎側のただ一人の来賓として祝辞を述べた田辺茂一は、先夫人との離婚についてはは薄々しか知らず、西崎盈子の存在についてはまったく知らされていなかった。いわば東郷はかくしだてした形である。そのため、一時期、二人の交友がとぎれさえしている。

この日、中村修子との結婚で、若い娘をだます結果にならなくてよかったという安堵が、事情をよく知らない若い田辺茂一の胸中にあった。

修子との新居は鹿島谷の家である。訪ねていった友人たちは、幸福そうな二人をみている。田辺茂一が帝国ホテル恒例の水曜日のダンスパーティーの席上、仲良く踊っている新婚の「東郷夫妻」を見たのは、情死事件のわずか前のことであるという。

一月末に盈子と再会、打って変った虚無的で寡黙なその姿にはげしく動揺し、心をひかれながら、東郷青児は行きがかり上、中村修子と結婚せざるを得なかった。事態は最悪であった。

東郷と盈子の間でまた「死」が語られるようになる。三月十六日に盈子と会った東郷は、つぎの土曜日に決行することを決めた。死を語りながら、二人は晴れやかであったという。だが、その三月二十三日には事件は起きなかった。

妻の修子が新居から失踪してしまったのである。二十二日の出来事である。明代の訪問を受けて籍がぬけていないことを知ったこと、消え去ったはずの盈子の登場を敏感に察知したこと、その他理由は錯綜していようが、つまり東郷青児とのやっとひと月の結婚生活に見切りをつけたということである。「新妻」は結婚前の愛人のもとへ走った。「四角」関係の一つはこうして片づいたようなものの、東郷は依然として妻ある身であり、盈子と結婚できる条件はやはりなかった。心中の予定は「新妻」の失踪事件への対応のために一週間さきへのびただけである。

「かぞえの十八、九の頃から、人生は二十歳《はたち》くらいで終れば結構だと思っていたの。なんとなく自殺したくなっちゃったわけよ。片っ方も、いま思えば仕事がうまくゆかなかったんじゃないの。『あなたがやるなら、ぼくもやる』それが自殺未遂になっちゃった」

左の首筋に薄色の傷のあとを残して、いま東郷盈子は当時をふり返って他人事のように冷静にいう。五十年の歳月が記憶を淡彩の心象風景に変えてしまったのだろうか。

しかし、若き日の盈子は、その胸中をつぎのように書いているのである。

「……あの人に対する不安、私自身に対する不安——十日の後、一月《ひとつき》の後を確信出来ない焦慮と、あの人の全部を所有しようとする激しい欲望の為に我と我身を断崖の端に押出して居た。私は死後の世界も信じなければ霊魂の不滅も信じない。唯死の一刹那にあの人の全体を所有し、把握し、血みどろな凱歌の中で生命を解消したいと熱望した」(「颶風《ぐふう》にのりて」『婦人公論』昭和十年七月号)

その結果選んだ「死」であり、「死もまた楽しいものの一つ」と踏みきった心中行であったはずである。

「二人とも血の海の中にひたっていたみたい。薄紫色のバラの花の咲いたところにいるような変な気がしたのよ」

いま、彼女は淡々とした声音で語るのだが、その声で描き出される情景はすさまじいものがある。

「情死未遂者の手記」によれば、東郷は医療器械店で鋭いメス二本と晒《さらし》木綿一反を買った。三月三十日午前十一時、盈子は紫色の羽織に青児の大好きだった古代紅の博多帯を締め、明るく笑いかけながら約束の場所に立っていた。

いざ決行というときになって、盈子が泣かないことに東郷は驚きの気持をもつ。いよいよ首に斬りつけ、そのあと死に切れないかも知れないと考え、死力をつくすようにしてガスの栓をあけ放つと東郷青児は昏倒した。

「『そばに来て頂戴』

と云い続ける彼女の遠い声にふと気がつくと、私は瓦斯《ガス》の所から全然反対の一隅に打ち倒れていた。

私は麻痺《しび》れつくした手足をもがき抜いて、ベッドの上に這い上ると、知覚を失った手で彼女を抱いた。

『離れちゃいや』

冷たい涙が私の頬を濡した。

唇が冷たかった。

私の知覚は充満した瓦斯のために次第に麻痺して行った」

「私等はみじめにも死に切れなかった」

と東郷青児は書いている。

東郷青児と西崎盈子の情死未遂事件に対する東郷明代の手記「理解できるだけに寂しい」が『婦人公論』の東郷青児の手記につづく頁にのっている。

夫と西崎盈子との交渉は、ひきもどすことのできない運命だと強く感じたと明代は書いている。中村修子の場合は、女の方から生きるか死ぬかの気持で東郷へ動いていった、だが盈子に対しては、東郷自身が全我的に動いて行ったのであると書き、「これは私の知って居る限り、東郷に取って稀有な事実です」と書いている。事件について、予感がなかったわけではないといい、「非常にうらやましい気持がしました」という。

「私の尽した事、努力した事が、全然かえり見られず、私が持ち続けて来た一杯な愛が、何の輝きも、東郷の前で現わさなかったと云う運命の前に唯うちしおれなければならない私なのでしょうか。

……東郷は、最後の息の根が止る迄盈子さんの事を忘れられる人ではありません。私の愛憎なかばした東郷との闘いはこれで終りを告げたと思います。

振り返れば極まりない哀寂の道でした。

しかし、広い広い心から、泪ぐみながら、盈子さんと東郷の未来を今は祝福したいと思っています」

ここには、青春はもとより、親からの遺産も傾けつくして愛した男への怨みと未練は不思議なほど押えられ、それだけ一層、哀切な思いが浮んでいる。

しかし、事態は明代夫人の予想したようには運ばなかった。

死にそこなって醒めたときのことを、西崎盈子は「颶風《ぐふう》にのりて」に書いている。

「その翌日病院の一室で私が生気を取り戻した時、あの人は紙のような蒼白さで昏々と眠っていた。繭《まゆ》のような蒼い小鼻に血がたまっていた。私は、この痛ましい姿を見て思わず胸を突かれ、声を立てて泣いた。それから僅か三日の間あの人と枕を並べていたのである。死の一刹那に受けたあの奥底もない歓喜の代償として、私は私の生命を支払った筈である。それだのに再び生命が私に帰って来た。当然私は、その生命の為に苦難の路を歩かなければならない。……三日目の夕刻警察署長と同伴した私の親近の者が、強制的に身動きの出来ない私を白い寝台車に運び込んだ。物々しい護衛が前後を固め、あの人の仲間から私の行方をくらます為に迂廻に迂廻を重ね、その夜遅くある特殊な病院に私は入れられたのである。……白いシーツの中で連れ去られる私を見つめていた悲痛なあの人の顔が見える。もうこれが最後であると感じたあの別離の感情は泪の涸渇する侘びしさを私に与えた」

部屋中ふさがれ、上の方に四角い窓があいているが、鉄格子のはまっている病室であった。頸《くび》の傷はまだ治らない。異様な叫び声が聞えてくるので、つきそいの看護婦に「もしかしたら、ここは?」と聞くと、「そうですよ」と薄く笑った。身許引受人が迎えにこなければ絶対に出られない病院であった。ここに三カ月間とじこめられている間に伯母が見舞に来て、

「おなかは大丈夫?」

と聞く。なにを聞かれているのかわからずにいると、

「子供はどうなの？」

と言われた。

「私はそんなことしていない。そんなおぼえはないから子供なんかできませんよって言っても、みんな本気にしないのね。正式に結婚もしていないで、もしもおなかが大きくなったら惨めでしょ。私たちのことを気ちがいみたいにあつかわれたから、そんなことなしにつきあいたいと思っていたのよ」

と東郷盈子は遠い日のことを語った。

盈子と再会しつつ中村修子と結婚した東郷の行為は、不可解という以上のものだが、彼女のいうように、躰の関係がなかったのであれば、まだ理解の余地がある。東郷青児の亡くなったいまではたしかめようはないが、この女性のもっているある種独得な個性と雰囲気には、この話を信じさせるような力がある。

事件直後の東郷青児の手記は、

「彼女は私にとって永遠の太陽である」

と結ばれている。死を賭けた愛の刻印のような疵をたがいに分ちもち、たとえ引き裂かれても、いつか必ず結ばれずにいないという気持が、このときの東郷青児の真情であった

であろう。

しかし、鹿島谷の家へ、尾崎士郎と別れた宇野千代が東郷に誘われるまま姿をみせるのは、情死事件からわずか一カ月後のことである。ちょうど盈子が鉄格子のはまった病院にいる時期である。

やがて事件の家を出た東郷青児は世田谷の山崎に家を借りる。小学校の一、二年生の間に七、八回も転校したという志馬が、母と別れて父親のもとへやってくる。明代には一人息子が生活の重荷になっていたのであろうか。志馬が「小母さん」と呼んでなつき、いまも「育ての母」という宇野千代との生活がはじまった。


病院から家庭へ帰り、東郷と宇野千代の同棲の噂を知って「割り切れない力の分散」を感ぜずにはいられなかったという盈子は、まるで反動のように、年下の男友達と出歩きはじめた。散歩と親にいつわって外苑へ出かけ、赤いオートバイに乗る少年と相乗りして半日過すような生活。「若い子は夢中になるから危ないわよ」と友人にいわれても、こわいものを知らない自信が複数の遊び友達をつくる。その一人が、杵屋《きねや》千代の孫で、浅草で長唄の名取りをしていた二歳年下の北条千吉だった。

ある夕方、北条千吉と会ったあと、別な友達に会うべく銀座へ行った。千吉は押し黙ったままついてきた。この日、銀座から盈子を送ってきた友達は、その帰り道で千吉につかまってひどく殴られている。

二、三日後、「話したいことがある。出てこないか」と千吉に呼び出された。千吉の用件は、盈子が不品行でいろんな男と遊んでいると雑誌か新聞へ売りこむという脅しであった。

わがまま一杯に振舞ってはいても、お嬢さん育ちの若い盈子はこういう相手を扱う方法を知らず、判断する力もない。心中未遂で大騒ぎを起し、父親は進退伺いまで出す騒ぎになった上に、また迷惑はかけたくないという思案だけがあった。千吉と話をして、なだめて翻意させてから帰ろうと考え、話しているうちに時間がたった。心配をかけまいとして、うちへ「おそくなるから」と電話をいれた。

「どこにいるの?」

と電話に出た母親に問いただされて、盈子は事情の説明に窮した。

「自分のいる場所もいえないような子は、かえってこなくていい」

と母親は言って電話を切った。この母の言葉が盈子を望まぬ結婚へと押しやった。

「そこが私の馬鹿なところで、母に言われて、自分のうちがなくなったような気がしたのね。それならとしぶしぶ彼のところへ行ったのがはじまり。それまでいっしょになる気などないから平気でつきあっていたのにね」

　盈子はやがて懐妊し、西崎家も娘の結婚を認めざるを得なくなる。北条千吉と盈子は昭和六年六月に婚姻届を出し、三月後に女の子が生れた。千吉は数えの二十一歳であった。だが、はじめから無理のあった結婚は、子供ができてもうまくゆかない。昭和八年、千吉と盈子は協議離婚届を市役所へ提出するが、旧民法は満二十五歳未満の者の協議離婚について「その婚姻に同意をなす権利」をもつ者の同意を要求した。親たちに心配をかけずに始末をつけたいと考えた盈子は、あと一年、二十五歳になるまで待とうと考える。

　自立を求めて職業紹介所も歩いた。英語ができることからやっと採用がきまるが、通知は実家へゆく。「みっともないことを」と母にとめられた。

　東郷青児と宇野千代は世田谷の淡島に超モダンな家を建てていた。その家は、広い芝生の庭があり、白と黒だけの塗料で仕上げられていて、「ロシア大使館のようだ」といわれたという。女中部屋のほかはすべて板敷きの純洋館であった（宇野千代「わたしの建てた家」『恋は愉しいか』所収）。いかにも瀟洒《しょうしゃ》な暮しぶりにみえた。宇野は昭和五年八月に尾崎士郎と離婚し、自由の身である。「この年秋には東郷画伯と正式に結婚」の記事が新聞に出たりもした。この家はほとんど宇野千代の才覚、働きで建てられた家である。残された明代は、夫と宇野千代のもとで育てられている志馬をめぐって、心穏やかならぬ経験をしたらしい。手記「身勝手すぎる」(『婦人画報』昭和六年五月号)には、月に一、二度、子供に会いにゆく明代を拒絶する「夫婦」へ、「私と子供は絶対のものです」と宣言の礫《つぶて》のような言葉がみられる。

昭和八年三月にいたって東郷と妻明代との協議離婚が成立し、ようやく長い憎しみと葛藤は終った。宇野千代と暮す東郷青児も「独身」の男にもどった。この年の九月に、宇野千代の長篇『色ざんげ』の第一回が『中央公論』に掲載される。十年三月まで四回の分載ののち、四月には単行本になり、この作品は脚光を浴びた。世人の記憶に新しい著名な情死未遂事件が題材であり、すでに満州事変から日中戦争前夜の暗い狂熱へと不気味な膨脹をつづける時期に、男女の愛情だけをひたすら追ったこの作品は新鮮であった。当事者の一方の「僕」の一人称で語られる語り口、そして登場する男女の、生活の垢を知らないモダンさ、「厚い毛皮の襟を立てた黒アストラカンの外套もまっすぐに爪先を蹴るようにして歩いている形の好い脚」のとも子(中村修子)の描写も、不景気のあとの殺伐たる戦争景気に息をつこうとする世相の中ではきわめて鮮烈であり、過ぎた時代への憧れをそそりもしたであろう。

淡島の家を建てた宇野千代は、東郷との生活に安住するとともに、仕事をもつ女として落ちつききれないものを感じはじめていた。千駄ヶ谷に小さな家を借りて仕事場とし、行ったりきたりの自由な生活になった。そしてある日、

「東郷さんはこの頃、いつでもあの盈子と言う女《ひと》と一緒ですね。この間も帝劇で、一緒に映画を見ているのに会いましたよ」

と聞かされる。

それを聞いた瞬間、弾丸に撃ち抜かれたようにびっくり仰天し、正気を失ったと『私の文学的回想記』に書かれている。

逆上し、東郷を本気で憎んだこと、「『あの女《ひと》と一緒になるなんて、あんまり馬鹿にしないでよ』私は大きな声で、そんなことを言ったかと思います」とも書かれている。だが、宇野千代には西崎盈子の登場に対して「ものを言う資格がない」と考える分別があり、それがまた心を狂わせることでもあった。

宇野千代の方が淡島の家を出て身をひく形になるのだが、別れの前後を素材にした作品には、のたうつような思いがのぞいている。

「何という滑稽なことだろう。これがお前の、泣き乍《なが》ら追い縋《すが》っている男か。お前はこの男から、そんなに捨てられたくないのか」

醒めた思いで男をみつめながら、しかしその傍へぴたっと身を寄せて言う。「あたし、

死んだってここにいてやる！」（『未練』）

北条の妻としての生活から抜け出すことを望みに生きていた盈子は、ある夜日比谷公会堂で開かれた音楽会へゆき、偶然近くの席にいた東郷青児と再会したのだった。別れて以来埋もれていた感情がたちまち再燃する。「いっしょにやり直そう」という男の言葉は力強くひびいた。つぎに会ったときには、東郷はもう宇野千代と別居していたと盈子は書いているが、愛しあい、暮しをともにしてきた男と女がそう簡単に別れられるものではあるまい。ましてや男から別れ話をもちだされる女の胸中には凄絶な思いが生れよう。宇野千代の文章の行間にはなまなましい別離の激情が感じられる。

盈子は北条との間に生れた稚《おさな》い娘を連れて東郷のもとに身を寄せ、目黒のドレメの速成科へ通いはじめた。離婚したら洋裁で身を立てようと考えていた盈子の計画の延長上に、この公然たる同棲ははじまる。宇野千代の去った淡島の東郷家へ身を寄せた当時のことは、後年の盈子のなにげない会話の断片にきらりと見えている。

「……私、この家に来たとき、何をみても黒と白とグレーだけなんで、息がつけなかったわ」（「男と女」東郷青児・盈子『週刊読売』二十四年七月二十六日号）

夫婦としての長い時間を過したあとのやりとりである。黒と白とグレーは、宇野千代と東郷青児のつくった世界であった。

まだ籍はぬけぬまま、「情死未遂以来逢わざりし東郷青児のもとへかえる日」の副題をもつ手記を発表したのは、十年の六月である。

「もし東郷の事が忘れられないのなら俺が仲介の労を取ってやる」というのがかねての北条千吉の口癖であった。だが、離婚の書類がととのい、一週間後に手つづきが完了するという時点で、妻が子連れで東郷青児のもとへ身を寄せることを知った夫は、離婚届の延期を主張した。盈子はなにも疑わなかった。夫の主張した三カ月延期の期限切れを目前に、相手がなんの感慨もなく離婚手続きを完了するであろうという楽観的見通しをもって、盈子は「愛の復活もしくは成就」というべき手記を書いた。新居となる東郷のアトリエに坐って手記を書きながら耳をすますと、前庭で遊ぶ娘の声が聞えてくるのだった。

男の嫉妬や打算を知らない盈子のこの手記のあと、離婚までには多くの曲折があり時間がかかっている。

いりくんだ人間関係にあって皮肉な暗合を感じるのは、宇野千代の『色ざんげ』によって、盈子は別れた東郷青児の心を改めて見直し、心に点火され、動揺し、さらにひきつけられていったのではないかということである。

『色ざんげ』には、つゆ子（盈子）の初対面の印象が、「いま咲いたばかりの花のような生々とした美しさ」として書かれ、「この女があの西条つゆ子なのだ。僕という男の一生を支配し、僕の運命をくつがえした、あのつゆ子なのだ」と書かれている。

北条盈子は心充されない日々に、自分をモデルに書かれた作品を読んでなにも感ぜずにいられただろうか。『色ざんげ』は情死未遂事件を完全完了したものとして扱い、したがっていかに濃密な愛情関係があったかを大胆に書いた。盈子にとっては、あの二人並んだ死の世界から引き戻され引き裂かれた日とこの作品は密着して見えたのではないか。不本意な結婚生活を送っていた盈子の心の埋れ火をかきおこしたのは、宇野千代であったことになる。

そして、暗合というのは、西崎盈子の名で発表された手記「颶風《ぐふう》にのりて」が北条千吉の心に点じた別の火のことである。

北条の子を懐妊したことについて「不幸の上に不幸が積まれた」と書き、胸に抱いた乳のみ児は「自分の子。そうだ。その父が北条であろうと、誰れであろうと、そのような事は問題外であった」と実名で書かれた夫。「運命に対する宿命的な責任を果したい」と語って盈子とその子をひきとったという東郷青児との愛のいきさつ。そこに並行して「私は遂に一度も彼（夫）を愛し得なかった」と盈子に書かれた若い夫の心理。

「颶風にのりて」は、間もなく平穏裡に「東郷夫妻」となる日を予測しつつ終っている。

ドレメへ早朝から通い、正午に授業の終る盈子を東郷青児は毎日迎えに行った。それは息苦しいほどの熱中であったらしい。ある日その重苦しさから東郷の迎えをはぐらかし、女友達と五分ほどお茶をのんで帰ると、東郷は不貞腐れたように躰を投げ出してものもいわなかったという。嫉妬が高じてパレットナイフで脅されたこともあるという。

離婚が成立しなくとも問題ではないようだが、当時は姦通罪があった。旧刑法第百八十三条の「有夫ノ婦姦通シタルトキハ二年以下ノ懲役ニ処ス其相姦シタル者亦同シ」の条文である。そして、民法第七百六十八条には「姦通ニ因リテ離婚又ハ刑ノ宣告ヲ受ケタル者ハ相姦者ト婚姻ヲ為スコトヲ得ス」の条文がある。

姦通罪は夫にのみ告訴の権利があった。たとえ「姦婦」の汚名を着せられようと、離婚をかちとって愛する男と結婚したいと決意したとしても、結婚の道は法的に閉されている。これが旧憲法下の醇風美俗を守る一つの枷《かせ》であった。「不義不貞」の女もその相手である男も、日蔭者となる運命が待っている。

東郷青児は三十八歳、盈子も二十六歳になっていた。情死行にしか活路を見出し得なかった日からの歳月が、二人にがんじがらめの愛情生活を生きのびる知恵をもたらし、法律に明るい助言者も周囲にいたようである。

夫が妻の姦通を「宥恕《ゆうじょ》」した場合には、夫は姦通罪の訴えも離婚の訴えもできないという大審院の判例があった。

手記を書く以前のある日、盈子は公然と浅草の北条家を出て、一週間東郷青児と京都に遊び、「わが家」へ帰って行った。このとき妻の旅の同行者を承知して送り出した夫は、黙って妻の帰宅を迎えいれた。これが法律でいうところの「宥恕」なのであり、姦通罪による告訴をまぬがれる抜け道たり得た。

「東郷青児のもとへかえる日」の中で、子供と妻が東郷家へ行くことを北条が承認したと敢えて書き、「私は心の古巣に帰ったのである。七年間の夢が現実となったのである」と書いて公表したのは、法律の鉄の爪にとらえられないための知恵であったのかも知れない。

姦通罪による告訴はまぬがれた。しかし、ただではすまされなかった。

表で遊んでいたはずの子が、夕方になっても帰ってこない。探しているところへ出入りの米屋が来て、「お宅のお嬢さんが、見馴れない男の人に手をひかれて道玄坂を歩いていましたが、どうなさったんですか」と訊く。瞳のクルリとした、大人をはっとさせるような可愛い子であった。

妻を呼び戻せないと知った夫は、子供を掠《さら》っていったのである。警察沙汰にもなったが、「自分の子だから渡さない」と夫は強硬であった。

可愛いさかりの娘を奪われれば、母親としては狂乱して分別を失うほどの苦しみだったと思うが、盈子という人には、この時代の女たちの心情的制約を超えたところがある。当時をふりかえって涙もこぼさずに言う。

「いやいやながら北条のもとへ戻っても、子供のためにもならないし、ろくでもないことになる。いま子供を見限った形になっても、大きくなったらあたしの気持を汲んでくれるだろうと信じることにしたのよ」

父親が子供を人質にとった卑怯さへの憤りが、この母親を逆に強くした。彼女は子供を奪い返すことを断念する。北条のもとへも帰らず、離婚を懇願もしなかった。

ドレメの本科へ進んで、自立能力をもとうという計画は、「学校に終日縛られてはいっしょになった意味がない」という東郷の反対で立ち消えになった。

北条の代理と称して、強請《ゆすり》に類した男があらわれる日もあったが、傷だらけながらやっと平穏の日が二人に訪れてくる。苦労知らずの盈子に対して、愛の掠奪者というべき東郷青児はきわめて忠実にかしずき、嫉妬深かった。貧乏は依然としてついてまわっている。金があってもなくても恬淡《てんたん》としている盈子の視線の届かないところで、東郷はひそかに金策をした。ある日気がつくと簞笥にギッシリ掛けられていた東郷の背広がなくなっている。どうしたのかと思っていると、いつの間にかまた洋服はもどってきていた。「質屋へ旦那様がおいれになったのです」と書生にいわれるまで、盈子は気づかずにいた。

北条との協議離婚は昭和十一年八月、最後は金でケリがついたようである。二人の結婚の障害はこれでやっとなくなった。だが、二人は「結婚」しようとしない。「結婚」がどんなに不自由なものか知りつくした盈子は、東郷との法的な結婚に対して積極的ではなかったと言っている。しかし、やがて子供がおなかにできた。「何歳まで生きられるかわからないのに、育てあげる自信がない」と出産をためらう盈子に、

「(子供を連れ去られた悲しみを)忘れるためにも、いい薬になる」

と東郷は熱心に生むことをすすめた。籍はどうでもいいと言っても、いれなければ、生れる子は私生子になる。昭和三年六月に運命的な邂逅をした男と女は、十四年三月八日法律の認める夫婦となった。臨月近かった。桜が咲いて雪が降っていた四月三日、難産のすえに長女の「たまみ」が生れた。

昭和十六年、徴兵年齢に達した志馬は淡島の家から海軍へ入隊した。いつも口数のすくない、こわい父であったというが、入営の直前、いくさの神といわれる諏訪神社へ父親に連れてゆかれた。新しい服、新しい帽子が父からの餞《はなむ》けであった。

永野の旧姓に戻って、働く女としての一人暮しをつづけていた明代は、軍隊にいる息子のもとへ毎日手紙をよこした。国内の勤務地へはかならず会いにきた。横須賀で勤務して

いたときは、明代もこの軍港にアパートを借りて住み、休日に訪れる息子の面倒をみることが生き甲斐のようであった。

昭和十七年、まだ戦勝の報があいついで、国民の過半が酔っているとき、東郷青児は妻子を連れて信州の三反田へ疎開した。おそらく疎開第一号である。この戦争の前途を正確に見通し、帰農に近い生活へ入っていった。戦争中、作品らしい作品は残らなかったが、この水入らずの田園生活が、結婚生活の全期間を通じていちばん倖せな時期であったかも知れない。異様なほど子煩悩な東郷にとっては、ひどく腺病質で大病ばかりする一人娘だけが、心のわずらいであったろうか。

この頃、志馬は機雷敷設艦の乗組員であった。いよいよ横須賀を出港するとき、明代は息子に言う。

「これ以上あんたの行く先々を追っても仕方ないから、いい人がいたら結婚するわね」

永野明代は長い米国生活から帰った小森というずっと年長の学究肌の人と再婚した。経済的には恵まれない一生だったというが、この再婚は幸福なものであったというのが、復員後ずっと生母と暮して母の晩年を見守った志馬（日本スポーツマンクラブ代表取締役）の回想である。

4　幸福の終焉

東郷青児が旅先の熊本で斃《たお》れた日、妻の盈子は入院中であり、歌手から画家の道を歩くにいたったたまみはスペインに滞在していた。

二日かけて帰国したたまみは、父の死顔との最後の対面は辛くてできなかった。病院から久我山の家へ戻った盈子は、夫の死顔をじっと凝視しつづけていた。

「母は気性の激しい人で、子供の頃、派手な夫婦喧嘩をみたことがあります。いわゆるオシドリ夫婦の感じじゃないですね。父の浮気もあったと思いますが、母に対して父はいつも受身でした。私はファーザー・コンプレックスでみごとに結婚に失敗しましたけど、父は最高の男性だったと思います。

油絵などお金にならない時代、父も母もグチをいわず、愉しげな貧乏で、現金がなくなるとつけのきくハイヤーを使う度胸の坐った生き方でした。その父に黙ってついていった母も豪快だったと思います。

としをとってから、夫婦の対話がなくなって、なんでこの人たちはいっしょにいるんだろうと思ったこともありましたよ。父が若い女性を可愛がったときけば、母は自尊心を傷つけられたと思います。

母は、父に強引にのぞまれ、いっしょになったので、それほど私は好きだったわけじゃないって言って、ずっと優位の妻でいましたね。としをとれば妥協やあきらめ、いたわりが出てくるのでしょうが、母は十八、九の年頃の性格のまま生きてきた倖せな人です。母の場合、約束に時効はないんですね」

「生涯を通じていちいち本気になる純粋な情熱家、案外遊びのできない人」というのが、晩年の父の恋愛の相談相手であったという東郷たまみの父親評であった。「いくらどんな恋愛をしていっしょになった人たちでも、ゆきつく人生は同じと思います」とも語った。

盈子夫人はまだ病院生活をつづけているが、その一日、長時間ベッドに横になったまま話を聞かせてくれた。

「うちの旦那さん、純粋だったという気がするわ。それでも、恋しいという気持、この人がいなきゃ一生生きられないという気持はあたしにはなかったみたい。籍が入ってからは、ヤキモチをやかれなくなったわね。

いっしょになってから、リミットをわきまえてほかの異性とつきあうのはいいじゃないかということにしたのね。でも、自由に野放しにされると、かえって縛ってほしい。相手があってじゃないけど、ふっとどこかへ飛んでゆきそうな気持になる……。あたしが若いときは、遊んでくれてたみたいで、子供ができてからは、家へ帰っても誰もいないと両方が思いあって暮していたようなところがあるのね。うちの旦那さんは家庭的なことに気を使う人だったのよ。そしてあたしの男友達などが麻雀などに加わって遊ぶのをとても喜んでいた。

ずいぶん遊んだようだけれど、とし をとったら飲みたくても飲めなくなる、遊びたくても遊べなくなると思って放っておいたの。その通りになったわね。世間によくある、爺さん婆さんになって孫のいるような生活を羨しいと思って、片割者《かたわれもの》みたいな結婚生活だとあの人が生きていたときにも何度か思った。親子団欒《だんらん》はなかったもの。

遊ぶことも飲みまわることもできなくなって、家にいつくようになってやっと夫婦らしい生活が出来るときが来たら、助けあいする間もなくあの世へいっちゃったじゃない。悲しみの涙も出ない……。せめてもう五年あったらねえ。

たまみという子供と三人のつながりに別れられないものがあって、ずっと暮してきたようなもので、結婚生活なんて、想像と理想の半分くらいで、あとは惰性じゃないの。

もっと素敵な人があらわれたら、やり直したのかも知れないけど、でも人生は同じじゃないかしらね。長い間いっしょに歩いてきただけで、素晴しいといえるほどの思い出もねえ……。あの人にはよその旦那さんにはないいたわりがあったけれど……。いまだって、どこかへ旅行していて、『おい、帰ってきたぞ』という声が聞えるようなときがある。ほんとに旅行しているのじゃないかしらと思うときがあるのね。

この家にたまみという子供はいるけど、主人の顔はどこにもないでしょ。仏さまになったと言ったって、どこにいるのかわからないじゃない。あたしも欲ばりで、チヤホヤされて、一つのものに集中できなかった。心残りがあって、ときどき後悔するの。

〝ヒトおいてさきに死ぬなんて、ばかやろ〟って思うときもある」

激しかった恋愛も、歳月が灰に還した。淡々《あわあわ》とした灰なのではなくて、胸を刺すような辛いトゲもある男と女の恋の果て。しかし、盈子未亡人は具体的な痛みはなにも語ろうとはしなかった。

父親が連れ去った娘は成人し、幸福な家庭人となった。いまではときおり母の病床を見舞う。中村修子はあの失踪から間もなく外国人医師と結婚したという。その後の消息はない。戦後に再婚した北条千吉も亡くなったという。

昭和五十五年三月十五日、東郷盈子さんは亡くなった。

この本ができたら、また病床を見舞いたいと思っていた矢先である。

「もう何も生きる張合いがないのよ」

と呟くように語ったのは一年前のこと。突然の死であった。つつしんで御冥福を祈る。

井上中尉夫人「死の餞別」

井上中尉夫妻の結婚記念写真
（写真提供・永井保氏）

1　出陣前の一夜

冬の夕暮れは早足でくる。その日、午後四時近く、連隊から大阪住吉区の自宅へ帰る井上清一歩兵中尉の足は、近づく暮色にせきたてられるように、急ぎ足であったはずである。井上中尉は第四師団の歩兵第三十七連隊所属の青年将校であり、翌十二月十三日午前九時十三分発の列車で、部下とともに満州へ出征することになっていた。昭和六年のことである。

この年九月十八日夜、奉天（現瀋陽）郊外柳条湖の満鉄線路に方形黄色爆薬が仕掛けられ、点火される。爆発の直後に列車が通過したが、列車は車体がかしいだだけであった。だが爆発音をきっかけに、関東軍は張学良麾下《きか》の軍隊の屯営である北大営を攻撃する。この満州事変の発端を作為したのは、関東軍の高級参謀を中心とする軍人たちであった。

事変後も関東軍の編成は平時編成のままで、輜重《しちょう》隊（食糧、弾薬の補給部隊）、衛生隊

（野戦病院など）を欠いていた。のちに塘沽停戦協定締結（実質的な満州事変の終熄）をもたらす錦州作戦をひかえて、後方部隊の一部としての衛生隊編成が第四師団に命ぜられる。その命課にともなう井上中尉の出陣であった。

妻の千代子とは前年十月に結婚したばかりで、まだ子供はない。「事変」という名がいみじくも語っているように、本格的な戦争がはじまっているわけではないが、若い夫婦にとっては、はじめて軍人とその妻としての「別離」が目前に迫っている。出陣前の一夜を水入らずで過すには、時間はあわただしくすぎてゆく。

井上中尉は自宅玄関まできて、

「井上は終日連隊にあり、御用の方はその方に」

と貼り紙がしてあるのを不審に思った。玄関をあがるとただならぬ喘鳴《ぜんめい》がきこえる。奥座敷に駆けこんだ夫がみたのは、六畳の部屋に白木綿をしきつめ、刃渡り一尺の白鞘の短刀で右咽喉部を切り、ほとばしる鮮血の海によこたわって最後の息をひきとろうとしている妻の姿であった。

これが「井上中尉夫人事件」として、当時号外が出るほどのセンセーションをひきおこした自刃事件である。

井上中尉は数えの二十九歳、千代子夫人は前年三月に大阪府立岸和田高女（現和泉高等学校）を卒業した二十一歳の新妻であった。

自刃した部屋の床の間には、天皇と皇后の写真を奉安、千代子は束髪にゆい、牡丹に七草を配した裾模様の黒の紋服を着て、真新しい白足袋をはき、ほんのり薄化粧さえしていた。机の上には遺書三通がのせられ、屋内はキチンと片づけられた上、台所には夫の首途《かどで》を祝うべく、赤飯と鯛の準備がしてあったという。

昭和は、二年の金融恐慌によって幕をひらいた時代ともいえよう。四年には世界的な大恐慌の余波をもろに受け、政治は「満蒙生命線論」にかわる政策を提示し得ずに満州事変をむかえる。昭和の開幕はきわめて暗いが、夫の出陣へ死の餞別を贈った新妻の事件は異様であった。

三通の遺書の一つは、実家の両親あてのものである。

「永井の御両親様、先立つ不幸はお許し下さい。頼みがいのない娘とあきらめて下さい。井上が明朝出発します。私は軍人の妻としてこれ以上嬉しいことは御座いません。井上の身を護るために私は逝きます。悲しんだり慨《なげ》いたりして下さいますな。私はうれしいのですもの。弟妹達をお頼みします。千代子」

実家の永井家は大阪府泉佐野市長滝にあり、祖母、両親、そして千代子は六人きょうだいの総領であった。従業員五十人、織機百三十台をかかえた時期もある綿布製造工場を経営していた。

婚家の井上家は現在の岸和田市にあり、夫婦は同郷の大阪人である。井上が偶然千代子を見初《みそ》め、人を介して結婚を申しこんだ縁であるという。井上家の事情は複雑で、清一の父は日露戦争で戦死し、清一には父親の記憶はない。その後再婚した母には四人の子が生れている。その井上家へあてた遺書。

「井上の皆様へ。ながい間御世話になりました。皆様の心からなる愛を受けて私はただ感謝するばかりです。不束《ふつつか》な私をいつも親身のようにいとも愛して下さいました。御恩返しは出来ませせぬ。お護りいたします。私のこの服装のまま焼いて下さい。なにも申残すことはございません。皆様御機嫌よろしゅうお暮し遊ばせ。

千代子」

そして夫にあてた遺書がある。

「私の御主人様

私嬉しくて嬉しくて胸が一杯で御座います。何とお喜び申上げてよいやら、明日の御出征に先立ち嬉しくこの世を去ります。何卒後のことを何一つ御心配下さいますな。私は及ばずながら皆様を御守り致しますから、御国の御ために思う存分の働きを遊ばして下さい。貴下《あなた》様の御蔭で私は今日まで幸福に楽々と過させて頂願うところはただこれればかりです。

きました。仮の世は短いものですが未来は永久に続くものと聞いております。いずれは貴下様も未来の国へ御越し遊ばすのでございますもの、幾年の後か判りませんが、私は御待ち致して居ります。満州は寒い所と聞いて居ります。ただ心配なのは貴下様は不断胃腸が強く御座いませんから冷さないようにくれぐれも御注意遊ばせ。

封じました金四十円は彼地にいらっしゃいます兵隊さん方へ御分けして下さい。御成功を御祈り致して居ります。

御主人様　　　　　　　　　　　　　　　　妻」

他の遺書には「千代子」と署名しながら、最愛の夫にあてては、ことごとしく「御主人様」、「妻」と書く。死を賭けて祈るという「成功」とは、いったいなんだったのだろうか。

妻の自刃を知った井上中尉は、すぐに連隊に連絡した。陸士の同期生の堀田俊中尉も「至急私宅まで来い」という電話を受けて駆けつけた一人だが、井上家で目撃した情景をつぎのように書いている。

「そこに見たものは千代子夫人の自害の姿であった。血の香が部屋に充満していた。彼は白無垢姿の夫人のなきがらのかたわらにしょう然と坐し頭を深く垂れたままだった。嗚咽《おえつ》しているのがわかった」(『大阪歩兵第三十七聯隊史』)

堀田俊はまた、井上清一が妻の死体を叩きながら、「なんとバカなことを——、ここまでせんでもええやないか！」と沈痛な表情で口走っていたとも語っている。

しかし、妻のなきがらの側で頭を垂れて嗚咽し、あるいはその躰を叩いてかきくどく夫の姿が語られるには、敗戦のみならず、五十年近い時間の距離が必要だったようである。

戦地に赴く軍人と死をもってその夫を送る妻――この自決事件は、昭和六年末にあっては、戦争に傾斜しようとする時代の趨勢をさきどりし、女性のあるべき役割を示唆するのに都合のよい、恰好《かっこう》の出来事であった。

井上千代子がなぜ自害したのか、いまも真相は不明のままである。豊臣家最後の死戦に赴く夫の後顧の憂いをたつべく自刃した木村重成の妻の話が、美しい夫婦愛の物語として、また武人の妻のたしなみとして語られる時代であったから、先人の志を受けつごうとしたのかも知れない。

しかし、満州事変当時、衛生隊が最前線に出て死線をさまようような事態はまず考えられなかったというのが、かつて軍籍にあった人々の意見である。取材した陸士の同期生たちにとっては小柄な井上清一の印象は薄かったようである。その印象に反して、井上千代子の自害は、同期生のみならず、かつて軍職にあった人たちの記憶につよく残っている。

「えらいまあ、真剣な人がおるものだと思いましたね。軍人であるわれわれが、なんとか小火《ぼや》でとめようとしているときに、国民はどうしてこんなに真剣になられたのか、特に若い女性がと、驚きもし不思議な気もしました」

　とある元将官は語り、別な元軍人は、

「衛生隊なら戦死することはほとんどない。こんなことで細君に死なれていたら、みんな自決しなきゃならないことになって、軍人はつとまりませんよ。軍人の妻としては不適任というべきところを、もちあげたのですな」

　と語っている。井上清一の同期生の一人は、

「あの頃から急に出兵、出兵と急な編成がはじまり、関東軍への衛生隊派遣がきまってからは、連隊に泊りこんだんですな。それまでにはなかったことであり、女の人としては、身近に危険を感じる心理状態に陥ったんだと思う。衛生隊はいわゆる後方部隊で、危険はすくないのに、急な動員下令ということで、夫人としては感傷的な気分にならざるを得なかったんじゃないかな」

　と言う。連隊へ行ったきりの夫を待つ留守宅の妻の心細い心情や不安。そこから醸成されたセンチメンタルな気分も、死の決断にかなり作用したといえそうである。

　いずれにせよ事件は起き、一人の妻の自決は巧みに粉飾され、壮烈な軍国の妻の美談へと仕立てあげられていった。

第三十七連隊では、「出征将士の意気を殺《そ》ぐことを恐れるから慎重に取扱われたい。自分はもちろん出征する。出発を延期することは自害した妻の意思にも反する」という井上中尉の意見にしたがい、予定通り出発させるとともに、いっさいを秘密にし、渡満隊が出発した十三日午前十時に喜多誠一連隊長が事件の内容を発表。午後一時には大阪市内を号外売りが走った。

『大阪毎日』号外には、「妻の分までもうんと働くのだ」という中尉の車中談がのっている。「妻がヤッテいたよ、短刀で右の頸を一いきだよ。短刀はわが家重代の名刀だ。妻は盛装していた。遺言も何にもない。しかし昨年十月結婚してから時々いっていたよ。——あなたが出征でもされる場合が来たときは、後に心残りの無いように私は死にます。——と、妻は今それをやったのだ。可愛い奴だ。形見？　そんなやぼなものは何んにもない。ただ俺は妻の分までうんと働いて来るよ」

十四日付『大阪朝日』の朝刊にも、同僚と談笑していた中尉をとらえての車中談「褒めてやってくれ　井上中尉語る」がのっている。

「悔みはやめてくれ、悔みや悲しみは妻の死には不向きだ。万歳と祝ってくれ」「妻とは昨年十月結婚してやっと家庭生活の味もわかったころであった。私の口からいうと変だがおっとりとはしていたが、なかなかしっかりしたところがあった。常に若《も》し僕が戦死したら必ず後を追うといっていた。まだ私は戦場に到着しないのだがどうせ戦いに臨めば戦死の覚悟だ。妻も幾分早過ぎだが妻にとっては日頃からの望みであったろう。私は少しも悔んでいない。よくやってくれたと思って感謝している。どうぞ褒めてやってくれたまえ。田舎の娘と後指をさされぬよう、私は結婚後いつも妻を教訓して来た。妻も一生懸命修養して私に決して私の名を辱《はずか》しめるようなことはしないと誓っていた。妻の心掛に対しても私は生還を期しない。立派に働いて軍人の本分を尽す覚悟だ」

おそらく前夜一睡もしなかったであろう井上中尉の、いささか興奮ぎみの語調が感じられる。『毎日』も『朝日』も、語りおえた中尉の眼鏡の奥にきらりと光る涙があったことを伝えている。

「妻を教訓して来た」「(妻も) 私の名を辱しめるようなことはしないと誓っていた」という一節から、この夫婦のおかれていた特殊な状況を考えてしまうのは、歴史を辿る者の悪しき詮索であるかも知れない。それは、「秘」あつかいの『陸軍士官学校卒業人名簿』の記載にかかわっている。わざわざ「秘」のあつかいをしてあるのは、この名簿が成績順位をあきらかにしているからである。

昭和二年度本科第三十九期卒業生徒の総数は二百九十二名、井上清一は歩兵科百六十三人中八十四番の成績で卒業している。特に悪い成績などではない。しかし、この名簿には陸士入学以前の出身校の記載がある。

同期生の過半は、陸軍幼年学校の出身であり、二割弱が中学出身である。そして井上清一をふくむ六人が小学校出身者なのである。

井上清一は実父の戦死のこともあり、幼時から職業軍人になるのが夢であった。しかし家庭の事情によって、幼年学校へも中学へも進むことなく、高等小学校を出ただけで、農業を手伝いながら通信教育を受け、専門学校入学者検定（専検）の資格をとった。その上で陸士を受けている。同期生より二、三歳年長であったのはそのせいである。

軍隊は星の数がものをいう絶対社会であると同時に、軍隊の飯を数多く食った人間が常に優位を占めた。したがって、同じ陸士出身といっても、主流は幼年学校から来た人間である。「専検」はパスしても、陸士の卒業名簿に、出身校「小」と記載される人間にとっては、決して居心地のいい日々ではなかったであろう。

井上中尉は頭脳明晰、努力型の人物であった。おかれた状況に甘んじたくない秘かな野心もあったであろう。将校の妻には将校団夫人との余儀ないつきあいがあり、男たち以上に年功序列がものをいう小社会をつくっている。井上清一は若い妻に向って、将校夫人としての心得を必要以上に言わざるを得ない夫だったのではないだろうか。

千代子の母校岸和田高女が七年一月に発行した『逝ける井上中尉夫人』によれば、在学中の千代子は「資性寡言《かげん》にして躬行《きゅうこう》（みずから実行すること）情意に生き、しかも純情にして一見退嬰的の感ありしも」云々とあり、ひかえ目な、むしろ消極的な女学生であったようである。

千代子は明治四十四年六月に永井家の長女として生れ、大正十四年に一年おくれて岸和田高女へ入学、卒業は昭和五年三月である。井上中尉との結婚は卒業からおよそ半年後、自決はその翌年であることを考えてみる必要があろう。現在でいえば、高校を卒業したばかりということになる。思いつめたといっても、自分の行為を十分理解するだけの思考がかたまっていたとは思えない。

そういう女性と、陸士出身者の中でも異例の経歴をもつ男との浅い結婚生活の日々に、満州事変が起き、出陣前日の妻の自害となった。井上夫妻にとってはある必然性があったのかも知れないが、世相一般にとっては、これはまったく偶発の事件であったというべきであろう。だが、後述するようにそれではすまされなかった。

2　美談への旅立ち

井上千代子の葬儀は、十二月十五日第三十七連隊将校団によって阿倍野新斎場でおこなわれた。会葬者千五百人余、母校の岸和田高女はこの日を臨時休校とし、全職員他四百名が参列。

　ますらをの妻のかゞみととこしへに
　　ほまれは高く輝きにけり

の挽歌が詠じられると、参会者の間からすすり泣きの声が洩れた。

将校夫人団の代表は、「木村長門守が妻の故事にも似て奥ゆかしくも悲壮とや申さめ……。後の世迄も語り伝えて大和おみなの誇とや申すべき……」と弔辞を述べ、「碌々たる生を偸《ぬす》む吾人慚愧死《ざんかいきし》すべき思なり。……壮烈崇高鬼神を泣かしむ故女史の夫君に対する餞別死は日本婦道を中外に宣揚したるものにして大日本全国民を感激せしめたり。その薫烈たる遺芳は永く世風婦道の亀鑑たり……」と読みあげたのは、国粋大衆党総裁の笹川良一であった。

喜多誠一連隊長の「まことに今事変随一の出征美談」という談話、「自刃の家を永く聖域に」という家主の「感奮」を伝える新聞報道などとあいまって、死んだ井上千代子は、本人の意志にかかわりなく、ある役割を課せられて一人歩きをはじめる。

まず映画化の話がおこった。

映画化されたのは、日活の『ああ井上中尉夫人』と新興キネマの『死の餞別』の二作品で、堀田俊は連隊長から「興味本位に走らず事実に忠実に収録されるようアドバイスせよ」という特命を受け、両撮影所に出向いて監督に助言を与えたという。

「昨日の納骨式を以て無事終了した。已《すで》に紙上で御承知の事と思うけど実に盛儀だったよ。

（中略）

反響は大したものだ。

四つの映画会社が陸軍当局の許可を得て競映だ。何れも真相に忠実で故人の意に反する所はないと思うよ。勿論黒幕として軍人の監督が居るから失策はないと思っている。

……」（堀田俊中尉から某中尉あての私信。『第三十九期生会誌・井上中尉夫人追悼号』）

千代子の生地長滝村では、臨時村会の決議によって十二月二十四日に追悼式をおこない、村長角谷仲次郎は「此《かく》の如き烈婦を我長滝村より出したる事は独り永井家の名誉に止まらず、本村の名誉とし大和民族の世界に誇とする所なり」という弔辞を捧げた。

長滝南中道尋常高等小学校からは生徒八百名が参列したというが、山内茂校長の弔辞に、「聞けばあなたの勲は本となりフィルムとなり劇となり或は学校の修身教材となってあわれるそうですが」云々とあり、「烈女千代子」と呼び、永井・井上両家の一家一門にとどまらず「郷里の誉《ほまれ》、母校の誉、日本人全体の誇り」と讃えている。当時、法的には無能力者のあつかいのもとにあった「妻」は、こうして輝かしい殊勲者にまつりあげられていった。

長滝村で追悼式がおこなわれた日、岸和田高女の岡村英敏校長は在校生徒に対して訓話をおこなった。

校長は、井上夫妻の事件から「純愛無我の霊動」を感じたとしながらも、独断的結論は避け、井上千代子についての事実をあつめて答を得たいと述べている。しかし、千代子には社会的閲歴はすくなく、学校時代の教師や生徒の感想もだいたい普通で、考察材料はきわめてすくないこと、「今回の壮烈な自刃の事実のみが、夫人の全人格を表わす唯一の突発的材料」であって、その人格をあらわす資料はまったくないと語っている。

「……夫人が出征即ち死別と考えて前日殉じたことは、実に時を得たもので深い意義があるのであります。かの『大君の辺《へ》にこそ死なめ顧みはせじ』と昔からも伝えられ、一死君国に報ずる確信の程が窺われて誠に奉公の本分全しという外《ほか》ありませぬ。勿論出征軍人は大部分生還いたしましょうが、生還は出征の覚悟から見ると偶然的のことであって、出征に際しては全く水杯で別るべきであります。夫人は出征の本質に殉じたものでありますから、夫君若し偶然に生還せらるる様になれば凱旋の光栄であって、亦《また》夫人の尊霊の絶大の喜びである筈であります。夫君の生死と夫人の死とは全く別問題であるから、私は夫君が故意に犠牲となる様なことがないように心からお祈り申上げるものであります」

岡村校長が訓話で死者を称讃すればするほど、生きている夫は否応なく戦死へ追いつめられる。訓話の最後の部分はこの矛盾に板挟みになった教育者の苦しい辻褄《つじつま》合せであろう。出征即戦死と考えて殉じることを婦道の鑑《かがみ》とすれば、妻たちはつぎつぎに自決しなければならない。千代子の死を「聖代の烈婦」とたたえながらも、夫の生死と妻の死は別問題であると語る言葉に、時代の「美談」の片棒をかつぎつつ、対応にとまどった現場の教育者の胸中が、ほんのわずかながらのぞいているといえようか。

しかし、周囲の大勢は教育者の躊躇や留保を押しきる勢いであり、岸和田高女は翌七年一月二十八日に慰霊祭をおこない、校長は「其の貞烈、実に懦夫《だふ》をして立たしむるものあるを信ず」と祭文を読んだ。同窓会代表は「真に日本婦人の典型として、長く後世の亀鑑となるでありましょう。かかる方を出したと言う事は、実に我が同窓二千五百有余人の誇りであり、そして又、我が日本の女性全体の誇りであると考えます」と遺影に語りかけ、生徒総代は、「夫人の死は我が国民覚醒の警鐘であり、その鐘の音に国民の血は、いやが上にも湧き立ちました。桜の花の如く夫人は自刃されました。……今この会場に流れております不思議な空気の中に浸って、跪《ひざまず》きたい感じでございます」と祭文を捧げた。

頌歌は、「妹背の契いや堅し　おみなの道の鏡なり」とうたわれている。

明るい性格、勝気、体格がよくて身長も一メートル五十七、八はあったと弟妹たちが誇る千代子は、夫とも円満な夫婦仲であった。井上清一は陸士入試にギリギリの身長しかなく、結婚式の写真をとるのに苦労したという。妻の方が背が高かったのである。男前ではないが真面目で、千代子の弟妹の勉強をみてくれるような機会に、ずばぬけた頭の良さをみせたという。エリート・コースからはずれて苦労していても、グチめいたことはいわなかった。

妻の弟妹に対しても優しい義兄であり、千代子をさきに階段を上らせ、着物の裾をめくったりすると、千代子は笑い出してきりがないといった話を聞かせてのろけたという。

そういう夫婦の間に、出征を目前にしてどんな会話があり、千代子がどんな激動を心に感じて自刃にふみきったのか謎のまま、満でいえばまだ二十歳の平凡な若い女性の死が、いわば歴史の祭壇のいけにえになってゆく。

銃後婦人の挺身と戦争協力の赤誠をあらわす組織として、七年三月十八日、大阪国防婦人会が発足する。安田せい、三谷英子の二人が発起人だが、陸軍の直接指導のもとにこの組織運動が開始されたという点が、既存の、皇室をはじめとする名流女性中心の愛国婦人会との差であった。そして、軍直轄の婦人会誕生の糸口になったのが、井上中尉夫人の自刃である。

前述の映画の撮影中、京都嵯峨寺のロケ先へ安田せいが姿をあらわす。堀田中尉と安田、三谷の二女性は、長滝における追悼会で顔をあわせており、特に安田せいは、

「千代子さんの尊い死をこのままにしてしまうわけには行かない。満州事変は愈々《いよいよ》拡大し男ばかりでは解決出来ない大戦《おおいくさ》となるだろう。したがって、婦人は勿論犬猫バッタに至るまで戦争に役立たねばならない非常時だ」

と力説した。三人は「婦人国防奉仕会」結成の檄文《げきぶん》を全国へ送ることに意見の一致をみる。そして、この日のロケ地での相談によって会の名称は「大阪国防婦人会」ときまった。

七年三月十八日発会式挙行。さらに陸軍省への熱心な働きかけによって、九年四月十日、東京日比谷公会堂で大日本国防婦人会の総本部結成式が挙げられることになる。このとき、全国の会員数五十五万、白いかっぽう着をユニホームにきめ、そこへ「大日本国防婦人会」と墨文字を染めた襷《たすき》をかけた。

『大日本国防婦人会十年史』の「本会創立の必要」の章に、

「……凡《およ》そ歴史を見れば一国の興亡は決して男子のみの力に依るものではなく」の表現があり、『万葉集』から安倍女郎《あべのいらつめ》の歌、

わが背子は物な思ほし事しあらば
火にも水にもわれ無けなくに

が引用されている。

「一億同胞の半分は女子です。女子が護国の務めを忘れては、国民皆兵ではなく国民二分一兵となります」

とあるのは、「天の半分を支えるのは女」という今日的な志向の変種といえよう。ともかく、男たち以上に先走る女たちが登場し、その背後にあって彼女たちを支えているのは軍服の男たちなのであった。井上千代子の死は、はじめは利用されながら、戦争の拡大につれて次第に溶解してしまう。状況が、もはや「言《こと》あげ」の材料を必要としなくなるからである。

この種の事件には、連鎖的に同型の事件が続発するものだが、

「出征中の夫を

若妻自殺して激励

第二の井上事件の女主人公

亀田海軍軍医中尉夫人

の記事が七年三月四日の『大阪朝日』にのっている。日本軍部の作品というべき新国家満州国の建国式直前のことであり、翌五日には東京で三井財閥の総師團琢磨が血盟団員のテロに斃《たお》されるという時代相の中での事件である。

新聞によれば、連合艦隊○○に乗組出動中の海軍軍医中尉亀田稔（二十八歳）の妻あい子（二十一歳）が、三日朝、裏の物置で白装束姿の縊死《いし》を遂げているのを発見。三日午前一時頃死亡と推定された。麴町高女の出身で、この年一月に亀田中尉と結婚したばかりというから、二カ月そこそこの結婚生活であったことになる。

実家にあてた遺書には、

「先立つ不孝をお許し下さい。お国のために蔭ながらお祈りいたします。国家重大な際、皆様お国のためにお尽し下さい」

とあり、出征中の夫を励ますための自殺らしいと新聞は書いている。

麴町高女（現麴町学園女子高等学校）の同級生の語るあい子（同窓会名簿では吉村愛）は、「背の大きな人、おとなしくて髪の長い細面の人」という程度の印象で、在学中に格別な傾向を示す女学生でなかったことは、井上千代子の場合と共通している。

亀田中尉は慶応医学部の出身で、その父はかなり名を知られた教育者であった。いま亀田家の親戚の一人が語る「第二の井上事件」の真相は、かつての報道とはかなり異なっている。

亀田稔は慶応病院の近くにあった麻雀クラブで昭和五年秋に愛と知り合い、双方の両親も認める婚約をした。

しかし結納から挙式まで、嫁入り仕度をととのえるために半年以上の時間があった。その間に、大学をおえて町の病院勤務となった亀田稔は、そこに勤めていた看護婦T子と深い仲になり、そのまま三角関係をかくして愛と結婚した。間もなく海軍に召集されるが、泊地の佐世保、呉などから帰宅の機会があっても、ほとんど新居には帰らなかったという。

愛は夫の両親と同居していた。自殺した日は姑は留守で、夜になって嫁の不在に気づいた舅がまんじりともせず一夜を明かし、翌朝、鳥のエサをとりに庭の物置にゆき、はじめて愛の縊死体を発見している。

三月二日夜、亀田中尉は泊地の料亭で酒をのんでいた。お酌に出た芸者が妻にそっくりなので、「愛が来たのか」と思ったという。そして翌朝、父親から妻の自殺を知らせる電報を受けとった。

夫にあてた遺書に、愛はただ一行、「稔さんのところへ行きます」と書いていた。「第二の井上中尉事件」の記事は、父親に新聞社内部との縁があり、その伝手《つて》によって「後顧の憂なからしむるため」と体裁がととのえられたのであるという。

T子は、亀田中尉の子を生むが、その子は育ちきれず、愛の一周忌の日に死んだ。近親者は、「これは愛さんが奪《と》りにきたにちがいない」とひそひそ話をかわしたと伝えられている。

亀田愛の死は、不実な男、軍務にかこつけて新婚早々の妻を裏切りつづけた男への怨みが選ばせた自殺であった。亀田稔の母は嫁の死を痛ましく感じたのか、あるいは「軍人の妻」として死んだ一種の美談に対する配慮からか、息子とT子の結婚をなかなかみとめようとせず、入籍はおくれた。その後二人の間に子供はできず、戦後の昭和三十五年にT子が亡くなり、四年後、開業医であった亀田稔も死んでいる。

稔は癌で亡くなる直前にはじめて前妻の死について語り、「線香をあげてやってくれ」と言い残した。愛の実家は娘の遺骨を半分持ち去って、亀田家との縁を切っていた。

美談はえてして虚偽のこしらえものだが、国策に沿った軍国美談となると、いっそうその信憑性は疑わしいものとなる。しかし戦火が中国大陸へひろがり、さらに太平洋戦争へと拡大して国家総動員体制の時代になると、「美談」はごく日常的なものとなり、その虚実などかえりみられなくなってゆく。

「英霊と結婚　看護婦として前線へ」

と報じられたのは、徳島出身の二十四歳の女性である（十七年六月二十四日『東京朝日』）。十八年三月には「嫁がざる花嫁」の記事が新聞にのっている。シドニー港で戦死した海軍中佐松尾敬宇の「妻」が、呉における海軍合同葬に遺族としてつらなったという記事である。前年九月、海軍大臣によって松尾中佐との結婚許可がおりたとき、夫となるべき人はすでに戦死していた。

この種の「美談」記事は十七年以降に数多くみられるが、「井上中尉事件」のあとをひくような小さな新聞記事がある。

「激励の自決

愛児送る老母」

十七年十二月五日付の紙面である。愛知県下の農業・栗原一太郎（五十二歳　以下すべて仮名）の妻いね（四十八歳）は、近く入営する長男一郎が立派に国家の干城《かんじょう》として働いてくれるよう、死をもって励まそうと、四日午前三時頃自宅仏間に死の装束、ござ、水桶などを用意し、剃刀で切腹自決した。その遺書の全文が新聞に掲載されている。

「大東亜戦争はじまって一年になるやならぬのに、うかうかしていては、お国に済まぬ。一郎も幸い入営も間近になりました。こころよく入営することを蔭ながら祈ります」

この新聞記事を手がかりにして奇蹟的に栗原家を探し出すことが出来たので、連絡をとるべく電話をかけた。

母の死の激励を受けて入営した長男が、戦争終結後無事生還したかどうかを確認したかったのである。死の餞別を受けた男の心理は、井上清一も亀田稔もすでに故人になっていて確かめようがなかったから、栗原一郎が生きていれば、三十七年前の胸中をぜひ聞きたかった。しかし、予想もしない罵声が受話器を伝わってきた。

「なんで他人《ひと》の家庭をひっかきまわすようなこと言うんだね。ええ？　昭和史なんてうちとなんの関係があるんだ。軽蔑するようなこと言うんじゃないよ。もしもしじゃない。文句あるならこっちへ来い、この馬鹿。逃げもかくれもしないから」

一郎が存命か否かについて、なんの手がかりもなかったが、こちらの言葉が通じない罵《ば》詈讒謗《りざんぼう》は、一つの自殺事件がのこした傷の深さを物語っているともいえた。電話の相手が一郎とどういう関係にあるか不明のまま、私は翌日地図を頼りに旅に出た。

栗原家はかつてあまり豊かではない養蚕農家であり、一郎は三男三女の長男であった。母親が死んだ日、末娘はまだ小学五年生である。

一郎は仕事をつづける根気のない怠け者であり、家から金をもち出しては女遊びにふける「極道」であったという。母親は溺愛した長男が立派に「国家の干城」となることよりも、真人間になることを願って心狂わんばかりの日々を生きていたようである。それが、入営をひかえての自殺になり、「死の激励」という報道になった。

村人たちは事情を知りながら、誰もこの事件を表立って口にする者はないという。一郎は兵隊として内地を転々としたあと、郷里へ復員してくるが、居辛い事情があったのか、ほかの土地へ去った。

一家に自殺者が出ているということは、他家の生活のすみずみまで知りつくしているような村落にあって辛いことであった。栗原家の人々は、母の死を負い目とし、封印して忘れ去るべくつとめて生きてきたようである。

「一郎さんは軍隊から無事に帰られたのでしょうか」

という未知の人間からの電話は、その心の封印を引き裂くものであったというべきなのであろう。

亀田愛も栗原いねも、三角関係への抗議もしくは絶望、あるいは出来の悪い息子への苦慮という、どの時代にも共通の人間関係の中で死を選んだ。しかし、敗戦までの日本の世相では、軍人や入営する壮丁をめぐる自殺事件は、単なる自殺ではすまされなかった。その時代相にとって好都合なように脚色され、誰もその真相を探りも疑いもせぬまま時が流れ、そして忘れ去られていった。井上千代子の死についても、まったくおなじことがいえるのかも知れない。

3　烈婦の夫の人生

井上清一は昭和十年に再婚している。いま未亡人は先妻の千代子夫人についてなにも語らない。井上の再婚について、軍人仲間は暗に拒絶反応を示した。事件のあと井上清一は、

「死んだ家内は、自分の妻であって妻でない。その名誉を傷つけることはできない」

としばしば語っていた。千代子の死を大阪の全陸軍あげて盛大に葬い、護国の女神のように扱ったあとでは、のこされた夫の再婚は不都合なことであったようである。

「貞女は二夫を更《か》えず」

といわれて、未亡人の再婚が縛られていた時代、貞女にのこされた夫の再婚もまた、おなじような呪縛を受けためずらしい例といえるかも知れない。しかし、井上清一は上官の世話した女性と再婚し、千代子の生家とのゆききはいつかたえた。

千代子の自刃から大日本国防婦人会が生れたことは、千代子にも井上清一にも直接のかかわりはない。「死者は生者の餌食となる」といわれるが、それに近い形で利用されたに過ぎない。

だが、新妻の異形の死に送られた軍人の物語には、別の後日譚がある。

昭和二十五年に刊行された森島守人の『陰謀・暗殺・軍刀――一外交官の回想』に、この事件にからむ一節がある。

「……昭和七年の十月撫順でも目にあまる満人婦女子の大虐殺事件があった。撫順警察から炭鉱の苦力《クーリー》が職場を棄てて集団的に引き揚げている、徒歩で線路づたいに華北へ向っているとの報告に接したので、真相を取調べると、同地守備隊の一大尉が、匪賊を匿うたとの廉《かど》で、部落の婦女子を集めて機関銃で掃射鏖殺《おうさつ》したとのことであった。この事件のあった少し前、内地の一新聞に満州へ出征した一大尉の夫人が、夫君に後顧の憂なく御奉公をするようにとの遺書を残して白装束で自害したとの記事があり、戦時婦人の典型だとて評判になっているむねを伝えていたが、件《くだん》の大尉こそこの夫人の夫であった」

昭和七年九月十八日は、満州事変から一周年の日であり、反満抗日武力抵抗（俗に匪賊といい、ものとりのたぐいから旧軍閥の軍隊、そして筋金入りの共産匪と多種多様であったが）はこの日を頂点に総蹶起《けっき》の様相を呈した。

当時の『満洲日報』をみると、連日、全満各地で匪襲があり、鉄道の運行は妨害され、市街は襲撃され、かなえの沸くごとき状態であったことがなまなましく伝わってくる。

十月現在、撫順もきわめて治安状態悪く、匪賊に蹂躙《じゅうりん》された撫順県下の千金堡ほか六カ村の住民は、家は焼かれ、衣食はなく、秋風冷たい中でまったく気の毒な状態にあると書かれている（十月十五日付）。

これは、匪襲による被害者を県公署（役場）などで救済するという主旨の記事なのだが、その被害状況に、

平頂山　人口一、三六九　死者四〇〇

の一行がある。撫順県下の人口総数八、〇五八に対する死者は六二〇とあるから、平頂山村の被害がきわだっていることは明瞭である。

そして、この新聞記事では匪襲によって蹂躙されたことになっている平頂山で起きた事件が、日本軍の満洲における住民虐殺中、もっとも凄惨な例であったことは、累々たる白骨をうつしたフィルムなどによってもよく知られている。

追いつめられた「匪賊」は、農民になりすまして日満軍警の追跡をのがれる。食事、衣服をはじめ住民の協力がなくては、「匪賊」の生きのびる道はない。そして昭和十五年初頭に、最後のリーダー楊靖宇が、解剖された胃袋にあったのは草根木皮と綿入れの綿のみ

という死をとげるまで、反満抗日の武装抵抗はつづいた。

満州事変とよばれる戦闘の過半は、この「匪賊」たちの掃蕩作戦であった。七年十月に撫順でおきた住民虐殺は、奉天総領事館勤務で、九・一八事件以来の軍の動きをつぶさに注視してきた森島守人にとってきわめて衝撃的だったはずである。

しかし、『陰謀・暗殺・軍刀』は、妻の自害に送られて渡満した軍人を「大尉」としてあつかっている。断定的な書き方をしているが、事実関係をつきとめた上での記述でないことは、自害が虐殺事件の「少し前」と書かれていることからもうかがえる。おそらく伝聞であり、誤伝である可能性も十分にあり得る。

虐殺の責任者が特定の個人であったのか集団であったのか、井上清一がかかわったのか否か、その残虐をおこなった日本軍人がいなければならないが、日本軍による虐殺の歴然たる事実が発掘されるばかりで、真相の解明はなされていない。

私が匿名の資料助手として五味川純平著『戦争と人間』第4巻の註に、「出征軍人の妻の自刃」を書いたのは、昭和四十年の暮である。森島守人の著書と『東京朝日』、『中国民報』の事件当時の記事を要約した形で書き、出典も明記した。

四十五年夏には、山本薩夫監督により『戦争と人間』第一部が映画化された。

井上千代子の妹美智子は、この映画化の時点で、パンフレットに姉の自決事件が書かれ「異常な性格」云々と書かれていることから、原作者に抗議の手紙を出したという。「井上中尉」の註に関して抗議の手紙が来たということは、五味川氏から聞いた。だが私は手紙そのものは見なかった。私は井上清一自身からの虐殺云々に対する抗議であるものとばかり思い、しかし正否の確認をするゆとりのないまま、懸案になっていた。

今度、改めて資料を検討してみて、根っからの職業軍人であった井上清一は、むしろ沈黙を守って戦後を生き、そして沈黙のまま、謎を残して死んだのではないかという気持が次第に強くなった。そして五味川氏に最近確認したところによれば、抗議の手紙は、女文字であったという。

井上清一は朝鮮での勤務中に再婚したのち、陸士の区隊長をつとめ、十八年一月に陸軍大学校専科を卒業していることがわかった。その後、参謀として広島県呉市の暁部隊に勤務、中佐で敗戦をむかえている。長男は広島に落された原爆で亡くなった。

井上自身は、四十四年八月にパーキンソン病で亡くなっていた。

森島守人は、若妻の死の餞《はなむ》けと、住民虐殺という二つのショッキングな事件を、どんな根拠でつなぎ、書き残したのだろうか。

本多勝一『中国の旅』（四十七年三月刊）に「平頂山事件」の章がある。平頂山の村は撫順炭鉱に近く、千金堡の隣村である。ここで一九三二年夏、四百世帯約三千人の皆殺し事件が起きた。

夜明けと同時に三台のトラックでやってきた日本兵は、住民を一カ所にあつめて機関銃掃射によって女子供を問わず殺害した。「通匪」と断定しての報復とみせしめである。

本多記者の取材に対して、虐殺指揮の責任者として中国側が指摘したのはつぎの四人であるという。

▼川上陸軍大尉（警備隊長）
▼小川准尉（憲兵隊分隊長）
▼前田警察署長
▼久保孚炭鉱長

衛生隊の小隊長として渡満した井上中尉は、事件が起ったとき、どこに所属していたのだろうか。

昭和七年三月一日調べの独立守備歩兵第二大隊「職員表」がある（『現代史資料　続・満洲事変』）。第二中隊長は、陸士第二十七期の川上精一大尉であり、つづけて井上清一中尉の名前もある。

第二中隊は昭和六年八月一日調べの「職員表」では川上中隊長以下撫順に駐屯している。

この時点で井上中尉の名前はない。川上精一大尉が、中国側の指摘する「川上陸軍大尉」であることは間違いないとみてよいであろう。

事件当時の軍隊区分（職員表）をもとに、陸士で井上と同期生であった元将校は、「井上君が事件に参加した可能性はありますね」と語った。

錦州作戦は意外にあっさり片づき、井上中尉の指揮する衛生隊は満州での短期駐屯ののち日本へ帰還した。本来ならば、井上中尉も原隊へ復帰し、かりそめにも住民虐殺の場への立ち会いを疑われる余地など残さずにすんだはずである。

しかし、井上中尉は単に一人の軍服を着た男ではなくなっていた。早々に無事凱旋させることを憚ったのは、軍当局の上級者だったのであろう。特に満州の部隊に残留するようはからわれて、所属したのが独立守備歩兵第二大隊であった。

国民政府主席東北行轅審判戦犯軍事法廷は、一九四八年四月十九日、「平頂山事件死刑囚七人」の刑を執行した。執行されたのは、久保孚以下の七名。領事館警察官の一人をのぞいて、撫順炭鉱の職員であった人々、つまり民間人である（平野一城『最後の引揚牧師の手記』）。

平野牧師の渡満は昭和十三年四月であり、「平頂山事件」についての記述のほとんどは、伝聞と軍事法廷の資料によるものとみられる。しかし、七年九月十六日の匪襲をむかえうった守備隊のN中尉のことが書かれている。N中尉以下八十人という手薄な守備隊は、炭鉱勤務の在郷軍人と協力して匪賊を撃退した。

「これで一応すんだのであるが、すまぬのは、撃退を指揮したN中尉であった。

この人は職業軍人で後に中佐まで昇進して、なにかの理由で死亡した人であるが、その出征に当り、愛妻が後顧の憂を断つためにと、遺書を残して自殺したという、当時にあっては美談とも思われたような、深刻な経験の所有者であり、(中略)たまたま匪賊を追撃しての帰り道、通称平頂山と呼ばれていた楊柏堡工人部落の一部、百世帯余の団地で、昨夜市内で略奪されたと思われる色々の物を発見した」

その結果、「老若男女、部落民の全てを約千メートルほど離れた崖下に導き……部下に命じて機関銃掃射によりこれを皆殺しにし、土砂に埋めて引揚げたというのである。その数七百とも千七百とも二万七千八百ともいわれるが、ともかく大量の虐殺が行なわれたことはたしかである」と同書には書かれている。犠牲者の数のひらきは、この資料の証言性を低くしている。しかし、森島守人と平野一城の二人が書き残したのは、同じことである。

またN中尉の公式な報告には、

「部落内に匪賊が隠れていることはたしかであったから、匪賊を差し出すか、それができなければ一般人が全部部落を捨て一時外に出よ、といったが、言を左右にして応じない。

そこで一般人もろとも部落全部を焼討《やきうち》にした」

とあるといい、「その真相は明らかでないと考えるのが正しいようだ」と書かれている。「真相は不明」だが、「N中尉」は井上中尉以外には考えられない。この本の刊行は、井上清一が死んで間もない四十四年十一月十五日である。

平頂山事件によって戦後に死刑となった被告の一人は、信仰に救いを見出しながらも、「全然関係のない不知の事件」「不知の事件では死にたくないですね」と書いている（奉天極友会『満洲戦犯獄中書簡集』）。被告たちは五十センチの鉄鎖のついた足枷をはめられ、用便も意のままにならなかった。判決文中には、事件当時の状況を、機関銃による掃射は継続二時間以上、「哭声震野惨絶人寰《じんかん》」と書いている。

「いい兄さんだった」という千代子の弟妹の思い出、「そんな残忍なことのできる人ではない」という証言を無視することはできない。しかし、虐殺事件は軍人によって起され、真相究明のなされぬまま、七人の民間人が身代りとして銃殺刑になったのである。

この結末を井上清一が知らなかったとは思えない。生粋の職業軍人であった井上清一に、沈黙以外の身の処し方があっただろうか。

千代子の妹美智子は、戦後に父親から「（井上は）もうちょっとで軍事裁判にかけられるところだった」と聞いたのを記憶していた。しかしこれは住民虐殺とは関係なく、部隊長をしていたからという意味であろうと受けとっている。

　井上千代子の自決は、少女のように純粋なひたむきさの結果であったと残された肉親たちは考えている。そうであるかも知れない。しかし、夫の運命を左右し、さらには肉親の人生にも影を落す死となった。

　姉が自殺したとき小学校六年生であったという妹の美智子は、その後結婚するとすぐ夫に召集令状がきた。美智子の夫、つまり千代子を直接には知らない義弟について、「井上の妹の亭主やということで、上からしっかりやらんといかんぞと尻を叩かれ、最前線にとびだして戦死しました」と美智子はいう。そうであるなら、死をまぬがれたかも知れない一人の男を、確実に死に追いやる役割を千代子の死は果したことになる。

　妹は戦争未亡人になった。この妹は姉の「手本」にならって夫のあとを追いたいと思ったが、親戚の人がそばにつききりで監視していて果せなかったという。

　井上千代子の死をきっかけに作られた大日本国防婦人会は、十年間に全国会員一千万の大所帯となった。一方、明治三十四年に奥村五百子《いおこ》の提言によって創設された愛国婦人会は四十年余の歴史を誇り、この両組織はたがいに反目し、末端では会員の奪いあいを演じるなど、支配している男たちにとって頭の痛い存在になった。

早くから一本に合同させる案が出されながら、実現するのは十七年二月十二日である。東條英機首相からこの問題の収拾を托《たく》され、解散そして合同の決をくだしたのは軍務局長の武藤章陸軍中将であった。

武藤は絞首刑を宣告されたA級七戦犯の最年少者として、二十三年十二月二十三日に十三階段をのぼるが、ほとんどその内面をみせなかった武藤が、めずらしく胸中を披瀝した話が駐比大使であった村田省蔵の『比島日記』にのこっている。二十年一月二十七日夜、マニラを捨ててバギオへ移り、さらに飢えと病魔に悩まされるルソン山中での敗走のはじまる直前である。

東條英機のもとで軍務局長の要職をつとめていた武藤は、十七年の四月、南方戦線視察から帰京の日、スマトラの近衛師団長に転出を命ぜられた。この人事には、なにか不分明なものが感じられる。謎があるといってもいい。そのことは武藤自身が誰よりも痛感していたのであろう。その機微にふれる断片を村田省蔵は書きとめている。

「彼（武藤）は更に東條なるものの功名心の強き事冷酷なる性質を有する事、妻君の彼を誤らしめたる事亦大なる事、大東亜戦争開始前、東郷外相が別案を以て日米間の紛糾せる案件を解決せんとして能わざりし際、軍務局長として執りし態度につき、又愛国婦人会と国防婦人会との合同案には賛成せざりし彼に結局問題の収拾を托され又之を直に無事解決せること等々を語り其他軍務局長として陸軍の憎まれ役を独り背負い居りし当時の苦心談などにて七時になる」

「憎まれ役」云々はまったく言い得て妙というところで、武藤は陸軍の政治介入の局面の多くに、きわめて印象の強い、敵役《かたき》的な言動をのこした軍人であった。その武藤が吐露した言葉には、権勢をふるった軍衣の男たちの運命をも支配しかねない女たちの姿がみえる。

「愛婦」と「国婦」の「大日本婦人会」への合同劇が、「聖戦協力」の度合いを競い合い、近親憎悪にも似た臆面もないすさまじき女のたたかいであったことは、『大日本国防婦人会十年史』に露骨にあからさまに書かれている。

愛国婦人会の側は、二つの婦人会の摩擦相剋《そうこく》について、「屋上屋を築く、同一目的団体の新設による止むを得ざる結果と見なければならぬ」と十六年七月刊の『愛国婦人会四十年史』に書いた。一方、『大日本国防婦人会十年史』は、解散合同ののちの十八年三月に刊行されるのだが、『愛国婦人会四十年史』の記述をふまえて、

「愛国婦人会側の言うが如き、それ程度の軍事援護や、銃後奉仕のみを重大事とし、その根底である国防国家の確立という真に国家興廃の一大事を忘れて、或いは、そこまでを知

らずにか、又は表面的、浅いことのみしか取り上げない立場からか、とにかく本会の真の使命、真の精神を解しない一部の者は、本会と愛国婦人会との合同を論ずるようになった」

と忿懣《ふんまん》やる方ない筆致で書いている。解散時の「国婦」の会長は、元帥陸軍大将であった武藤信義未亡人の能婦子、副会長は総理大臣であり、内務大臣、陸軍大臣を兼任していた東條英機陸軍大将の妻勝子であった。

武藤章が果した役割は、猫の首に鈴をつけるのに似ている。武藤の予期せざる人事には、女たちの憎悪や怨念が何分の一かを占めている。

そもそもの発端にある自刃の鮮血で夫の首途《かどで》をいろどった新妻の物語など、十年後の「指導者」たちはふりかえろうとはしなかったようである。用ずみの「美談」であった。

満州事変にはじまる十五年戦争が終結した時点で、国内あるいは外地で、多くの自決者が出た。軍人軍属だけではなく、女子供だけで南下する途中、力つきて集団自決した満蒙開拓団の人々までふくめれば、その数はかなりなものになる。

額田坦編『世紀の自決――日本帝国の終焉に散った人びと』は、軍人、軍属、看護婦およびその家族など、自決者五百六十八名の事跡をまとめている（実際の人数はさらに多いはずである)。

この中に、八月二十一日午前零時、佐世保で自刃した海軍大尉長瀬武と妻外志子の最期の様子と遺書が収録されている。夫妻は結婚生活二年余、長瀬大尉の父は陸軍中将の長瀬武平、当時対馬要塞司令官であった。

長瀬外志子から母鹿谷初子へあてた遺書。

「母上様、いよいよ最後の時が参りました。

大詔を奉戴致しまして天皇陛下の有難き御言葉本当にもったいなくて身のおきどころもございません。でも私達は最後までもっと頑張りたかったとそれのみです。(中略)

天皇陛下の『忍び難きを忍べ』との御言葉にそむき本当に不忠と思います。

でも戦がこうなりましたのも私達人民の働きが、頑張りが足りなかったのです。それを思いますと私は軍人の妻としてどうして生き長らえて行かれましょう。かねてより覚悟して参りました時が来たまでのことと思います。でも、まだまだ頑張れなかったのが本当に残念です。

母上様、今まで御世話になりまして本当にありがとうございました。

何の御恩返しも出来ずほんとにすみません。御許し下さいませ。(中略)

今まで幸福に暮して参りまして私はほんとに幸福だったと喜んでいます。嫁ぎましてから二年間も本当に幸福に暮しました。今は決心どおり身を処しましても私は幸福な人間です。母上様何とぞ御安心下さいませ。気持は落ちついて安らかな気持でおります。母上様も何とぞ御体大切に遊ばしまして国体護持の為頑張って下さいませ」

昭和六年十二月に起きた井上千代子の自決事件は、「軍人の妻」のあり方を問い、同時に女性の戦争協力に対して最初の起爆剤の役割を果す結果となった。死んでいった本人の意志にかかわりない劫火というべき小さな火は、十五年の間に燃えひろがり完成されていったという思いが、長瀬外志子の遺書の文面によってかきたてられてくる。二人の遺書はあたかも対《つい》をなしているように感じられる。

女たちは、戦争を選んだ男たちの犠牲になり、じっと苦難に耐えている被害者の役割だけを演じたわけではない。男たちが戦争遂行のマーチに足を踏みならすとき、女たちのあるものはさらに熱狂的に乱舞しようとさえした。大日本国防婦人会の解散にいたる経緯はその有力な証明の一つといえそうである。

そして、それほどきわだった形ではなくとも、戦争の狂熱は徐々に確実に女たちへも浸透していった。疑うためには、疑問を感じる理性が必要である。しかし批判する思考などを切りすてた十五年間が、井上千代子から長瀬外志子にいたるまっすぐの道程をつくっていった。

殉死——古風な言葉である。ある人は美しいというかもしれない。しかし平常心で考えればきわめてグロテスクで蛮勇を要求される行為をあえて選んだ女性が、ほんとうに自ら選択したと言い得るのかどうか。

自刃のあと、和服姿の井上千代子の写真は、額装されて岸和田高女の講堂に飾られていた。そして敗戦の日をさかいに生徒たちの前から消えた。しかし、三回忌の八年十二月十二日、郷里長滝の清福寺境内に建てられた顕彰碑は、いまも昔のままのこされている。

碑面に刻まれた文字は、

「殉国烈婦井上千代子夫人之碑」

である。

保険金殺人の母と娘

鬼畜の惨虐白日下に

本郷の日大生殺し

肉親の謀殺と判明

母と妹犯行を自白

下手人は母親！

周到極まる謀殺計畫

事件の思いがけぬ進展を報じる当時の新聞

1　内部犯行への疑惑

事件が起きたのは昭和十年十一月三日午前二時頃である。東京の本郷弓町に住む日本大学専門部歯科三年在学中の徳山稔（二十四歳　当事者はすべて仮名）は、侵入してきた賊と格闘し、全身に深傷《ふかで》をおわされて死亡した。犯人は兇器の出刃庖丁を現場に投げ捨てて逃走、もみあう騒ぎから稔の死に至るまでの現場を、母はつ（四十六歳）、妹光子（二十一歳）、妹久子（十七歳）が目撃する結果となった。

被害者は剣道初段といい、大学の拳闘部にも籍をおく青年であり、樺太《からふと》の敷香《しすか》で医院を経営する徳山博（五十二歳）の長男である。

久子と末弟孝（十一歳）の壱岐坂下交番への届け出によって非常手配がなされたが、犯人の男は逃げ失せてしまった。夜明け前から警視庁の中村捜査係長以下が出動して、付近一帯の空家の床下を探すなど大がかりな捜査が開始される。家族の証言により、犯人の風体、年齢、背恰好などはつかめており、その資料にもとづいて円タク業者の調査のほか、宿屋、料理屋、遊廓のいっせい捜索をおこなう一方、現場付近の医者、薬屋まで調べたが、犯人逮捕には至らず、手がかりすらなかった。

犯人が残した血まみれの出刃庖丁は、台所の流しに捨てられていたが、家族が水道の水を使ったため洗ったも同様となっていて、指紋もとれない始末である。

警視庁はラジオを通じ、兇行当時現場付近から客を乗せた運転手は名乗り出てくれと協力を求めたがこれにも反響はなく、事件解決の見通しのたたぬまま、九日午後一時から被害者の自宅で告別式がいとなまれた。遺族の席には、電報で異変を知らされ樺太から上京してきた父親の博の姿もあった。

捜査本部が面目にかけて「虱潰《しらみつぶ》し」の捜査を続行していた十一月二十五日、博は娘の光子をつれて京橋の第一生命へゆき、稔にかけられていた生命保険金三万一千円を受けとった。同日、丸の内の帝国生命で保険金一万円（保険料一カ年未払い分をさしひいた九千六百余円）を受領（いずれも小切手）、この日の帰途、四万円を銀行の定期預金（期間六カ月）にしている。

十二月五日、徳山一家は事件のあった弓町の借家をひきはらって下目黒に転居し、弓町の家は空家になった。

十二月九日、徳山愽は丸の内の明治生命から稔の保険金二万五千円（保険料未払い分をひいた残額二万四千四百余円）を小切手で受け取り、二万円を銀行の普通預金にし、残りは妻に渡した。長男を殺害されてから一カ月の間に、父親は六万五千余円の「収入」を得た形である。

当時、生命保険には月払いの制度はなくて年払いであり、死後の遺族の生活保全のために保険をかける習慣は、有産階級のものであった。書式がととのっている上に、父親の職業が医師（樺太では保険医を嘱託されていた）という確実なものであり、しかも長男の不慮の死ということになれば、生命保険金は早急に支払われるべきものであった。

事態は十二月十六日に思いがけない進展をみる。父の愽、母はつ、妹光子の三人が、容疑濃厚として捜査本部のある本富士署に召喚留置。十七日付朝刊各紙は、「日大生惨殺事件に　突如未聞の怪面貌　保険金六万六千円　両親ら三人で謀殺？　昨夜深更召喚留置さる　重なる不審数々」（『東京朝日』）などの見出しをつけ、社会面のトップ記事として扱った。

捜査のゆきづまりから、内部の犯行への疑惑が生れた。母と子といういわば聖域にあえて踏みこむきっかけは、徳山母娘の申立てる犯人の人相着衣があまりにも被害者のそれによく似ていたこと、賊の侵入口といわれる箇所に塵がつもったままであったことなどによる。そしてクロの心証を決定的にしたのは、六万六千円という高額な保険金受領の事実であった。

最初に自供したのは光子である。留置三日目の十八日、光子は泣きながら「私が殺しました」と自白をはじめた。このあと、追及されたはつは、

「光子が自白しましたか……娘がかわいそう……」

と歯ぎしりしながら泣き伏して、いっさいを自白した。博のみは無罪を主張し、係官から、

「お前は子供を殺して大金をにぎり、一人だけ安閑とくらして行こうというのか」

と聞かれると、

「とんでもない、それはあまりに残酷ですよ。いかに警官でもその言葉はひどいじゃありませんか。稔の四十九日も近いから法要をしなければならぬ、早く出してくれ」

と要求した（博の弁護人であった太田金次郎の『弁護二十年』による）。

だが、その博もほぼ謀殺を認めるかの自供をするに至る。

「残虐鬼畜・母性愛の喪失〈日大生殺しの謎解く〉」と新聞は大々的に報じた。そして予審の過程で、保険金目あての殺人であり、父親がその主犯であることが浮きあがってくる。

「……我カ臣民克ク忠ニ　克ク孝ニ　億兆心ヲ一ニシテ世々厥《ソ》ノ美ヲ済《ナ》セルハ此レ我カ国体ノ精華ニシテ　教育ノ淵源亦実ニ此《ココ》ニ存ス　爾《ナンジ》臣民父母ニ孝ニ　兄弟ニ友ニ　夫婦相和シ……」（「教育勅語」）

忠と孝という車の両輪。軍人勅諭とともに、天皇制国家の二大支柱をなした教育勅語が支配していた社会にあって、かつてなく、あり得べからざる犯罪であった。

家長は家族にとって絶対の存在である。あたかも天皇が「神聖ニシテ侵スヘカラス」と憲法に明記された存在であることの縮小版として。そして「家」は日本帝国の「国体」にとって不可欠の礎石であった。その家長が、保険金目あてに家のあととり息子である長男謀殺を企てる。壮丁確保の国策により、健康な子を数多く生み育てることをいわば義務づけられていた母親が、わが子殺害の実行者となる。

国民が「天皇の赤子《せきし》」とされたように、家長は家族を愛育庇護する存在でなければならなかった。だが、その親によって娘が身売りされて苦界に身を沈めるという事例がめずらしくなかったように、建前と現実の間に矛盾がなかったわけではない。しかしエリートというべき医師の一家で、専門教育を受けた長男を殺すという事件の異様さはきわめて衝撃的であった。

さらに、事件当夜の経過が報じられるに及んで、その衝撃はいっそう強烈な印象を残すことになる。それは当時の社会における「聖家族」の、グロテスクな陰画であったといえよう。

2 手拭遊び

昭和十年十月の二十八、九日頃、末子の孝が手拭をもってきて、ある遊びに母を誘った。母が溺愛した男の子である。

「母さん、こうして手を縛ってとける？」

といって孝ははつの両の拳《こぶし》を握らせ、重ねさせた手首を手拭でひと巻きし、さらに両手の間を十字に通し、下方前方で二結《ふた》びにした。これを口でとくのだと小学生の息子にいわれ、はつは骨を折って口でようやくそれをといた。偶然の出来事である。しかしこれが一つのヒントになった。

二十九日、はつは事情を知っている光子とともに銀座のデパートへゆき、出刃庖丁を買い求める。

十一月二日は土曜日であった。稔は土曜の夜というと必ず帰宅して母親から小づかいをせびる。その機会をとらえて殺害しようと考えたはつは、買っておいた出刃庖丁を取り出すと台所で研いだ。

午後五時、稔は帰宅した。夕食の際、はつは別れの盃をするつもりで息子といっしょに晩酌の盃をあげた。食後、稔は床屋に行き、二時間くらいで一度帰宅するが、また出かけていった。

階下の八畳間に久子と孝が眠っており、はつは火鉢で暖をとり、光子はその傍で丹前の綻びなどを縫いながら稔の帰りを待ったが、十一時半頃になっても帰ってこない。二人とも布団に横になった。段取りの詳細はひそひそ声で母から娘へすっかり伝えられ、準備は終っていた。

三日、明治節の日の午前一時過ぎ、稔が帰ってきた。玄関に入って戸締りをしてあがってくるのへ、

「稔かえ」

と母親は声をかける。稔が返事をしたので、はつは丹前を着たまま起きあがって電気をつけ、「こっちへおいで」とよんだ。息子の顔が赤いのをみて「なんだい、稔は飲んできたなあ」といいながら、はつは久子や孝には聞かせたくない相談事があるからと、便所脇

の三畳の間に息子を連れこんだ。光子も起きてきて母と兄の方を向いて坐った。

はつは稔との間に灰皿をおき、刻み煙草をのみながら、

「稔よ、お前はどういう考えでいるのだ。父さんはああいうふうで、今度の女とは大分深くなっており離れるような様子もないし、なお満州に行くなどと云うている。お前さえしっかり学校の方をやってくれるなら、光子たちは自分の着物を質においても応援すると云うている。お前、学校の方はしっかりやるのか」

と聞いた。稔は福島県下の中学をへて昭和六年春に樺太庁立真岡中学を卒業、四月には上京して日大の歯科に入学した。すでに五年間在籍しながら、まだ第三学年にとどまっているのは、酒と女遊びに深入りして進級できなかったからである。同じ学年を二年以上つづけることを認めないという校則があり、九年十月には一度退学になっている。稔も反省を示して復学したいとのぞみ、両親が復学のために奔走した結果、この年四月から三度三学年に学ぶことになったのだが、それでも素行はおさまらなかった。

母親の説教が二、三十分つづく間、稔はいつものように背中をこごめて立膝をし、両掌を膝に重ねたところへ顎をあずけ、身をいれて聞いている様子もない。稔は、自分の素行よりも父親の新しい浮気沙汰の方が母親にとっては大問題であろうと、高《たか》を括っていたのかも知れない。

「どうする気だい、稔」

「父さんは女の方はそんなに心配はないから、女の方は第二として、なにしろ酒を飲むと酒乱だから、今度樺太を引揚げて東京へ来たら満州にやらぬ方がよい。東京の郊外あたりで母さんが監督して開業させるといいなあ。僕の友人の兄も神田で開業しているが、結構やっているのだから」

このあと、はつがいろいろ話をしても稔はあまり口をきかず、やがて話に飽きたらしく、

「母さん、いくら考えても仕様がない。心配しない方がいいよ。母さん、もう寝よう」

という。はつは「明日は日曜だからもう少し話をしろ」といって便所へゆき、その帰りに勝手の棚から研いでおいた出刃庖丁を丹前の下にかくし、三畳間に引き返した。

「本当になあ、稔は器用なんだから、お前は真面白にやって学校を出てしまえばいいんだが……。光子、この間孝がやったのをやらせてごらん。兄さんなら器用だからとけるかも知れない。母さんにはなかなかできなかった」

打合せ通りに「手拭遊び」を光子に示唆したが、光子はためらっている。稔の方が、

「なによ?」

と興味を示し、母親がさらに、

「やらしてごらん」

というので、光子は渋々手拭を持出し、「兄さん、手を出してごらん」と稔の両手を手拭で結んだ。稔は、

「こうするのか」

といって手を口に近づけ、みているうちに結び目を一つといた。このとき、はつは右手を振りあげ、力をこめて稔の頸筋を出刃で突いた。稔は「うーん」と呻いて立ち上り、よろよろしてから母親の方に向ってうずくまってしまった。そして母親の方を見て、べそをかくような顔をして、

「母さん、僕が悪いんだよ」

と低い声でいうと、縛られた両手をあげながら母親の方へ近づいてきた。はつは右手に逆手の出刃庖丁をもったまま立っていたが、稔が母親の前へきてぐんぐん押すので、二人とも中廊下へ出る形になった。はつが便所の方へ身をかわすと、稔は中廊下に倒れ、仰向けのまま、

「母さん許して」

と叫んだ。はつはあわてて稔の足の方から匍《は》いあがるようにして、

「稔、ずいぶん母さんを苦しめた、もう仕様がないんだから」

と口走りながら、夢中で出刃庖丁をふるった。いつの間にか結んだ手拭はとけ、稔は両

手で母親の両肘を押えると、

「母さんわかったよ」、「光子、久子、死ぬ死ぬ」、「医者」、「末期の水をくれ」

などと大声でどなった。はつは光子に命じて手拭で口を押えさせようとしたが、力が入らないとみえ、稔は「母さんわかった」といいつづける。この騒ぎに久子が起きてきて、母の手から庖丁をとりあげ、一度は茶箪笥のうしろへかくした。はつはこの次女に、

「強盗がやって行ったのだ。あのままおいて生きておられては困るから母さんが殺す。早くお出し」

といい、光子も、

「久子ちゃん、早く出刃を出しなさい」

というので、久子も出刃庖丁のかくし場所を示した。はつは止めを刺す考えで稔の喉を突き、光子も「兄さん許してね、私もあとからすぐ行くから」といって、出刃庖丁を握った母の手の上から力を添えて突いた。間もなく稔の息は絶えた（徳山はつ第十一回予審訊問調書）。

稔の死体の鑑定書によると、刺創十七個、切創五個、あわせて二十二の傷が認められている。足の裏にまで傷があったといわれるほど、滅茶滅茶に出刃庖丁をふるった結果である。死因は右前膊刺創（橈骨動脈）による失血と、頸部刺創（右頸動脈）にもとづく空気

栓塞によるものと鑑定された。

はつの第十二回予審訊問調書によれば、事件のあと、夫の博は十一月七日夜帰京、家に入るとすぐ稔の遺骨に線香をあげたが、強盗の入った模様を聞くわけでもなく落着いていた。はつが隙をみて夫を二階へ連れてゆき、

「父さん、私がやりました。喜んで下さい」

といいながら畳に顔を押しあてて泣き伏すと、博ははつの方に寄ってきて肩に手をあてながら、

「これ、なにをいう。しっかりしなければいけない。聞えるから静かにしろ」

といったという。

3 徳山家の人々

博とはつの結婚歴は約二十五年。事件の際には死んだ稔をいれて二男二女があった。博は徳山家へ養子として入婿した夫である。

はつにはその母、祖母と不運な女の歴史がつきまとっている。はつの母きよは、その母

と二人で煙草の行商などをする惨めな生活を送ったという。きよは、はつが三歳のとき酒乱の夫と離別し、子供をおぶって炭鉱の石炭拾いをしながら産婆になった。根性のある女であったといえよう。そういう母の娘として、はつも十四歳頃から母の産婆仕事を手伝うようになり、産婆になっている。

炭鉱の病院で博と知り合うが、医師志願の青年と知ってこの縁談に乗気になったのは母のきよの方であったという。結婚は明治四十四年のことである。博は東京の済生学舎で医術を学んだが、学資がつづかず中退し、あちこちの医院で薬局生をつとめながら勉強をつづけていた。

はつは親戚に寄寓して夫の学資を稼ぎ、大正二年に長男の稔を生む。正規の産婆の資格をとるために、福島から水戸まで行って試験を受けなければならなかった。子供を背中におぶい、もし合格できなかったら二度と郷里へは帰らない覚悟で試験を受けにいった日のことは、はつの人生の忘れがたい経験であったらしく、同じ話を何十回となく家族に話してきかせた。東京に出ている博の方もひどい貧乏暮しで、妻のもとへ帰ってくるために眼鏡まで質においたことがあるという。

しかし、大正二年に博は医師の開業試験に受かり、はつも産婆の試験に合格して、やっと夫婦の苦闘の時代にさきが見えはじめた。

炭鉱の嘱託医と産婆として、福島県下を転々とするうちに、夫婦はかなりの資産をためこむに至るのだが、生活が安定すると博はお定まりの女道楽をはじめる。芸者をひかせて囲っているのに気づいたはつが、その女を家にいれて、妻妾同居の生活になったこともある。その生活の中ではつが首をくくって自殺をはかるような一幕もあり、結局博は女と別れざるを得なかった。

昭和三年の春、光子は郷里で高等一年を終えて東京の私立高女へ入学するが、この年の七月に帰省したとき、両親が樺太へ移住することをはじめて聞かされる。人のいやがる酷寒の地で働き、大きな財産をつかむ野心が夫婦の決断の底にあった。

六年に稔が日大歯科へ進み、七年には光子が日本女子大家政科へ進んだ。しかし文学少女であったらしい光子は、授業の内容に失望したといって一学期で中退した。一方樺太・豊原の女学校の寄宿舎にいた久子は、

「学校が嫌いになりました。私は学校をやめてどこへでも行って働きます。どうか学校をやめさせてくださるようお願いいたします」

という手紙を両親に書き送ってきていた。

苦学し、あるいは学問をする機会に恵まれず、実地で鍛えられて医師と産婆の資格を得

た両親の願望や期待に反して、徳山家の子供たちはむしろ勉強ぎらいであったといえるかも知れない。親たちにとっては学歴は人生にとって欠くべからざるものであったが、物質的に恵まれた環境に育った子供たちに、その切実さは伝わっていない。極端にいえば親が子供に頼んで学校へいってもらうような関係である。現在ではあまりめずらしくはなくなった状況が、昭和ヒトケタの時代の徳山家の内情であり、そこに悲劇の鍵もひそんでいた。

上京した久子は光子の母校の私立高女に中途転入し、稔は大学へ、光子は妹の後見の形できょうだい三人の自炊生活がはじまった。

稔は学校へもゆかず、五円、十円と遊びの金を光子からせびりとってゆく兄であった。カフェー、喫茶店、ダンスホール、麻雀クラブ、遊廓などに出入りし、妹たちの時計や着物を質入れして遊興費にあて、一人で下宿生活をすれば、親から多額の仕送りを受けながら下宿代は滞納、本箱、寝具、衣類はもとより、一冊の本もない放埒な生活ぶりであった（第一審判決文）。こういう兄の生活ぶりを両親には言えなくて、光子は板挟みの日々を送るようになっていった。

父の博は敷香に日本人絹パルプの工場が建設されるという情報を得、敷香に全資産を投じて徳山病院を建設した。子弟三人が東京へ遊学し、長男が学業を怠けて第三学年で足踏みしているとき、父親は次第に焦躁感に灼かれはじめていたともいえる。

八年十二月には医学博士の肩書きをもつ中田森蔵を招聘して病院の格を上げ、なんとか日本人絹パルプの嘱託医の地位を確保しようとして、さまざまに画策した。しかしついに嘱託医とはなり得ず、敷香町にはさらに有力な医師が続々開業したため、病院は徐々に経営不振におちいってゆく。

徳山病院に昭和八年五月から十年十月まで助手・事務員兼薬局生として雇われていた西川淳平の予審訊問調書によれば、九年一月から五月頃までの経営状態がもっとも悪く、従来の利益を食いこむばかりでなく、博の手許からも相当の金額が注ぎこまれた模様である。しかし、この年六月以降、徳山医院は日本人絹パルプ敷香工場建設のため入りこんだ請負師銭高組の嘱託医となったため、一年を通じての収支は「とんとん程度」になったという。だが博は病院を売却してその資金で再挙を期そうと考え、ひそかに買手を物色していた。

九年二月二十七日、近隣の火事のあとで博は建物や医什器などに対して二万八千九百余円の火災保険をかけた。前記の西川や小使の松本健一に対し、はつが成功報酬を前提に放火を依頼したというのは、九年三月頃のことである。

四月、東京本郷の林薬局は敷香の徳山病院と取引きを開始した。

六月五日、博は稔に四十年満期・契約額二万円の養老保険をかける。明治生命との契約で、満期以前に稔が死亡した場合の受取人は博である。徳山家では前記の火災保険のほかは、博が第一生命に二千円一口、八千円一口の計一万円の保険契約をしているだけで、妻も稔以外の子供たちもまったく保険に入っていなかった。

稔については、大正十四年に二十五年満期養老保険一千円の契約を第一生命と結んでいたほか、昭和五年九月、三十五年満期・金額五千円の契約を明治生命との間で結んでいる。いずれも満期の受取人は稔本人であり、途中死亡の場合の受取人は博である。

この六月、はつのもとへはつの叔父稲田留吉と光子から、稔の素行の悪さを訴える手紙が舞いこみ、稔の保証人であった日大教授田沢義行からも、保証人を辞退したいという申出が博になされた。光子の手紙には、

「母さん、この手紙を繰返してよく読んで下さい。兄さんはちょっとも学校へ行かないで遊んでばかりいて、金ばかり使っている。家にあるものはなんでも質に入れてしまっている。私がいくら云うても聞き入れてくれない。姉なら導く方法もあるが、妹の私としてはなんとも方法がない。私は今は着替えの着物にも困っている有様だから、どうか東京に出て来て監督してほしい」

とある。うすうす知ってはいても、母親としての失望は深刻であった。はつは上京の決心をすると同時に、稔に対してすっかり諦めの気持をもち、光子の手紙を夫にみせた。夫はぶるぶる身体を震わせ、

「どうも困った野郎だ。金を使っても人間には意地というものがなければいけない。稔にはそれがない。もう見込みがないから保険にでもかけて打殺してしまう」とたいへんな怒りようであった。六月二十日頃のことである（徳山はつ第六回予審訊問調書）。

九年七月初旬、はつは末子の孝をつれて上京、母と子たちは東京本郷金助町に一戸を構えた。

八月三十一日、第一生命と徳山稔の間で金額一万円の保険契約がなされる。三十年満期で、満期以前に稔が死亡した場合の受取人は弟の孝になっている。

九月十日、同様の保険契約が同じ第一生命との間でなされる。金額は二万円。稔ははつにつれられ、いそいそとして加入のための健康診断に出かけていった。

十月三十日、帝国生命との間に一万円の三十五年満期養老保険契約。被保険者で満期時の保険金受取人は稔、中途死亡の場合の受取人は父の博になっている。これで稔にかけられた保険金総額は六万六千円となった。時価になおすと約一億円である。

十年五月、はつは博が解雇した松本健一から放火（未遂）の件についての脅迫状を受けとり、「久子病気直ぐ来い」の電報を打って夫を東京へ呼んだ。

はつは博の行状についての相談とあわせて、夫が自分の留守中女を病院内にひきいれているという噂を耳にしていたため、夫婦となって以来の苦労をいい、グチをいった。このとき、

「父さん、どうするのですよ」

と妻から着物の袖をひっぱられた博は、

「俺の方は大丈夫だが、稔はもう仕方がない。俺も今度こそは諦めた。いよいよやっちまうよりしようがない。後に子供がいることだから」

と答え、はつも、

「父さん、私も稔はいよいよ諦めました。今度こそは良くなるか、今度こそ真面目になるかと骨折って来ましたが、今では根《こん》も尽きてしまいました。稔をやりましょう」

と賛成したというのが、はつの予審判事への答である。博の予審訊問調書では、放火の件についての脅迫に対しては「自分たちが放火したわけではないから、今になってはただ知らないといえばいい」と言って妻を安心させたとある。滞京中、長男の生活ぶりをみていると、本やノートは一冊ももっておらず、夜は遅く、また樺太・久春内《くしゅんない》での開業時代にはつに買いあたえたダイヤの指輪さえ、稔が勝手にもちだしたという話であった。授業料や諸費用は勝手に使いこみ、学校から請求されてはつが二重払いをする有様であること

も妻の口から聞いて、かねての「鬼心」を実行するべく妻と話し合うに至る。博によれば、「この上放任しておけば久子や孝にも感染すると取返しのつかないことになるから、いっそ稔を犠牲にしよう。それにはなにかうまい方法はないか」

と妻から稔殺害の話をもちかけられ、

「それがよかろう。もうこの上、弟妹ばかりでなく社会にまで害毒を流すようでは面目ない。いっそお前のいう通り稔を犠牲にしよう」

と賛成したとあって、受身の形になっている。

稔殺害の第一回の企ては、この話し合いの直後になされた。

4　七度目の企て

博は稔が淋病や横痃《よこね》（鼠蹊《そけい》淋巴腺の炎症による腫物。多くは性病が原因）を患っていると妻から聞いたので、注射鞄に入れてあるモルヒネの注射液を六〇六号（当時、梅毒の特効薬としてきわめてよく知られた薬）に混ぜて打ってやろうと考え、アンプルを妻に見せた。

「父さん、あなたがやってはいけない。父さんは絶対に稔を犠牲にすることに手を出さないで下さい。私がいっさい引き受けてやりますから」

とはつが引き受けたというが、光子の予審訊問調書によれば、はつが光子に説明したこのときの会話は、もうすこし具体的になっている。

「父さんのように軽はずみで目さきのことだけしか頭にない人には危険で任せられない。父さんがやったのではすぐわかってしまう。兄さんを犠牲にした上でそれが暴露しては一家は全滅し、なおなお悲惨な目になる。かならず私が立派にやってみせるから、父さんは手を出さないでくれといっさいを引き受けた」

はつの性格についていえば、昔、産婆をして夫の学資をみつぎ、苦心さんたんの結果ようやく夫の開業までこぎつけたことから、夫婦喧嘩のときはいつでも「お父さん、だれのお蔭で今日の地位を得たんですか」と食ってかかった。鼻っぱしの強い博もこの妻の言葉には二の句がつげず、年中頭のあがらぬ恐妻家であったという（太田金次郎『法廷やぶにらみ』）。

「ネズミをとるのによくきく、あの痔に使う薬はなんという薬ですか」

とはつに聞かれて、

「それは亜砒酸《あひさん》という薬で、無味無臭の飲みいい薬だからそれがよかろう」

と答えたと博の訊問調書にある。博の考えでは、町医者に診断書を要領よく書いてもらってごまかすつもりであった。モルヒネ入り六〇六号の注射は、これで沙汰やみになり、かわりに亜砒酸が登場してきた。三酸化二砒素のことであり、無味無臭の白色片だが、のめば腹痛や嘔吐をおこし、心臓麻痺によって死に至る。少量であれば強壮剤になるというが、一日の極量〇・〇一五グラム、ちなみに茶匙《ちゃさじ》半分の亜砒酸は約一グラムある。

六月十日頃、博とはつは連れ立って上野の寄席鈴本亭へゆく途中、かねて取引きのあった林薬局の前を通りかかり、博一人が店内に入っていって亜砒酸二十五グラム入り一壜を購入。致死量を指示して妻に渡した。

博の滞京中、亜砒酸による最初の犯行は、柳川鍋を使ってなされている。はつは稔の好物である柳川鍋に茶匙四分の一の亜砒酸を混ぜて食卓へ出したが、溶けずに器の底に沈んでしまい、稔は食事途中で友人に呼び出されて出かけたため、目的を達し得なかった。

六月二十日頃、博ははつに「後事」を依嘱《いしょく》して敷香へ帰って行く。のちに新聞が「登場した魔性の女」としてにぎやかに書き立てる小樽の河野タエに、博から誘いの手紙が送られるのは六月以後のことである。

七月の初旬、はつは娘の光子に博との謀議の顚末《てんまつ》を語ってきかせ、「稔を毒殺するのは一家の禍《わざわい》を除き、光子やその弟妹の将来のためである」と説いて協力を求めた。光子は一度は母の翻意をつよく促したが、結局母に同意する。母親は終始「殺す」という言葉を使わず、かわりに「やる」とか「犠牲にする」という表現を用いた。

光子は予審の訊問調書で母親に賛成した理由を語っている。

――母は幼少から不遇な生い立ちの上、父と結婚してからは決して幸福でなく、成業の見込みのない兄について父親は母の血統が悪いからだとつねにその責任を母に負わせた。母の心配はたえたことなく、その母は兄弟中で自分をいちばん信頼し、自分も母に同情しなつかしんでいた。母から兄を「犠牲」にすることを打ちあけられ、兄の不良には手を焼かされ、自分一人で苦しんでいたこともあって、兄を犠牲にすることに加わるか、それとも、たとえ不良であっても血を分けた兄のために苦しんでゆくべきかを考えた末に、母のいうことに賛成した。保険金によって自分たちが利益を得られるという気持だけで父母の計画に協力したのではなく、「むしろ一家の不幸の因をなす不良の兄を殺すという気持がいっぱいなりき」。

二回目の毒殺計画は七月の七日か八日のことである。はつと光子は亜砒酸茶匙半分をコロッケ一個に混ぜ、稔の夕食に出した。しかし稔はこれに箸をつけなかった。

八月頃から、敷香の博は病院内に河野タエをひきいれて同棲をはじめたといわれる。

この夏、稔は父親によばれて暑中休暇を樺太で過すために東京を離れた。

帰省中の九月十二日、旧暦八月十五日の月見の夜、博は性病治療と称して乳液状の蒼鉛剤（しかも所定使用量の十倍以上）を稔の静脈に注射しようとした。筋肉注射でなければならないものを静脈に打てば、少量であっても注射の途中で血中に異物となって流れ、塞栓症状を起して死ぬこともあり得るのである。博は直接手を下さず、看護婦の並原ミエに薬液入りの注射器を渡し、静脈への注射を命じた。稔に好意を寄せていた並原はこの注射をいぶかしみ、薬局の西川に指示をあおいだため、これも未遂で終った。

九月二十日頃、稔帰京。博の計画はきわめて杜撰《ずさん》で、看護婦その他、病院関係者に深い疑惑をあたえたようである。はつは夫の同棲のこととこの注射の話を聞かされ、また松本健一から注射殺害の一件を仄めかす手紙を受けとって、あわただしく東京をたった。亜砒酸の壜は母親から娘の手へ渡される。稔の留守中に、一家は金助町から人通りがなくてお化け横丁の通称をもつ弓町へ転宅していた。

十月二日頃、光子は兄の朝食の米飯に亜砒酸茶匙半分をまぜて出したが異変はおこらず、つづけて十二日頃、夕食の際に茶匙三杯ほどの亜砒酸をまぜた米飯を稔に食べさせた。二、三杯おかわりをして食べた稔は、そのあとひどい吐瀉《としゃ》症状をおこし、このときもまた目的をとげなかった。

予告せずに敷香の自宅へ帰ったはつは、注射の件で夫を難詰すると同時に、河野タエに手切れ金百円を渡して夫との縁を切らせた。この処置に不満な博は逆に、稔毒殺のおくれていることを責めた。はつは薬では困難であると観念し、出刃庖丁で殺害することを夫に約束する。夫は諒解《りょうかい》し、妻に一任した。はつは十月二十二日に敷香をたち、二十四日に帰京した。

出刃庖丁を使う稔殺害をはつが光子に説明するのは十月の二十五、六日頃である。母娘は毎日、殺害の具体的方法や、「強盗」の人相、着衣、年齢などについて口裏をあわせるための打合せをし、二十九日に出刃庖丁を買うにいたった。

はつが敷香に滞在していた十月中旬、徳山病院は八千円でつぎの経営者に譲渡の話がつき、博も樺太の生活を切りあげて東京の家族と合流する目途《めど》がついた。稔殺害の理由が一家の経済的逼迫《ひっぱく》によるものであったのなら、この時点で殺す必要はなくなっていたはずである。だが、保険金六万六千円の代替物として、注射や毒物混入などにより繰返し命を狙われながら、すり抜けるように生きのびていた稔の命の残り時間は、いくばくもなかった。

母に出刃庖丁をふるわれた瞬間、べそをかいたような表情をみせて、「母さん、僕が悪いんだよ」と低い声でいったという稔は、苦労知らずの放蕩息子ながら、気弱で甘えの多分にある青年であったと思われる。

殺された夜、稔は七時半から午前一時頃まで、本郷元町の撞球場で遊んでいた。きれいに散髪していた稔が帰りぎわ、「近頃は世の中が物騒だからね、いつどんなことがおきるかも知れないよ」と予感めいたことをいったと店の女主人は語っている。稔はいつも快活な青年であったという。

稔と馴染みの吉原の遊女（二十三歳）の話によれば、最後に会った十月六日頃、熟睡中の稔をゆり起すとおびえたようにおきあがった。

「世の中が嫌になった。僕は近いうちに死ぬかも知れないよ。僕が死んだらきっとお前のところに通知があるはずだ。そしたらお線香の一本くらいは立ててくれよ」

といって悲しそうに店を出て行ったという。一再ならずどころか、すくなくとも六回、両親や妹によって命を奪われかけて、稔にはなにか予感があったのかも知れない。予感を現実に立証するのが母であり妹であり、さらに父が背後にいることは思ってもみなかったであろう。

5　裁かれる夫婦と娘

当時の裁判は予審に重点がおかれ、予審判事による訊問調書が公判の枠組を作る。「公判は儀式だ」といった被告があるというが、予審でほとんど事件はカタがつく。

予審でもはつと光子は互いにかばいあい、博はいっさいを否認しようとした。夫婦共謀の殺人であったか否か。どちらがイニシャティブをとったのか。決定的な部分について、予審判事は博とはつに対質訊問をおこなった。特に十年十月中旬の謀議、出刃庖丁を使って稔を殺害し、強盗が入ったようにみせかけることを相談したという点についてである。

博「私はその時両手を合せて泣いて、妻に病院も売れることになっていることだし、（中略）ぜひそんなことは思い止まってくれと頼んだのです」

はつ「夫からその時思い止まるようにいわれたことは断じてありませぬ。私は夫といっしょになって二十五年にもなりますが、夫は今まで女の失敗で私に謝ったことはございますが、手を合せて泣いて頼んだり謝ったりしたことはただの一回もございませぬ」

はつだけが、この夫婦の情景における博の言動を証言する鍵を握っている。はつは博が犯罪に加担したことになれば一家が全滅するという理由で光子を共犯者とし、自ら殺害の実行者となったのである。

「私のいたらぬためこんなことになったことは幾重にもお詫びします」と手記にも書きながら、この対決では夫の立場を救おうとはしなかった。

明けて十一年一月二十五日、博、はつ、光子の三人は、殺人、殺人未遂、保険金詐欺の罪名で起訴され、市ヶ谷刑務所へおくられる。降りしきる雪の中であった。

二・二六事件をはじめ、重大事件のあいつぎ、歴史の転回点となった昭和十一年もやがて終ろうという十一月十三日、三名に対する準備公判が非公開でひらかれ、夫婦と娘は事件から一年ぶりに法廷で再会する。野村佐太男検事が起訴事実を読み上げたあと、吉田肇裁判長は三被告に「これを認めるか」と問うた。はつと光子は蚊のなくような細い声で認め、博のみは事件にはまったく関係ないと否認し、「陪審裁判に付せられたい」と要求した（博の陪審裁判請求はこのときかぎりのものであったらしく実現しなかった）。

東京刑事地方裁判所における公判は、十二年五月二十四日に開始され、七月五日に結審、十九日には判決が言い渡されている。公判廷には傍聴のため前夜からつめかける者があり、若い女性の姿も多く、阿部定事件以来のにぎわいといわれた。

光子は和服姿で出廷、母の罪は母を翻意させ得なかった自分の責任であるとして、母の刑を分けてもらいたいと心情を述べている。

はつは公判廷で稔殺害の件は夫からいいだしたのではないといい、「稔を不良にしたのは私の責任ですから、私と稔が犠牲になれば一家は救われると思いました」と犯行を全面的に認めた。なぜ光子をひきいれたのかと裁判長が聞くと、「私一人ではやれないからです」と言って泣き出した。

博は警察署において寒中全裸にされ、鼻孔から水を注がれる水責めや、予審訊問の際の革手錠によってやむなく自供したのであるとして、自分に不利な自供部分をすべて否認している。

六月八日、第五回公判に証人として出廷したはつの叔父稲田留吉は、「稔がなぜ不良化したと思うか」という裁判長の質問に「学資をあまり多く送ったのがよくなかったと思っています」と答えている。今日的表現でいえば、過保護の結果である。この朝、はつは収容所で卒倒し、手当てのため開廷が一時間十分遅れた。閉廷まぎわに突然立ちあがったはつは、「裁判長様、私は生きている資格はありませんが、子供（光子）のことはどうぞよろしくお願い申します」と叫んだ。

七月二日、検察側は博に死刑、はつに無期懲役、光子に懲役八年を求刑した。博の否認に対して論告は「二世を契った妻のはつがはっきりいっているのである」と夫婦の因縁の機微を逆用している。

七月十九日判決。論告求刑からこの日までの間に、日中戦争の発端となる盧溝橋事件がおきた。判決は博、はつ両名に対しては求刑通りの死刑と無期、光子は情状が酌量されて懲役六年（未決通算四〇〇日）となった。

三被告とも控訴し、十二年十一月から十三年六月まで東京控訴院で公判が開かれるが、新聞の扱いは中国大陸の戦火を追う記事の中で小さくなり、「法廷も寥々」と書かれる状況になった。謀殺を否認している博は、十三年五月二十六日、審理の最後の日、はつに対し、

「お前に良心があるなら本当のことをいってくれ。お前は稔を兇器で殺し、俺を口舌で殺すのか」

と泣いて訴えた。はつはこれに対して、

「すべて私が悪いのです。主人と娘を許して下さい」

と裁判長に哀願はしたが、夫の泣訴に直接答えてはいない。光子はすでに新聞や雑誌に発表されている獄中手記の文中で父の博をののしったことについて父親に詫びた。これがはつと光子の発言が残される最後の場面となった。

控訴審の判決で博は無期懲役、はつは懲役十五年、光子は同じく四年（いずれも未決通算四〇〇日）と軽減された。母と娘は服罪し、博は上告したが、この年十二月二十三日、大審院で上告棄却の決定があり、博の無期懲役は確定した。

6　今度生れ変る時は

十五年二月十一日、紀元二千六百年の恩赦で博は懲役二十年、はつは懲役十一年三月に減刑されている。光子はこの年二月、宮城刑務所を仮出所となり、北條民雄の小説『いのちの初夜』をかかえて世間から身をかくした。その後については、結婚していまも元気らしいというかすかな消息があるだけである。

はつの出獄時期ははっきりしないが、二十年十二月八日、敗戦後の疲弊し荒廃した世相の中で寂しく死んだ。数えの五十六歳であった。

博は獄中にあって信仰の世界に入り、釈尊に帰依し、悶々の日から解放されている。仮出所後は東京都内の病院で患者の世話をみる仕事をしていた。もちろん医師としてではない。「この人が……」と思わせる好々爺であったという（中川日史『いのちの四季』。文中ではTとイニシャルで書かれている）。博の信仰の師であった中川日史は、ある日、博の末子からその死を知らされる。

「父は亡くなりますまで、あなたにしたためていただきましたお題目を肌身離さず信仰いたしまして、いと安らかに逝きました。……」

鮮血にまみれた事件の夜小学生だった末子の孝は、父の死を見送ったのちに、五十一年七月二十一日、五十一歳の若さで亡くなった。博と心をひらいて交遊する十数年をもった中川日史も同年三月、九十一歳で亡くなっている。博の心の闇に到達する手段《てだて》はきれいに消えてしまっていた。

光子は過去を封印して生き、久子はいま郷里の墓に時折姿を見せるという。菩提寺の墓には、はつの母きよや夭折した子たちのほか、稔、博、はつの遺骨がいっしょにおさめられている。なにも語ろうとしなかった住職のわずかな会話の中で、「久子さんが死んだら徳山家の墓は無縁仏になるのではないでしょうか」という言葉が印象的であった。

はつと光子の人生、その心中を知る方法は、博以上にかたくとざされている。兇刃をふるい、止めを刺した母と妹の苦悩は、博の比ではなかったであろうし、弟妹たちももはや世間にいれられる家族ではないことを自覚して、徳山家の人々は明けることのない夜のような生活へ溶けこんでいったようにみえる。

それにしても、産婆という職業をもつ四十代半ばのはつと、やっと二十代へさしかかる日本女子大中退の学歴をもつ光子を、残忍な肉親殺しにかりたてたものはなんであったのか。

いつ書かれたのか不明だが、捕われの身のはつは同じ境遇の娘にあてて書いている。

「光子よ、苦労かけてすみません。みな母さんがわるかった。しかし人間いくら生きるかわからないのに、一生を兄になかされると思ったなら三年や五年何でもないと思えなさ《(ママ)》い。それからむこうでも（五年以上でも、の意味と思われる——筆者）たくさんだ。母の一生も考えれば何でもないよ。母などは平気でいるよ。そして今までのことはみんな川に流さなければならないよ。もう考いて《(ママ)》はいけません。今はのんきになっているから御飯がおいしいよ、三度のはこべんとうをたべて、それで足りないで支那そばとって一回ずつたべるよ、とてもふとって来たよ。これからはお前は自分のことだけ考えればよい。母さんなど心配しなくても大丈夫です。今度は母もこの広い東京で孝のきょういくの為にやるよ。だからお前も心を大きくもつことが大一《(ママ)》です。おゆるしをいただいたその時は、お前、料理の先生のところへ行ってみっちり習いなさい。そして食料《くいりょう》をはらってやりなさい。そして時々孝のところへ行って久子と孝をいたわってやってくれればそれでよい。母が出たら今度こそあきんどだ、父のかんばんにかまわずどんどん久子相手にやるから、光子そのつもりできさらづの兄さんにばしょとあきないのことを考えてもらうようにたのんでおいて下さい。早く光子りょうりの先生になってこの母をよろこばして下さい、そしてでき

とうのところへ身をかためた方がいいと思えます《(ママ)》」（『婦人公論』十二年九月号）

一通の手紙ははつの人柄を知るのに十分な資料ではないが、光子が稲田留吉に出した手紙の「家にある生花の本、又は孝の面白がる程度の本等（母に）差入れてやって下さい」という文面を重ねあわせると、一人の女の姿がおぼろげながらみえてくる。孝は小学生なのである。

光子は両親の間にあっていつも母の味方であった。長女であったせいもあり、光子は父親の女狂いに泣かされる母親を見て育っている。夫婦喧嘩の果てに、線路へとびだしていった母親を連れもどしてきた悲しい記憶もある。母親がヒステリー性の女になったのは、父の身勝手な生き方の結果であると娘は考え、父親に対して批判的であった。憎んでいたとさえいえよう。

そして、放蕩をして手古摺《てこず》らせる兄は、どこかで父親と重なりあう存在であった。この家族は、病院長一家という体面によって辛うじてつながりながら、何年か前から崩れかけていた。一家の体面や経済的窮地を救うべく稔を殺すのではなく、稔殺害によって壊れてバラバラになった一家に緊密な家族関係が戻ってくると考えたはつの誤算。博は妻が一人芝居をはじめるのをはるかに離れた樺太で見守っていればよかった。

光子は父の意志を母から聞かされ、母の窮地に同情して、ためらいながら共犯者となった。だが、稔殺害について「父の意志」を直接聞いた事実は皆無なのであり、すべて母の口を通して語られる「父の意志」である。

ある程度の謀議が夫婦の間でなされ、稔に保険金をかけての「一殺千金」を夢みていたとしても、はつの一方的な話では具体的な真相はわからなかったはずである。上告の際の弁護人趣意書には、「(博が) 養子の身分なりし関係もあらんが、徳山家にありて全権を有し一家を主宰しおりたるものハツなりしこと」という表現もある。

はつが夫に対して頭からガミガミ噛みつくような妻であったらしいことは、光子の獄中手記にもわずかながらみえる。

はつは院長夫人としての立場を、経済的にも女としても絶対に失いたくはなかったであろう。夫の女癖がなおらず、夫婦仲がしっくりゆかぬ状況にあって、保険金騙取と心配の種である稔を消すことが一度にできれば、はつが執着していた生活は確保できる。夫の関心をつよくひきつけることもできる。殺したあとの「喜んでください」云々は、このことと無関係ではない。ある部分は夫婦共謀ながら、どこかはつの一人芝居、独走の感のある肉親殺しにうまく誘いこまれて、後悔する日が光子になかっただろうか。

光子が異性に対して並外れて敏感な感性をもっていたことは手記からうかがえる。この異性への関心と若い女性に特有の潔癖さは、いっそう遊蕩児の兄と、同じく女癖が悪く母を苦しめる父を憎ませたであろう。

「犠牲」とは巧みな言い方だが、一家の安泰のための犠牲として死んでもらわなければならないという理窟。しかも父親に代って兇行を実行する。一家の家長を守ることで家を守るべく、殺人の実行者となることを母から説得されて、迷いながら光子は母親のいいなりになった。たびたびの亜砒酸混入にみられるように、忠実すぎるほどの代理人である。その結果、兄を殺し、自ら殺人者となり、かねてから同情を寄せてきた母を子殺しの地獄に落すことを考える分別はなかった。ことが成就すれば憎んでいる父親だけが逃げのび、安逸な生活を保障される結果を招くことは考えない。稔の不良性に対する父の追及により、窮地に追いつめられていると訴える母。娘がその母親とシャム双生児のような心情におちこんでいったとき、殺人計画は決定的になった。

博は父親としてひどく無神経なところがある。稔が殺され、保険金がおりた直後、河野タエに手切れ金二百二十円を渡す席に、はつと光子を立ちあわせている。タエは博が上京したあとを追って東京へ来ていたのである。光子は母の悩みの種であった女を直視し、金をもらって喜んでいるその姿に、いっそう父親に対する憎悪と軽蔑の念を深くした。それにしても、妻のみならず娘まで同席したということは、博の意志というよりははつの強い要求の結果であったように思える。博は一家の家長とはいいながら、妻の要求を拒む強さを欠いていたことになろう。

家族は一心同体の血縁集団なのではなく、家族であると同時に一人一人別の人格をもつ存在であることを、光子はあとになって考えたはずである。廣津和郎は、この事件を家族制度に対する間違った信仰と、狂信者の錯誤（はつの行動）の結果とみている。そして「日本人には真の意味の個人主義の洗礼が足りない。（中略）自分をも他人をもほんとうに尊重する事である。それによって、家族制度の中の取るべきは取り、捨てるべきは捨てないと、甚だ危険であると思う」と書いている（『婦人公論』十二年九月号）。光子が事件にまきこまれてゆく心理の軌跡に対する論評である。

徳山博が「子殺し」にどのように関わったのか、その比重について真相は不明の部分がある。だが、博が息子の出来の悪さを妻の責任に帰して責めたあたりから、事件の輪郭はできあがっていった。出来の悪い子を母方だけの血統のせいにする理由はどこにもない。勝気なはつが、夫の責め言葉にひるむような生い立ちの弱点を背負っていたとしても。

そして、はつが出来の悪い子を殺すことが母として妻としての責任と考え、しかも肉親殺しの露顕への危惧を忘れたとき、事件は「事件」になった。このはつの心情は、狂信、狂熱あるいは暗愚といわれても仕方あるまい。

いまもどこかにひっそりと市民生活をいとなんでいると思われる光子は、当時を思い返すたびに悔恨の念が深いであろう。事件を防止できたただ一人の家族として。兄の「犠牲」によって文字通り一家離散の運命が刻まれる歳月を見届けた生き残りの一人として。

公判に付される以前に、光子が「お母さんに」と題して書いた手記がある。

「母さん、世の中で一番不幸な母さん、私達子供の為に、半生を苦しみ抜いたお母さん、結局世の中は総て皮肉に、なるようにしかならなかったのね。今度生れ変る時は、決して女には生れて来ないことにしましょう」(『婦人公論』十二年七月号)

光子が母の共犯者となるぎりぎりの真情は、この言葉につきているのかも知れない。同じ罪を分ちあいながら、父の博には平穏な晩年があったことが書きのこされ、はつと光子についてはなんの消息も得られないことを思うと、光子の哀れさがこの文面に滲んでいるように思われてくる。

志賀暁子の「罪と罰」

『キネマ旬報』に載った志賀暁子のポートレート
（写真提供・フィルムライブラリー）

1　二つの新聞記事

昭和とよばれる半世紀あまりに、堕胎（もしくは人工妊娠中絶）によって処置された生命はおびただしい数にのぼる。産みたくない胎児の始末は半ば公然の常識であった。「貧乏人の子沢山」といわれるが、抜道を知らない人々は妊《みごも》ればやむなく子供を産んだ。そして、堕胎罪が「生めよ殖やせよ」の国策に反し、反国家、反道徳の大罪であった時期、堕胎罪で検挙された件数も決してすくなくはない。捕えられたのは法網をくぐりそこねた「運の悪い」人々であった。

昭和十一年七月七日、夏のつよい日ざしのさす東京は、まだ、二・二六事件以来の戒厳令下にあった。この日の夕刊は、対蹠的な女性たちの二つの記事に大きく紙面をさいている。

「哀しき帰郷

相澤元中佐の遺骨郷里へ」

前年八月十二日、軍務局長永田鉄山を執務室におそって斬殺した相澤三郎は、第一師団軍法会議によって死刑の判決を下され、七月三日早朝、銃殺刑が執行された。一男三女の遺児のうち、長男正彦（八歳）をつれ、白布の遺骨に目を落した未亡人米子（三十五歳）の横顔を車窓にとらえた一枚の写真がのっている。遺族はこの朝、午前十時上野発青森行きの急行で、故人が帰依した仙台市輪王寺への納骨の旅に出る。ひとまわり以上夫と年齢の差があった米子未亡人は、絽の喪服、重そうなほどたっぷりな髪を束髪に結って目を伏せ、白い日除けのかかった学帽をかぶった少年は、じっと窓外を見ている。

二・二六事件とはきわめて因果関係の深い相澤事件の終幕ともいうべきこの写真の左上に、押しあうようにならんだカンカン帽の男たちの姿をうつした写真がのっている。場所は東京刑事地方裁判所の廊下。男たちが入場を待っている法廷入口には、「陪審法廷」の文字がみえている。

「生娘姿に興奮し
　腕を折る騒ぎ
　　志賀暁子第一回公判」

新興キネマ女優志賀暁子《あきこ》（二十七歳）と、産婆のG（三十七歳）にかかる堕胎、遺棄致死、死体遺棄事件の公判は七日午前十時十分から開廷になった。前日から、裁判所側は傍聴人の殺到を予想して、特に二百枚の傍聴券を発行するということで、この朝、物見高い傍聴人は、裁判所入口で「馬鹿々々しい程な騒ぎを演じ、遂に腕を折った者が出るという始末」と新聞は書いている。若い男女の姿の特に多いのが目立ったとも書かれているが、写真に女性の姿はない。

この朝、暁子は保釈中の身を、人目を避けて拘禁被告の使う地下道入口から裁判所の建物へ入った。地味な単衣《ひとえ》、ひっつめ髪姿でうつむき加減に入廷。一方、相被告人のGは、編笠と手錠の姿で被告席につき、二人の女性被告が並んだ。

西久保良行裁判長に対して、暁子は低い声で答えた。

「堕胎の依頼をした点および遺棄致死の点は認めますが、死体遺棄は私は知りません」

Gは、堕胎の依頼を受けて一応はことわったこと、また、堕胎したのではなくて、妊娠八カ月で自然に分娩したものであることを述べて罪状を否認した。Gには、堕胎罪の余罪が四件あり、この方は罪状をすべて認め、法廷は開廷後わずか二十分で終った。

公判風景が物語っているように、女優志賀暁子のケースは堕胎事件史の筆頭に位置し、世間の耳目を集めた。無声映画からトーキーへと、映画そのものが大変革をとげる時期、バタくさい容貌と日本人ばなれしたプロポーションによって、たちまち人気女優の座へかけのぼったばかりの女優の「大スキャンダル」事件である。

芸能界の内幕への興味は、今も変らない。スクリーンで見るだけの手の届かない存在であった人気女優が、堕胎罪という忌わしい罪名で裁かれる——。そのこと自体すでに刺戟的な話だが、法廷ではさらに芸能界の「はらわた」とも恥部ともいえる内幕が暴露されるであろうという予感。それが人々の関心をつよくひきつけていた。

当時、きびしく封印されることで、きわめて隠微な世界のものとなっていたセックスは、四十日ほど前の阿部定事件によって、ぐさりと挑戦状をつきつけられた形であった。快楽の貪欲な追求のために、女は男の首を絞め、男は女の行為に甘んじて身をゆだねた。

その結果落命した男の肉体の一部を切りとって懐中にしたまま、阿部定は三日間東京の町をさまよい歩き、つかまったときには、写真班のカメラに向い、悪びれる様子もなく艶然と笑っている。

三十二歳の阿部定は、石田吉蔵（四十二歳）という同調者を得ることで、生きる全エネルギーを性の快楽に凝縮させ、時代の制約を大胆に乗りこえたようなところがある。

一方、妖婦型《ヴァンプ》の人気女優として知られていた志賀暁子は、堕胎罪に問われたとき未婚であった。妊った子は誰の子であるのか。その子を堕胎したあとで、つぎつぎと主演作への出演をつづけてきた映画界の内幕はいかなるものなのか。好奇心とのぞきへの一種の期待が、必要以上に志賀暁子の事件をおおごとにした。

そして暁子に対する裁きがはじまったこの日、新聞にも報じられないひそやかな邂逅があった。二・二六事件の首謀者として、七月五日に特設軍法会議で叛乱罪による死刑をいわたされた男たちと、その家族との、事件以来はじめての面会がこの朝からはじまる。処刑がいつなされるか不明であったが、残された時間がきわめて短いことは男たちも家族も知っている。結婚して二月《ふたつき》で事件に参加した田中勝中尉は、獄中で妻の懐妊を知らされていた。ほとんどの妻たちが、結婚歴の浅い新妻である。妻たちはよそゆきの着物を着、美しく化粧して、切りとられた命の時間を生きている夫と最後の視線をからませようとしていた。面会はこの日をふくめて五日間しかない。十二日早朝には十五名の処刑がおこなわれる。

七月七日という偶然の日付けには、烙印をおされた試練の人生を生きてゆく女たちの共有した時間があった。

2　スクリーンの表裏

志賀暁子（芸名）は、明治四十三年生れ。厳格すぎるほどの父をもつ良家の娘で、ミッション・スクールを卒業したという。女優志賀暁子としてのデビュー作は、昭和八年九月に封切られた『新しき天』。原作牧逸馬《まきいつま》、監督阿部豊。主演は入江たか子（二役）、岡田時彦、月田一郎などであり、暁子は脇役の一人に過ぎない。まだ無声《サイレント》映画全盛の時代である。

暁子は女学校卒業後、縁談をしいられ、家出の形で親のもとを離れた。ダンスホールのダンサーになり、英国人貿易商の息子と恋におち、一度は城りえ子という芸名で映画へ出たこともあり、銀座裏にバーを開き、ある実業家をパトロンにもって贅沢な生活を送るなど、奔放な男性遍歴ののちの新興キネマ入りであった。新興キネマの専属女優になるのは八年の五月だが、その月給はパトロンから月々わたされた手当の三分の一にもみたないものであったらしい。

パトロンの、

「京都まで行って女優なぞになってどうするの？」

という言葉に、
「私はあくまで芸術家で立ちたいのです」

と暁子は答えた。

「そんなら今後面倒は見られない」という声を背後に暁子は京都へ旅立った（志賀暁子『われ過ぎし日に』昭和三十二年刊）。

新興キネマの京都太秦《うずまさ》撮影所にあって、洋服の着こなしもよく、育ちのよさを感じさせる暁子の美貌は人目をひいた。

京都でホテル暮しをしていた暁子は、「女のくせにホテルなんかに泊っていると変に思われるから、うちに来なさい」と監督の阿部豊にいわれるままに、その住居へ移った。数日間同じ部屋に寝て、何事もなかった。ある日、阿部は「君は男の感情を弄んでいる」と怒り出したという。

阿部との関係が生じるのはこの年の九月二十日頃だが、十月中旬には終ってしまう仲であったから、どちらもどれだけ真剣であったのか曖昧なところがある。しかし、その結果、志賀暁子は妊娠した。

阿部豊は中学生時代に渡米してハリウッドで暮した時期があり、ジャック・アベとよばれる異色の存在であった。三人の子供をもうけた最初の妻と離婚したのがこの八年のことである。

暁子と知り合ったとき、阿部豊は独身であった。それにしても、誘われてホテルから移ってゆき、同じ部屋に寝ることにほとんどなんの警戒心もなかったということは、分別のある人間の行為とも思えない。

暁子は阿部豊の「結婚する」という約束を頼りにした。しかし阿部は暁子が妊娠に気づく頃には冷たい態度に変ったといわれ、暁子には相談もなく新興から日活へ移籍しただけではなく、つぎの結婚生活をはじめていた。

実業家のパトロンとも別れ、女優として生きてゆこうとしていた志賀暁子にとって、胎内に宿った生命は将来の運命を分ける厄介な荷物であった。当時、堕胎は禁制の世の中だが、抜道はいつの世にもある(彼女は八年一月にも、パトロンの子供をひそかに始末している)。人気が生命の女優として「私生子」を生む勇気は暁子にはなく、その勇気を支えてくれる子供の父親は遠い存在になっていた。「未婚の母」が公然と生きてゆけるのはごく近年のことである。

大佛次郎原作、村田実監督の『霧笛』の主役に抜擢され、撮影がすすめられてゆくとき、胎児は日に日に育ってゆく。相手役の中野英治は、ダンサー時代の暁子の愛人であった。多くの男性遍歴があったといっても、性的な知識はなく、避妊の方法も教えられない時代である。暁子は堕胎に効くと教えられて、三度三度パイナップルを食べたりしたというが、望んでいる変化が起きるはずもなかった。

『霧笛』のクランク・アップを待って九年四月十三日に上京した暁子は、紹介された産婆Gの産院へ入院した。

Gは器具の挿入によって羊水を流出させる方法で陣痛をおこさせ、暁子は十九日払暁、妊娠八カ月の男の子を生む。子供は暁子の足もとで弱い泣き声をたてたが、三日目の二十一日夕刻に死亡した。

小さな遺体はGの手で始末され、志賀暁子は身軽な躰になって京都へ帰ってゆく。闇から闇へ、ひとつの小さな命が葬られることで、すべては終ったかにみえた。

『霧笛』はサイレント時代につくられた作品の中で、佳作の一つといわれる。志賀暁子は容貌の妖艶さに加えて、アイラインをはっきり描く個性的な化粧が注目をあびた。映画は大ヒットし、以後、『山の呼び声』、『花咲く樹』、『女の友情』、『情熱の不知火《しらぬい》』など、暁子出演の映画がつぎつぎに生れてゆく。監督はいずれも村田実であった。

九年十二月号の『オール讀物』には、「一九三五年の映画女優――本誌お馴染みの作家画家推薦」というグラビヤの第一頁に、吉川英治とならんだ写真がのっている。吉川英治

は、

「日本の映画女優には珍しい異国情緒豊かな顔で表情にも富み、適当な役を与えれば、必ず将来相当のびる人だと思う」

と推薦の言葉を書いた。

光があたりはじめると、ゴシップもさかんに書かれる。あちこちのホールでダンサーをしていたこと、外人の恋人、その男がロケ現場から彼女を掠《さら》っていった話、真赤なマニキュアの色と数々の恋の噂。「どういう前身の女かわからない」と書かれても、それで女優の前途に翳《かげ》がさすことにはならなかった。十年二月号の『キネマ』の一問一答では、「二、三年勉強してハリウッドへゆきたい。新興の志賀暁子というより世界の志賀暁子になりたい」

と答えている。誰も志賀暁子の「夜の目も眠らず、又ごはんも咽喉を通らぬ程、たった一人で悶え」苦しむ追いつめられた事情を知らなかった。

事件が表沙汰になるのは、十年の七月である。端緒となったのは警視庁の暴力団狩りである。この網にひっかかった男が、志賀暁子をゆすってきたことを白状した。暁子をゆするだけでなく、実業家のパトロンを胎児の父親と推測して、二千円以上の金をまきあげていた。パトロンは九年四月の堕胎に関して覚えがなくても、脛《すね》に傷もつ身であった。金で体面が守られるならことは簡単である。脅迫したのは産婆のGの愛人を中心にする六人の仲間であり、Gの施術を受けた女たちは五十円、百円の処置料を払った上で、志賀暁子と同じようにゆすられていた。捕まった男たちは簡単に白状した。

「新興キネマの女優
　志賀暁子が堕胎
　　恐喝した男の口から暴露して
　　　池袋署に留置さる」

と大々的に書かれるのは十年七月十八日である（『東京日日』）。

この新聞記事の中では、始末された胎児は某男優の子になっている。女優志賀暁子については「近代的妖婦型が売り物」であるといい、幼時からカトリック教育を受けてきたこと、『霧笛』に出演してその異常な特色のある演技をみとめられ、映画界の第一線上に躍り上り注目をひいた。女優中のインテリで英語が達者な上、文学、音楽にも広い趣味を持ち、その近代的な『妖婦』性が期待をかけられていた」と書かれている。

女優としてまさに花開こうとする折も折、致命傷となる事件の主人公となったわけである。

スキャンダラスな事件はすぐに猟奇的な要素で増幅される。『東京日日』十九日付の社会面トップには、

「堕胎事件拡大

志賀暁子と産婆

嬰児殺しの罪か

生れた子供を桑畑に埋め

掘返してコマ切り」

という四段ぬきの大見出しがある。この記事には、パトロンの某外人との間にできた二カ月の胎児を、八年の秋に堕胎した「前科」も書かれた。性的に放縦な女という心証を濃くする記事は翌二十日にも書かれていて、「誰の子であるかという点になると、暁子自身さえ確信なく『多分日活の監督阿部豊氏の子供だと思いますが……』とたよりないこと夥《おびただ》しい」とある。

堕胎時の状況について、

「まず暁子の依頼によってGが強烈な堕胎薬を挿入し、三日間苦しんだ挙句、漸《ようや》く分娩、生れるなりGが嬰児の足や手をヘシ折り、一週間ばかりアルコール漬にした上、焼き棄てたというのが真相らしく」

とある。桑畑に埋めたものを掘返して小間切りにした上で処分したという前日の記事の訂正ともいえるが、この記事がかきたてたイメージはもっと陰惨であった。志賀暁子堕胎事件が伝説的に浸透する上で、この種の記事が果した役割は決定的である。

七月二十三日、暁子の中立てにもとづき、日活監督の阿部豊が池袋署に召喚され、二時間にわたって取調べを受けた。

この段階で、志賀暁子は絶望的な心理状態におちこみ、自暴自棄になっていたのか。七月二十六日深夜にいったん帰宅を許されるが、その翌日の『東京朝日』に暁子の「告白」がのっている。

「映画女優として身を立てるにはパトロンを得る事と監督の愛を同時に得る事が総体的に必要なのです。これがなかったら如何なる芸、如何なる美貌の持主でも駄目なのです。私もパトロンを作り、又誘われるままに阿部監督に許しました。しかしこれらの男は身重になれば必ず離れ去ってしまうのです。これが恐らく多くの女優の落ちてゆく初めでしょう。子供が出来る事は女優にとって致命的です。殊にこの子供が、父なし子であると考えたらどんな反省も考慮もなく暗い罪に走ってしまったのです。私はクリスチャンでした。しかし生れる父なし子の将来を考えてはどうしても我慢ならなかったのです」

映画界の人間関係がきれいごとではすまされないものであったとしても、監督と女優の因縁をこれほどまでに断定する女優生活は、彼女にはない。驕慢さと自主性のなさとがまじりあった「告白」は、詮索好きな世間に餌を投げあたえるにひとしかった。

同じ日の『東京日日』にはその半生を語る「手記」が掲載され、志賀暁子のプライバシーはほとんどあからさまになってしまった。本人が新聞の依頼に応じた結果だけではなく、ほとんどの記事の出所は警察における調書である。異国的でモダンな雰囲気を売りものにしながら、じつに無防備で世間知らずの一人の若い女の姿が新聞記事の行間に見えている。

産婆のGは身柄を拘束されたまま送検になった。

連日スキャンダラスな「新事実」が報じられた八月一日、『情熱の不知火』が封切られる（監督村田実、主演片岡千恵蔵）。新聞の広告に共演の志賀暁子の名前はある。

八月二十七日、志賀暁子は嬰児殺しの嫌疑で入院さきから市ヶ谷刑務所へ強制収容され、九月五日、産婆のGとともに、堕胎、遺棄致死、死体遺棄の罪名で起訴、予審に付された。妊った子をおろした女、その堕胎に手を貸した産婆が裁きを待つ一方で、妊娠という事態の責任を分つべき男に対しては、法的になんの制裁も加えられることはなかった。
刑法第二十九章「堕胎ノ罪」は、
第二百十二条　懐胎ノ婦女薬物ヲ用ヒ又ハ其他ノ方法ヲ以テ堕胎シタルトキハ一年

以下ノ懲役ニ処ス

第二百十三条　婦女ノ嘱託ヲ受ケ又ハ其承諾ヲ得テ堕胎セシメタル者ハ二年以下ノ懲役ニ処ス因《よっ》テ婦女ヲ死傷ニ致シタル者ハ三月以上五年以下ノ懲役ニ処ス

とあり、医師、産婆、薬剤師または薬種商が堕胎をおこなった場合は三月以上五年以下の懲役、婦女を死傷させた場合は六月以上七年以下の懲役と、業務上の堕胎の罪は重くなっている。

この「堕胎ノ罪」は旧時代の遺物なのではなくて、現行の刑法第二十九章・第二百十二条以下、まったくおなじ条文が存続している。

「自己堕胎」も、他人による堕胎も犯罪とされる一方、いまも子供の父親は完全に「堕胎ノ罪」の対象外にある。

志賀暁子のスキャンダルは、堕胎罪そのものの不合理さへの反撥《はんぱつ》をひきおこした。作家の菊池寛をはじめ男性たちが「罪を問われない男の非」を論じている。それに、当時といえども堕胎はめずらしいことではなかった。たまたま思わぬことからあばかれ裁かれる志賀暁子は不運であるという感想が一般にあったようである。

「婦人科医は妊娠中絶を歓迎しなくては、まとまったボロい金儲けは出来ない」

と医師の安田徳太郎が暴露したのは昭和五年のことである（『堕胎論』）。

婦人科医にボロ儲けをさせる経済的ゆとりなどはなく、むしろ貧しさを理由に、婚姻中の、あるいは婚姻外の胎児を始末する必要に迫られた女性たちはどうしていたのだろうか。弁護士森長英三郎の「だたい・避妊・えい児殺し」(『人民の法律』昭和二十四年八月号)には、ある事実が書かれている。

「もう二十年ぐらいまえの話だが(つまり昭和の四、五年のことであろう――筆者注)、東京の省線の駅の近くに、やせたひょろながい体の奇とくな医者があった。そのころの文人でこの人の世話になる人は少くなかったが、また無産者の友でもあった。紹介で来た婦人が子をおろしてくれというと、そくざに拒絶して動かなかった。しかし月経の通じがわるいというと、よしよしということで安い手術料で中絶をしてくれた。……」

3　允子と暁子

十一年七月七日の第一回公判につめかけた傍聴人の感想は残っていない。第二回公判は九月二十九日だったが、傍聴席は満員になったものの「前回程の人気はなかった」と新聞にある。この日は事実審理がおこなわれた。暁子は裁判長の訊問に、低い声だがはっきりした口調で答えた。

新興キネマ入社後の阿部監督との関係について——。

志賀「私は知人もないし困って居りましたところ、阿部さんがいろいろと親切にして下さいましたし、阿部さんが妻と離別し、子供は郷里にやっているとのことだったので、それを信じました」

裁判長「阿部から監督という地位を利用して（関係を）強要されたのではないか」

志賀「いいえ、私はやはり阿部さんの親切に感謝し、恋愛を感じていました」

うつむいたままの暁子は口数すくなく、生れた男児が三日目に死亡するに至る顚末を語る場面では涙声になった。Gは堕胎を否定し人工早産であったことを主張。十月十三日の第三回公判でも、弁護士の補充訊問に対して、Gは「母乳のでない早産児にあれ以上つくす手段はなかった」と声をふるわせ、かたわらの暁子は耐えかねるように啜《すす》り泣いた。

十月二十九日、第四回公判。この日は来日中の満州国法曹界代表が特別傍聴人として法廷へ入った。この日、証人訊問に出廷した一人は堕胎当時暁子につきそった女性である。暁子がダンサー時代に間借りしていた家の女主人で、渋谷円山の待合で女中をしていたTだが、志賀暁子との縁は格別深いものであったとも思えない。

そういう人物に秘密を打ち明け、つきそいを頼まなければならなかったということに、志賀暁子の孤独な生活がうかがえる。早くに生母を喪《うしな》い、家出以来肉親との縁も切られていたようである。

Tは法廷でつぎのように証言した。

「手術後生れた赤ちゃんはどこへ行ったかと思っていると、暁子さんのふとんの足の方で弱い嬰児の泣き声がするので見ると、子供はボロに包んだまま産湯も使わせずに放ってありました。暁子さんは床の上に起き上り、可哀そうに可哀そうにと泣きながら赤ん坊を抱きあげ、口づけをしたりなどし、産湯くらい使わせてくれたらと悲しげな様子でした」

結審となる十一月十四日、傍聴席は女優、学生などで超満員となり、傍聴券を手に入れられず廊下にたむろして警官から追われる者もあった。井本検事は、

「この犯罪を犯すに至った経過中には、一掬《いっきく》同情すべき点もないではないが、被告としてはその軽率に対して充分責任を負わなければならぬと思う。ことに、被告はかくの如き犯罪を犯すことは、女として欠くる点があるのではないかと思う。即ち、母たることを最上の喜びとする女性の本能に欠くるところがあるのではないか。(中略)

女として懐妊した時、被告の如き環境にあるものは、あるいは、かかる心に陥るかも知れない。しかし」

と語って、山本有三の『女の一生』の主人公の例をひいた。

『女の一生』の主人公允子《まさこ》は、被告と同じような立場にあったにかかわらず、いっさいの苦しい事情を考慮しつつも、敢然として堕胎の勧めをしりぞけ、苦しい中にも胎児を産み落として、私生子としての自分の子を育て愛したのである。その努力こそ真に偉とすべきで、これが女性として本当の性質でなければならぬと思う。

然るに、漫然、男に棄てられたというのみを以て、堕胎を決意し、これを実行するということは、女性として欠くる所があると思う。ことに、嬰児の遺棄致死に至っては、いわば不作意による殺人にも比すべく、その責任は堕胎の比ではないのであります。したがって、刑法第二一八条（被保護者の遺棄、生存に必要な保護の放棄）及び第二一九条（二一八条の行為による死傷の罪）が適用せらるべきであって、五年以下の懲役となっているのであります。

G被告に至っては、堕胎を常習とし、嬰児に何等の保護も加えず、放置する如き、惨虐眼を蔽《おお》わしむるものがあります。かつては、貰い児殺しに対して死刑を求刑された事実があるのに対比して、被告の所為は、その責任決して軽からざるものであります」

求刑は志賀暁子もGも懲役二年であった。

志賀暁子のために最終弁論をおこなった鈴木義男は帝人事件の弁護人をつとめ、戦後の片山内閣へ法務大臣として入閣する人物である。

その弁論要旨の第一は、堕胎の目的は胎児の死亡を包含し、娩出後まもなく胎児が死亡した場合も包括して堕胎一罪をもってあつかうべき事件であるという点である。ついで――。

「今日、妊婦が結核患者であるとか、慢性腎臓炎、白血病等々の病気のときは、いずれも流産すべきものとし、医師がこれを行っても罪にならない。しかるに、貧困と多産に悩み第十一人目の子を堕胎したというような場合、盗人に犯されて妊娠し、世間体を恥じて堕胎したというような場合は、婦人の経済的地位や名誉にとって、ほとんど生死のわかるるところであって、病気の場合と異なる所はないにもかかわらず、医師にたのめば、医師は法律に規定がないからとて流産を断るのである。この場合でも、なお婦人は犯罪者として法廷に立たねばならないのであろうか。（中略）

ことに、正規婚姻外の場合において、妊娠分娩が婦人の社会的立場に手いたい打撃を与え、自殺の決意をなさしめるというが如き場合には、一種の『緊急避難』として、かかる婦人の堕胎行為は、法の適用上、充分斟酌《しんしゃく》するところがなければならぬ」

「妊娠は主として、男性の放縦無責任の結果であります。……（昭和）九年一、二月より四月いよいよ堕胎を決行するまでの被告の心境というものは、女一人としては正に生死の境を彷徨したものであります。幾度か死を思うた境涯であります。せっぱつまった立場であります」

と無罪を主張した。検事が引例とした『女の一生』の允子との比較について、

「被告にあっては、およそ、允子が考えた程のことは充分考えたのであるが、しかも、その立場の不利は、とうてい允子の比ではなく、その窮迫の境地にあったことも、允子の場合の比ではないのであります。允子が万難を排して生んだからと言って、被告も生まなかったことに対して、女としての本能に欠くる所ありと仰せられるのは難きを強うるものと思うのであります」

と反論している。

「社会制度に対する盲目、医学衛生に対する無智、これらはむしろ憐むべきものがあります。自己の生命の危険においては、実に乱暴きわまる、危険きわまる手術に自己を曝したのであります。この点、命が助かったのは不思議であり、戦慄禁じがたきものがあります」

次第に表現は強くなった。

「私は、本件を担当して、世の多くの男性と女性とに『汝等の中、罪なき者まずこれに石を擲《う》て』と言わざるを得ない心持がするのであります。インテリ女性の中には、相当同情

があって、被告を弁護するに遺漏なからんことを求める声も、弁護人の耳朶《じだ》を打つのであります。インテリと否とを問わず、女性にして被告と同一の立場に立ちました時、峻厳なる刑罰の前に戦慄しながらも、なお、打ちかちがたい堕胎の誘惑に捉われないものがありましょうか」

鈴木弁護士は、無罪の判決、もしくは刑の執行猶予の恩典が与えられることを信じるとして、最後の言葉を述べた。

「本件は、両被告にとって、アダムとイブが、楽園を追われて以来の宿命的人生の悲劇であります。法律の力だけでは制禦し得る領域の問題ではないのであります。深い同情と理解ある裁判を冀《こいねが》うものであります」

森長英三郎の「堕胎罪史考」（『法曹公論』第四四三号）に、「堕胎罪有罪被告人数」の数字が紹介されている。明治十五年の二百二十四人から次第に増え、昭和に入ってからは例年ほとんど五百人をこえている。八年の七百二十八人、九年の九百五十六人とピークを示した。

堕胎罪の裁判件数はかなりあったと思われるが、おそらく、志賀暁子のケースは、堕胎罪としてもっとも典型的であり、衆目をあつめて本質をつく論議がなされた最大の裁判であったと思われる。

「堕胎」という事実の重さ、そして禁制。それにもかかわらず誕生を歓迎されない生命は日夜つくられつつある。

産児制限の方法を研究する医師は異端者であったし、たとえば大正十一年、米国の産児制限運動家サンガー夫人を改造社が招いた際、日本の官憲は二回にわたって夫人を尋問し、「帝国領土内で医師・薬剤師以外の一般人に産児制限の講演をすることは許さない」と厳命した（安田一郎「裏街道の義人医師――安田徳太郎」『別冊経済評論』第11号）。

避妊法の普及は禁じ、一方、堕胎罪によって縛られて抜道のない性関係――。胎児とともに取り残される女は、どこに活路を求めればいいのか。志賀暁子が恋多き女であったか否かは、むしろ論外のことであった。「罪なき者石もてうて」という迫力ある言葉に、心を打つ切実なひびきを感じた人はすくなくないはずである。

当時、婚姻外に生れた子はすべて「私生子」であり、父が認知したとき「私生子」は「庶子」となった。学校の入学にも就職にも、出生にまつわる刻印のようなこの文字はついてまわる。庶子はその父母の婚姻によってはじめて嫡出子としての身分を取得することができた（民法第二款庶子及ヒ私生子）。

「私生子」の境遇が、生きてゆく上でどんなにきびしいものであったか。

「社会は私生子を生むまいとして堕胎した女を罰する法律を作って置きながら、私生子というものがこの社会で、どんな冷酷な待遇を受けるかという事には、何等積極的な改善をはかろうとしていないのである」

と廣津和郎《ひろつかずお》は書いている（「石もてうつべきや」『婦人公論』十二年一月号）。

『女の一生』の作者である山本有三は、検事の論告に自作のヒロインの生き方が引用されたことに驚くとともに、そこに重大な問題点がひそんでいることを指摘せずにはいられなかった。『東京朝日』の十一月十七日朝刊から四回にわたって「検事の論告と『女の一生』」を寄稿している。

山本有三は「世間の伝えるところによれば」と限定しながら、暁子の場合は「允子よりも遥かに悪い条件にいたことは事実である」と志賀暁子を擁護した。

「彼女を誘惑し、彼女をみごもらせ、彼女を捨てた男は今どうしているか。彼は名誉こそ多少傷つきたれ、ステッキを振って自由に街頭を歩いているではないか。

……男は何ら身体の自由を束縛されていないのに、なぜ女だけ罰せられるのか。なぜ、かよわい女だけ懲役に行かなければならないのか。

ある人はいうだろう。男は直接この犯罪にかかわり合っていない。この事件は堕胎遺棄致死並に死体遺棄事件であると。なるほど、その通りである。男に堕胎は出来ない。そして女が妊娠したら、極力相手にしないようにすれば、この犯罪にひっかかる心配はない。

まことに今の世の中は男子は住みよく出来ているというものだ。女は妊娠、分娩の苦痛を受けるうえに、なおこういう刑罰を受けなければならないものだろうか」

「検事が私の『女の一生』を論告に引用されたのはうれしいが、せっかく引用されたのなら、もう少し活用してもらいたかった。あれでは私の意志と逆行する。私は『女の一生』を女のために書いたのではない。女にかわって叫ぼうとしたものでもない。しかし、あの作は断じて女を鞭《むち》打つ革帯ではない。革帯に代用されることは、作者の忍びないところである」

この最後の部分が新聞にのるのは十一月二十日、判決言渡しの四日前である。

判決は志賀暁子に対して懲役二年執行猶予三年、Gは懲役二年執行猶予五年。罪名は堕胎、遺棄致死ならびに死体遺棄である。判決理由の中で西久保裁判長は弁護人が主張した「緊急避難」の点について、「当裁判所これを認めず」として否認した。

さんざん猟奇的に書かれた胎児の遺体は、産室となった八畳間の押入れにいったんかくされ、死後六日目にGの手で裏庭のゴミ捨て用の穴に埋められたことも判決の「理由」にある。法廷で事実があきらかになってみれば、被告が人気女優であったこと以外には世間が驚くほど特異な要素はなにもなかった。

堕胎罪では、同じ十一年の七月、大阪島之内署の嘱託医をつとめる医学博士が堕胎手術常習犯で逮捕されている。Ｇの施術料はふつう一件五十円であったというが（志賀暁子は二度にわけて計二百五十円はらわされている）、この医師の場合はインテリ層を対象に三十円で手術をおこなっていたものであるという。

また、十月三十日には産児制限運動家の一人で、和製サンガーと呼ばれることもあった大阪の優生医院経営の女性が堕胎罪で拘引されている。産婆の資格をもつこの女性の拘引は、これがはじめてではない。デパートガール、女事務員、その他多数のインテリ女性に手術をおこなった嫌疑で起訴され、公判に付された。この二つのケースともそうだが、堕胎罪で拘引され、もしくは起訴までゆくのは常に施術者である。昭和十六年初頭に至るまで、新聞をみるだけでもこの種の記事はめずらしくはない。そして、堕胎手術を受けた女性たちは、施術者によって匿《かく》され、カルテを押収されるなどして所在が明白になってもほとんどが起訴猶予で終った。施術者に対する有罪判決もほとんどが執行猶予つきである。昭和十六年三月に、妊娠中絶手術を受けた芸者や女給など三名が身柄不拘束のまま起訴、公判に回付されることになり、当局が「人口増殖の国策にそい断乎たる処置をとる」と表明しているのも、それまでの堕胎罪の適用状況を公開したようなものであった。

志賀暁子の口述をもとにまとめられ、彼女にとっては不本意な自伝であるという『われ過ぎし日に』には、数多く著名な男性が登場する。暁子と実際に恋に落ちたひと、彼女を愛して思いをとげ得なかったひと、さまざまある。

新興キネマから再デビューする以前に、暁子の周辺には彼女を崇拝する多くの文学青年が集まっていた。

若い頃の志賀暁子の隣家に住み、その人となりをよく知っている蘆原英了《あしはらえいりょう》氏の談話。

「道徳《モラル》、不道徳《インモラル》といういい方があるけれど、あのひとの場合は、無道徳《アモラル》といういい方がぴったりするのね。男たちはみんな、自分の思いを託して理想化して、自分の色に染めたいと夢中になったけれどね……」

「聖《セイント》なるという感じ」があって、指一本ふれられないような雰囲気があったともいう。その頃来日したバイオリニストのシゲッティも、志賀暁子の特異な美しさにたちまち魅せられて、「こういうひとこそ映画界へ入るべきだ」と語った。蘆原氏は、異性問題で一度松竹を追われた暁子とは知らずに、社長の城戸四郎に紹介するため撮影所へ連れて行っている。なにも語らずについてくる暁子であった。現実の暁子は、汚れをまったく知らない生れたままの浄らかさ無垢さのまま、すでに数多くの男を知っていたのだ。そういう体験上の「汚れ」は、まるで濾過装置を通って流れ去るように、暁子の外見になんの跡もとどめていなかったそうである。暁子と出会った男たちはたちまち恋に落ち、しかし、文学青年たちは理想化し崇めて、手を出しかねた。

蘆原氏は事件のあと、銀座で暁子に呼びとめられて再会している。忌わしい罪名で裁かれたことは天下周知の事実である。それでもなお、赤児にも似た青みのある白眼は変らず、物腰も雰囲気も、かつて多くの青年たちが近寄りがたい思いを抱きながら愛した聖なる美女志賀暁子であった。「処女懐胎」によるキリスト誕生を人々に信じさせたマリアとは、こういう女性であろうと蘆原氏は思ったという。

堕胎の罪で裁きの庭に立つ志賀暁子を「生娘姿に興奮し」と書いた新聞の見出しは、考えてみればひどく矛盾している。しかし、志賀暁子の若い日をよく観察していた人が、彼女を特異な女性と考え、「処女懐胎」の故事まで納得させられるほどの独得の雰囲気があったとすれば、「生娘姿」と書いた新聞記者は、直感的にきわめて素朴かつ正確な形容をしたということになろう。

自分がどんな魅力をもっているのか、また自分の行為が意味するもの、他人に及ぼす影響を考え悩むことは、暁子には無縁のことであったようである。育ちのよさから生れたやさしくて柔らかな会話、身についたマナー、清純そのものの印象――。彼女が望まなくても、まわりが放っておかず、彼女には成行きを選択する心のよりどころはなかった。波が自然に彼女を掠ってゆく。その結果、堕胎罪という苛酷な試練に出会うことになった。

裁きは終ったが、しかし余波は思わぬあとをひいた。『改造』の十二年二月号に作家の久米正雄が書いた「二階堂放話」と題する文章がある。

久米の立場は、山本有三が書いた「女を妊娠させせながら自由に街頭を歩いている男」の擁護であった。ゴルフ場の芝の上でJ（ジャック・アベ）から聞いた話が書かれている。Jの家へ行って泊めてくれといったのは女の方であり、二度、そういうことがあったとJは言った。Jの名前は、志賀暁子にとって、子供の父と名ざされたことは意外であり、迷惑なことであった。Jの名前は、しかし男にとって、志賀暁子をめぐる男たちの中から「謂わば代表として、つい挙げられたのだろう」と久米は推測する。「そうだ彼の名は、挙げられるに適当だったのだ」と。

胎児は西洋人の子らしかったという話も書いた上で、久米の文章はつぎの言葉で結ばれている。

「Jよ。君も、謂わば吾々の代表者として、殉教したに過ぎぬ。ステッキを打振り、銀座を平気で歩け！」

志賀暁子は判決後ごく抽象的に書かれた手記を発表しただけで沈黙を守っていた。その胸中をのぞかせているのは、手記の冒頭に書かれた和歌くらいであった。

母の罪許してと泣くひとやの夜
小さき唇まぼろしに見る

暁子にかわって鈴木弁護士が抗議の文書を発表した（『文藝春秋』十二年三月号）。捜査記録や予審調書を土台に、J自身が認めた事実の要点を書き、「彼女は充分の苦杯を嘗めた。Jも少しはそれを分ち飲んでもよい筈です」と書いている。久米正雄はおそらく、暁子の恋愛歴を知る人間として、阿部豊を被害者と見立てたのである。たしかに阿部豊の立場は微妙なものであった。だが、この事件によって、阿部はその生涯を通じ、監督としての仕事になんら掣肘《せいちゅう》を受けていない。女だけが妊娠の始末をし、罪人になっているとき、久米正雄が早々と「吾々の代表者」などといい、殉教者あつかいするほどのことはなかった。

一方、志賀暁子の再起に好意的な人々はすくなくなかった。彼女の不幸は、女優開眼のきっかけを与えた監督の村田実が、十二年六月に持病の糖尿病に肺炎を併発し、四十四歳の若さで急逝したことであったかも知れない。

しかし、村田の死後も、どんな汚名を着せられようと、演技者としてのつよさがあれば、女優として生きてゆく道はまだ十分にひらかれていた。問題は汚名よりも、「トーキー女優としての志賀は前途遼遠」と『情熱の不知火』の映画評に書かれる女優としての未熟さ、実力以上に有名になり過ぎた女優の負荷の大きさにあったようである。

十二年九月、菊池寛の新聞小説『美しき鷹』が、日活、東宝、新興の三社で競作されたとき、原作者自らのお声がかりで志賀暁子は新興キネマ作品の主役をふりあてられている。しかし、この作品をさかいに、志賀暁子は忘れられた女優になっていった。彼女がその自伝に書いているように日中戦争の戦火が拡大してゆく世相の中で、志賀暁子のキャラクターを生かせる映画がつくられる余地はなくなったという見方もできるかも知れない。しかし、事件のあと、汚名によってただちに抹殺された女優生命ではなく、いわば社運を賭けた大作に一度は起用されながら、彼女はそのチャンスをつかみきれなかったのである。

志賀暁子と聞けば、「ああ、あの事件の……」という反応しか残らない女優で終ったことは、たまたま堕胎罪で告発されたという不運にのみ帰着されるべきものなのか。

暁子は自分から映画界を去り、一時は新協劇団に籍をおいた。新派の狂言をもって地方巡演をした時期もある。そして、戦争末期には結婚している。相手は大学を卒業したばかりの詩人志望の青年であり、東北の素封家の次男であったという。夫の両親は、「あの志賀暁子」と息子の結婚を許さなかった。

夫は二十三年の四月、結核を患っておさない男の子を残して亡くなる。志賀暁子はその後、この子を抱えてズタズタな人生を生きたようである。東映作品に出演したこともあったが、結局女優には徹しきれなかった。その理由を、彼女は世間の冷たい先入観に見出しているようにみえる。しかし、実名をあげて多くの男たちとの曰くありげなかかわりあいを書いた自伝には、根なし草のような危っかしさが満ちている。誰も知らない、書かずもがなの出会いの数々を書いていることで、「堕胎罪」という鞭によって押し流されていった女の悲しい半生がみえてくるようなところがある。本人にその自覚がないだけに、余計痛ましくもあるのだが――。

忌わしい烙印を捺《お》されたことは、逆に自分を赦し甘やかす逃げ道をつくったといえないだろうか。そういう人生の潰され方もある。それにしても、堕胎罪などといって、ことごとしく騒ぎたてる必要がどれだけあったのか。志賀暁子は一人のいけにえであったというべきかも知れない。

4　〝秘密〟病院

堕胎を罪としながら、のぞまぬ妊娠を避ける受胎調節の普及を阻止した政治姿勢は、敗戦後も一時期根づよく生きのびた。

優生保護法が「生活困窮」を人工妊娠中絶の理由にふくめることになるのは二十四年の六月二十四日以後である。同時に、受胎調節の実施もきまった。

ここへ到達するまで、二十年十二月十五日の貴族院本会議における芦田均厚相の、「政府としては現在のところ産児制限を公然と認めることは考えていない」という答弁をはじめとして、産児制限の是非（むしろ否定、懐疑説）が繰返し論じられてきた。「中絶天国」といわれ、バースコントロールの各方法が普及しつくしたかにみえる現在、想像しにくいような事態が、戦後もつづいていたわけである。

しかし、現実的な必要は、この鉄の枷《かせ》のような禁止を踏みこえさせずにはおかなかった。法律の運用は、きわめて御都合主義のところがある。

五十二年八月十一日から四回にわたって、「〝秘密〟病院〈ある敗戦処理の記録〉」という記事が『東京新聞』にのっている。外地からの引揚げ者を対象に、福岡市千代町の収容施設「松原寮」の一角に設けられた「婦人相談所」と、二日市につくられた「婦人科病院」の記録である。博多港から軍用トラックで運ばれた女性たちは、この〝秘密〟病院で中絶手術を受け、それから郷里へ向った。病院は二十一年五月から二十二年十月ごろまで存続し、日本人の子ではないことが明瞭な胎児もあり、息をしたり泣き声をあげる赤児もあった。そのすべての子供たちを「処置」したのである。勿論《もちろん》刑法上からは非合法の「処置」である。

『九州公論』の五十三年十一月号に、ＲＫＢのディレクター上坪隆が「水子のうた」という文章を書いている。「二日市保養所」のことであり、前記の〝秘密〟病院の話である。『東京新聞』の記事では、院長であり手術のほとんどをおこなったのはフィリピンの野戦病院から復員してきた医師・橋爪将であると書かれている。上坪隆は、二日市保養所という堕胎を中心とする医療設備をひそかに建設したのは、文化人類学の泉靖一たち京城帝大の医師グループであったと書いている。そして、専属の産婦人科医二人のチーフが橋爪将であったとして「昔の仲間が集まったとき、みなが橋爪さんが世界でも一番多く堕胎手術をやっているはず、といい合った」という話を紹介している。麻酔薬なしの手術であったという。生きて生れてくる子の泣き声への対応策として「穿頭《せんとう》手術」という方法が実施された。月数のすすんだ胎児に対して、子宮から頭部が出てきたところで頭に穴をあける。産道を通る間に頭部はつぶれ、死産になる。もちろん泣き声などをたてる余地はない。

これらの手術はあきらかに非合法のものであり、しかし必要に迫られてのものであった。「緊急避難」の拡大適用といえないこともない。病院が「盛況」をきわめていたとき、高松宮がここを訪問して礼を述べたということも書かれている。

ここで堕胎手術を受けた人の数は、四百人ともいわれるというが、「水子のうた」は一枚の統計資料で終っている。二十歳以上の女性七十八人について、妊娠八（一〇・四パーセント）、不法妊娠四十（五一・九パーセント）、潜伏梅毒・梅毒・淋疾計二十一（二六・三パーセント）などの数字がみられる。

二つの文章を読み、最後にこの統計資料をみていて、私の中にまざまざとよみがえってくるある情景があった。統計が「二十歳以上」の女性を対象にしていることに、思わずうなずかせられるような印象があった。

満州から引揚げてきた私は、二十一年九月、満十六歳となる誕生日もしくはその前日に、博多港へ上陸した。上陸までに湾内で検疫結果を待つある期間があった。幕一枚ひかれていない甲板上で、実験動物同様、検疫官の前にうしろむきで下半身をさらし、ガラス棒で検便用の便をとられたときに、最後の「人間の誇り」ともいうべきものが崩れ去っていった。帰国の喜びなどが湧いてくる余地などはなかった。

上陸して最初の経験は、大きな倉庫にならんで入ってゆき、一段高いところに立っている米兵から、全身にＤＤＴの白い粉末を機械で噴きこまれることであった。頭髪はもとより、おへその穴まで白い粉まみれになって倉庫を出ると、すぐ目の前のベンチに若い米兵が日本の女を抱いて坐っている。引揚者の視線など意識するふうもなく、若い米兵は抱いた女に口づけをした。これが私にとっては日本上陸の第一印象であった。

砂地に三角形の仮設小屋を建てた松原寮に一夜泊って、翌日それぞれの目的地に向う。上陸日の夕刻、まだ明るい時間に、私たちはまたぞろ行列をつくって、引揚げの申告や、救援物資の受取りにいった。このとき、母たちが窓に白いカーテンのひかれた部屋へよびこまれてゆくのを私は見るともなしに見ていた。

私は呼ばれなかった。多分、数えどしからいっても二十歳には間があったからであろう。白いカーテンの内側では、女たちの問診と内診がおこなわれていることを、私は出てきた大人たちの会話で知った。

それはまず、性病の入りこむのを阻止する水際作戦であった。そして、かりそめの夫婦となって難民生活を送ってきて、現に妊娠している人、あるいは強姦によって妊娠している人々の処置が講じられるらしいことがおぼろにではあるが感じとられた。その「処置」の場が二日市の病院だったわけである。

非合法の堕胎は戦争の末期からさかんになった。いつ男たちが軍隊へもってゆかれるかわからないという不安な生活の中で、特別な伝手《つて》を得ることのできた人たちは、ひそかに胎児の始末をしていた。

敗戦後の満州では、まずソ連軍の兵士による強姦事件が頻発し、翌年早春以降、蔣介石の国民党軍将兵による同種の事件が起きた。おそってくる男たちは女が二十歳以上であるか以下であるか、老女であるか少女であるかの区別などはしなかった。いつ、誰が不慮の「襲撃」にあうかわからない時間が流れた。

望まぬ妊娠は、二十年の冬がくる頃からはっきりしはじめる。暴行による妊娠だけが問題だったのではない。いま生きている大人や子供が生きのびて帰国できるか否かの土壇場に立たされていた。正式な夫婦の間の子、あるいはかりそめの夫婦、避難先の雑居生活中に出来た子も、日本への引揚げがはじまる以前に、たとえば衛生兵上りという程度の医療知識をもつ人々をも動員して、妊娠中絶の手術がおこなわれている。衛生設備などもない手さぐりの施術で妊婦が命を落しても、誰も抗議もせず怨みもしなかった。堕胎——、人工妊娠中絶が不法であり地獄であるというのなら、それは突然の敗戦によって棄民となった日から、人を選ばず、ひそかに公然化し、博多上陸後の検診、そして二日市へとつづいていったのである。すべての女たちにその「可能性」があった。

私自身の敗戦体験をふりかえるとき、私がこのコースを体験せずにすんだ一人であることは、まったく僥倖《ぎょうこう》としかいいようがない。

引揚げ体験に無縁な人々も、戦後、堕胎罪の罪におびえながら、堰《せき》を切ったように法を犯した。闇堕胎は多くの女たちの命を奪い、後遺症を残す。住むに家なき焼け跡、乏しい主食の配給がさらに欠配になるどん底生活にあって、人々があえて堕胎の罪を犯す状況がつづいても、法律の方はなかなか変ろうとはしなかった。

法律がどうであろうと堕胎の歴史は古い。間引きのみならず、貰い子殺しを含む小さな生命の淘汰がとぎれた時代はない。博多へ上陸した日の、白いカーテンでさえぎられた部屋を通った女たちのことを思うと、私は「合法」という言葉のまやかしを感じる。織頭手術をしてでも腹中の荷物をかきださなければ家郷へ帰ってゆけなかった女たちが存在する一方で、産児制限を禁止し、堕胎を罪とする法律が生きていたのである。それは志賀暁子の罪を問い、その人生をねじ曲げた同じ条文なのである。

現行刑法の「堕胎ノ罪」は実質的には死文化している。しかし、優生保護法中、第三章母性保護の「医師の認定による人工妊娠中絶」についての第十四条の四、

「妊娠の継続又は分娩が身体的又は経済的理由により母体の健康を著しく害するおそれのあるもの」

の条文から「経済的理由」をはずそうとする動きはいまも根づよくつづいている。

志賀暁子はサイレント映画がトーキーへ移る変動期に、堕胎罪の汚辱にまみれ、女優として躓《つまず》いた。女としての人生も狂わざるを得なかった。彼女の弱さを嗤《わら》うことはできない。

堕胎罪という隠微で重苦しい十字架を背負った女など、真直ぐには生きてはゆけない時代であった。

堕胎の罪とはなんなのか。すでに凄まじい人工中絶の現実を通過してきた今、第二、第三の志賀暁子を生む必要などあるまい。女たちを堕胎の罪名で罰していけにえとして供すべき聖き祭壇など、私には考えられない。

少女時代には保母になることを夢みたほど子供好きであったという志賀暁子は、七十歳近い年齢になった。女優としての志をとげられなかったのは、あの事件によってとどめを刺されたからであると彼女は信じている。悪夢という以上の事件であり、裁きであったのであろう。彼女はいまも、若死にした夫にすすめられてはじめたという童話を書きつづけているだろうか。

杉山智恵子の心の国境

日比谷公園でくつろぐ杉山智恵子
（写真提供・中村孝氏）

1　雪を蹴り異境へ

海外へ出かけることが日常化した現在では想像の及びにくいところがあるが、敗戦以前の日本人にとって、「亡命」とは「夢のまた夢」であった。戦時下の転向問題が論じられるとき、四囲を海に囲まれて、亡命の自由のまったくない状況が影絵のように浮びあがってくるのはそのためである。

昭和史のおんなたちの中でただ一人、女優の岡田嘉子には、「越境」という、国禁をあえて破った大胆な人生の一齣《ひとこま》がある。

昭和十二年夏にはじまる日中戦争は、国内に早くも挙国一致、国民精神総動員の戦時体制をしき、十二月には首都南京陥落、戦火は中国大陸に広く深く燃えひろがってゆきつつあった。南京陥落の二日後の十二月十五日、四百人をこす人々が検挙され（合法面で活躍していた学者など、直接共産党に関係のない人々の検挙。第一次人民戦線事件）、戦勝気分と、重い抑圧された社会状況がからみあうなかで年がかわった。その一月三日、岡田嘉子は新協劇団所属の演出家杉本良吉とともに、雪の樺太国境をこえて、ソビエト・ロシア領内へ走りこんで行った。当時、南樺太は日本領土であり、北緯五十度の線が、日本でただ一つの地つづきの国境線であった。

大正末年から舞台と映画の人気女優であった嘉子には、『椿姫』撮影中の失踪事件など、世間をにぎわせた話題も多い。失踪の相手竹内良一は戸松男爵の嗣子を廃嫡になり嘉子と結婚した。越境の日、嘉子は名目上はまだ竹内の妻であり、かぞえの三十七歳である。

杉本良吉は嘉子より五歳若い。非合法下の日本共産党の党員であり、治安維持法違反事件により執行猶予中の身であった。

二人は慰問を理由に国境警備隊詰所のある半田沢を訪れたが、さらに国境をみたいと橇《そり》を走らせ、追尾の警官たちとの距離をひきはなし、御者の一瞬のひるみのうちに雪の彼方へ消えた。

そして、杉山智恵子は杉本良吉が日本に残した妻である。智恵子は七年ごしの結核の病床で、夫の越境と、同行者のあることを知った。智恵子は、夫の入ソはかねて予感していたとして動揺を見せず、

「その内向うで落着いて仕事を始め、それらの消息もいずれは私にも伝って来るだろうと

思います。そうしたら胃腸の弱い良吉のために、げんのしょうこや大好きだったとろろこんぶなどを送ってやりたいと考えています。人になんと言われようと、いまの私としては何年でも待っていたい気持です。もう一生逢えないのではないかなどと思い悩むこともありますけれど、いまはそうしたことは考えず、一日も早く働けるような一人前の健康体になりたいと思っております」

と一月二十四日に書いた（「杉本良吉と私」『婦人公論』十三年三月号）。

智恵子の書き残したものは、現在のところこの手記以外には手紙一つ残っていない。夫と岡田嘉子の越境を知って身体が震えるほど驚き、一週間目くらいからやっと眠れるようになったという残された妻は、痛々しいほど健気に、病み痩せた全身で事態をかかえとろうとしていた。女優岡田嘉子については、古い型を破ろうと努力していた熱心な態度に好感をもっていたが、夫との仲はまったく知らなかったと書いている。

「若し良吉が岡田さんを好きだったとしても、私はそれを責めようとは思いません。私も人間ですし、複雑な気持にもなりますけれど、ながい間心から愛されていた、と言うことだけで満足出来るような気がするのです。たとえ数年間にしろ、女性としてほんとうの幸福を味ったことで、私は自分をそう惨めな人間と思わないで行けそうなのです。それに、心の中に良吉を生かすのは私の自由だと思いますから」（傍点引用者）

これは「恋の越境者」とみなされた男の、残された妻としての意地ともとれるが、同時に、杉本良吉を監視し追いつめ、いままた裏切り者よばわりしている官憲への精一杯の抵抗でもあったろう。

杉山智恵子がおかれていた立場は、逃れようもなく苛酷なものであった。しかし、いわばおきざりにされ見棄てられた妻として、智恵子の文章のどこにも被害者めいた嘆きや夫への怨みはない。こういう状況下の妻の対応の姿勢としては、きわだったものがある。胸中には激しい嵐のようなものもあったに違いないが、病床の智恵子は、自分が崩れてゆくことを許さない凜然とした緊張を、必死にもちこたえようとしていた。

だが、越境事件のあと、智恵子の余命はわずか十カ月しかなく、忘れられた存在となってゆく。

智恵子の生前について書きつづけてきたのは、杉本良吉の同志として智恵子を見舞ったことのある佐多稲子一人である。しかし、四十年余の時間のあとで、智恵子の遺族の所在もわからず、死んだ日も墓所もわからなくなってしまっていた。

杉本良吉（本名吉田好正）と杉山智恵子が親しくなったのは、おそらく昭和二年か三年と思われる。当時杉本は早稲田大学露文科の学生であり、前衛座のメンバーでもあった。

智恵子はYWCAへタイプライターの稽古に通っており、二人が会ったのは、杉本が北海道帝大予科に在学した札幌時代の止宿さき、ベリコフというロシア人の東京の家であるという。ベリコフの娘リーザ・ベリコヴァは智恵子の友人で、リーザが二人を引き合せた。その日、杉本は白いルパシカを着、ベリコフと流暢なロシア語で話していた。

杉本は学習院で数学を教えていた吉田好九郎の次男であり（父親は杉本が十三歳のとき自殺）、家は東京の大久保にあった。亡父の恩給や印税による生活の中で、府立一中から北大予科へ、さらに早稲田大学へ転じる境遇は、かなり恵まれている。

智恵子は明治四十二年一月一日、栃木県足利郡毛野村大字北猿田で生れた。戸籍上の名は「智恵」である。杉山家は曽祖父の代まで猿田四十八カ村の庄屋をつとめ、祖父の代からかなりの規模の機屋《はたや》をいとなんでいたが、智恵子の父順一の若死のあと急速に家運が傾いた。

智恵子には姉三人、弟一人（利一）があったが、父が死んだ日、智恵子は四歳、利一は二歳である。すでに女学校に在学中であった上の姉二人は、父の死後も学業をつづけて女学校を終えたが、智恵子とすぐ上の姉が進学する頃には、高等小学校の修業がやっとという状態になっている。

大正十二年の春、智恵子は高等小学校を終え、下宿屋をやっていた母のナホの手助けをはじめ、のち足利市内の郵便局につとめたこともあるらしい。だが、一家の跡とり息子のおかれた境遇は別格のものがあり、智恵子が学業との縁を切られた翌年、弟の利一は県立足利中学校へすすむ。姉よりも弟の方が学業がすぐれていたということではあるまい。当時の「家」にあって、長男はそういう存在であった。

道端で遊んでいると、通りすがりの人が「お人形さんのようにかわいい」と思わず足をとめたという整った容貌の智恵子は、残された文章からもうかがえるように理性の勝ったところがある。進学をめぐって、すでにあきたりない思いが胸中にあったのではないかと思われる。

「黒い髪をさっぱりした短い断髪にして、面高の細めのがっちりした顔であった。白粉《おしろい》けのない肌が月の光のように澄んでいる。じっと遠慮がちに見入るのにさえ勝気な怜悧さがひそんでいて、殆ど口をきかない」(佐多稲子『ある年の冬から夏へ』)

という印象を残すのは、二十代に入ってからだが、少女はおかれた境遇に甘んじるには自恃と向学心やみがたく、一人で東京へ出ていった。すでに長姉、次姉が結婚していて、そこを頼ったということもある。しかし姉たちの婚家さきは家風もきびしく、なかなか実家の窮状をふりかえることを許さない。智恵子は早くから自立の人生を生きることになった。

東京へ出てきて、タイプライターを習ったこともロシア人の友人をもったことも嘘ではあるまい。しかし、若い娘一人が生きてゆくのは容易なことではない。さらには祖母や母たちの生活もかかってきて、智恵子は夜も昼も働きつづけるようになる。

杉本と親しくなったのは、彼女がナンバー・ワンの座を占めていた神田岩本町の「和泉橋ダンスホール」であったといわれている。リーザは仲間うちのダンサーの一人であったのかも知れない。

昭和四年三月、利一は足利中学を卒業したが、同級の檀一雄とともに東京の上級学校を受験して、利一は落ちた。一家は足利の家をたたんで東京へ出てきた。母ナホときょうだい三人、さらに祖母のムメをかかえた生活がはじまる。利一も神田の青物市場で荷車を曳くような労働をはじめていた。この年智恵子の身辺はあわただしく、秋にはすぐ上の姉が足利へ嫁ぎ、十一月にはずっと寝ついていたムメが七十八歳で亡くなった。

先祖伝来の田畑を売り、家財の目ぼしいものを売って暮す女所帯の生活も十八年越しになろうとし、すでに底をついていた。母と弟の利一との三人家族をささえる生活が、全面的に智恵子の薄い肩にかかってくるのは、昭和五年の春である。利一は文化学院文学部の学生になり、智恵子は二十二歳であった。この頃すでに杉本良吉は階級闘争の一環としての演劇活動に人生の指標を定めている。その恋人として、智恵子も研究会などに出席し、良吉に伍して戦列につこうとしていた。

「戦列」などというとおおげさだが、おかれている生活の場でたたかうことで、智恵子は激動の昭和初年の世相に小さな足跡を残している。

昭和五年の三月十一日、東京赤坂の溜池にあったダンスホール「フロリダ」で、六十七人のダンサーが待遇改善を要求して、ダンサーとしてははじめてのストライキをおこなっている。ダンサーと経営者のチケットの配分を四対六から五分五分にひきあげること、無料診療の実施などを求めて二日間たたかい、要求はほぼ通った。新聞は「さすが時代色である」と書いたが、智恵子はこのストライキのリーダーの一人であった。

二人の結婚がいつなのかは不明である。正式に結婚とよぶ区切りをどこにするかはっきりしない結婚でもあった。しかし、この「フロリダ」のストライキから間もなく、二人は「結婚」し、智恵子はダンサーをやめている。

ある夜、築地小劇場の芝居がはねた楽屋口で、ひときわ長身の杉本と腕を組んでいる杉山智恵子の姿に、佐多稲子はびっくりした。

「女房です」

と杉本は紹介した。智恵子は灰色の襟のついた黒いオーバーを着てベレーをかぶっている。ハンチングをかぶった杉本と組んで、「どちらにも遜色のない、さっそうとした美しさであった」（佐多稲子『歯車』）。

これは、垢ぬけて、モダンで、素直な性格で、杉本良吉の家族にも愛された智恵子の、いちばん倖せな日の情景かも知れない。

秋の終りに、杉本は工面した三十円の金をもち、日頃は身なりにかまわぬ男が滝沢修の黒靴を借りてはいて、智恵子を精進湖畔の旅へつれていった。杉本は湖をわたる冷たい風から智恵子を守ろうとこまやかな心づかいを示した。その「気質的な頼もしさは、自分で選んだひとだけに力強く思われるのでした」と智恵子は書いている。

二人は湖畔の落葉道を歩き、今では散逸してしまった記念の写真もとった。この日、杉本良吉はきわめて暗示的な言葉を智恵子に告げた。

「僕達はいつ離ればなれになるか解らない」

それは、いつ検束されて牢獄へ送られるかわからない人生を選んだ青年の正直な感想であり、智恵子も覚悟の上のことであった。

司法資料によれば、杉本は六年の五月下旬に入党している。党員はもとより、シンパであることも許されないきびしい時代である。治安維持法による最高刑は死刑であった。その党員生活をあえて選ぶ青年の妻として、智恵子には張りつめた決心があったはずである。

知り合って四年目に「結婚」したと智恵子は書いているが、入籍も同居もしない、世間一般とはまったく違う形の夫婦であった。智恵子はその理由を、彼女が一家の働き手で、弟の専門学校卒業まで家を出られない事情と、杉本には翻訳などによる小づかい程度の収入しかなくて、二人で外でお茶を飲むのにも不自由だった貧しさのせいであるとしている。入籍だけでも、と良吉にいわれたが、勤めさきで名前が変ることのわずらわしさを思ってしたがわなかったという。いつの頃からか杉本の家庭へ許婚者として出入りし、智恵子の側に不安はなかった。

これはまったく根拠のない想像だが、吉田好正が「杉本良吉」のペンネームを選んだとき、「杉山智恵子」の名前が念頭になかっただろうか。彼がこの筆名を使いはじめるのは昭和三年の六月以降なのである（『日本社会運動人名辞典』）。

智恵子は在日ソ連大使館でタイピストをしていたことがあるといわれる。杉本の世話であったと思われる。すでに杉本と結婚していたかも知れない。前ソビエト領事ポドリスキー夫妻のところへ良吉と二人でよく遊びにいったという話が手記の中にさりげなく書かれている。ポドリスキーは帰国の夜、挨拶に来た二人に「いつ結婚するんだ」と話しかけた。良吉は智恵子に通訳した。「彼は、あんまり早く結婚するとすぐ子供が出来てしまうから、なるべくおそい方がいいと言っている」。二人は結婚前の恋人としてふるまっていたわけである。

愛しあっていても、子供をもつことなど、考えるゆとりのない生活であった。昭和六年秋、満州事変が起り、二人の形ばかりの蜜月はたちまちに消え去ってしまう。七年四月四日、築地小劇場で「左翼劇場」の『志村夏江』（村山知義作）の舞台稽古中、官憲にふみこまれ、演出者の杉本は劇場内を逃げまわった揚句、地下へ潜入してしまった。追いかけるように、智恵子の弟利一が六月二十七日に西神田署に拘引検挙される。そして、その年の秋の夕方、地下生活者の夫から会いにくるようにという連絡を受けて仕度中に、智恵子は最初の喀血をし、その夜から起きられなくなった。

蟻の子一匹這い出る隙もなさそうな治安警察の網の目の中で、地下生活者となった杉本たちは党活動をつづけた。病気でたおれた妻との間には連絡の手はずがついていた。勤めに出られなくなった智恵子と母親は、さっそく生活に追われるようになる。杉本は蔵書をすべて売り払い、その金をひそかに智恵子の許へ届けてよこした。

いつ特高警察にあげられるか、一寸先は闇というような生活の中から、病気の妻に二度、三度と会いに来てもいる。転々と移り変るアジトで、杉本はときには小林多喜二といっしょになった。杉本は病床の智恵子に「僕は絶対にハウスキーパーと一緒に生活しないよ。君にそんな心配をさせたくないんだ」とよく言ったという。そういう会話が必要な、弾庄のもとで潰され歪められる非合法生活であった。

寝たままの智恵子は、夫のこと、弟のことを思い、毎朝新聞を開くとき「もしや、やられていはしまいか」と不安のよぎる毎日を送った。追われている杉本のもとへ生活費くらい送ってやりたい。弟に差入れもしたい。いちばん自分が必要とされるときに、寝ついてしまった無念さを、真白な寝具に包まれた病人は杉本に頼まれて訪ねてきた佐多稲子に語っている。レコードを売り、室内を目で物色して、つぎになにを売るか思案する生活であった。

智恵子の喀血の前か後、おそらく喀血のあと、杉本は党指導部から、ソビエトへ潜入し、連絡の切れているコミンテルン（一九一九年にモスクワで創立の国際的革命運動組織）と急速に連絡をつける任務を与えられる。昭和七年十一月、モスクワで国際演劇オリンピアードと国際革命作家同盟の大会が開催されるので、その参加を兼ねた任務である。

杉本良吉が日本共産党から越境の任務を与えられていた「事実」は、一九七二年になってはじめて公表された（『日本共産党の五十年』）。

杉本は同じく地下活動中の詩人今村恒夫とともに小樽へあらわれ、焼玉エンジンの発動機船を雇い、これで冬の日本海を乗切って対岸に達しようと計画した。しかしあまりにも冒険主義的なこの計画は中止になった（風間六三「党・杉本良吉と私」『北方文芸』一九七二・一〇）。

もし実行されて成功すれば、この時点で杉本良吉は越境者となったのであり、さもなければ冬の海で命を失うか、捕まって日本の牢獄へ送られるかの運命にあった。いずれにせよ、病床の智恵子には、夫に残されることが、約束のようについてまわっている。

八年一月二十日午後、保釈中の弟利一が、御茶ノ水駅前で街頭連絡中に検挙された。文化学院細胞総キャップとして内偵されていたもので、つづいて学院関係から三十余名の検挙者が出ている。二月に入ってから「赤い文化学院学生検挙」が報じられた。この検挙にもまして智恵子の心をひきさいたのは、二月二十日、作家の小林多喜二が街頭連絡中を逮捕され、築地署の取調べ中、特高の拷問によって死ぬという事態であった。

多喜二がとらえられたとき、いっしょに検挙されたのが今村恒夫である。今村は拷問によって左足が不自由になり、十年五月、結核の病状悪化により出所、十一年十二月に亡くなっている。

非情で残忍な鉄の爪が夫やその同志たちの身に刻々と近づく様を思いながら、智恵子は病床にあった。杉本良吉は一年三カ月も追及の手を逃れて活動をつづけ、八年の七月七日に神楽坂で捕まる。容赦のない取調べと拷問が待っていた。

夫が市ヶ谷刑務所へ送られる頃、昭和八年末か九年はじめに、智恵子の生活はぬきさしならぬところまで追いつめられてしまった。東京へ来たばかりの頃は、庭もあり間数もある借家に住んだが、親子二人中野区江古田の小さな住いに移って、ひっそりと暮していた。その生活の見通しも立たなくなり、智恵子は貧困証明をとって中野療養所へ入院する。当時の表現でいえば、施療患者となった。

2 業病とのたたかい

九年のいつ頃か、杉山利一は獄中で結核の病状が悪化し、「これは死人だから」といわれて、仮死状態で出所、絶対安静の床についた。杉山家が裕福な時代に、あととり娘として大切に育てられ、明治十年代に生れながら、英語の勉強もさせられたという母親のナホは、二人の病人をかかえて、まだ五十代の半ばでありながら躰も小さくなり、老婆のような姿になっていた。

嫁いだ三人の娘たちには、それぞれに婚家さきの事情がある。嫁の立場では、実家の母親へ渡す小づかいもなかなか自由にはならない。智恵子の姉たちは母親に会うと、その不運を嘆いて泣くばかりであったという。

施療患者となった智恵子のささえは、市ケ谷刑務所から届く夫の手紙であり、杉本の母吉田隆《たか》の見舞いであった。良吉は「五一三号」と番号で呼ばれる囚人である。刑務所と療養所に別れて暮す息子と嫁のために、隆は「間接の面会者」の役割を果した。この人もまた、夫の思わぬ死のあと六人の子を育てている。ナホが二歳の末子をかかえて未亡人になったように、隆も良吉の弟である末子の好尚《よしひさ》が三歳のときに夫の死に会う。二人とも年齢はほとんど違わない。

結核は新薬のストレプトマイシンもパスもない時代には、不治の業病であった。「肺病病み」の出た家の前を通るとき、子供ばかりか大人も口や鼻を手でふさいだ。安静と十分な栄養以外に効果的な治療法はなく、貧困を土壌に結核菌が跳梁をきわめた時代である。

その結核で入院している智恵子のところへ、隆は毎月きちんと面会にゆき、刑務所にいる良吉の消息や伝言を伝えた。いやな顔もみせずに口にあいそうな食べものを運び、息子に寝具をさしいれるときには、智恵子にも同じ寝具を贈った。入院中の嫁の寝具の手入れは、すべて隆の仕事であった。

隆は思想的な理解ではなく、正しいことは正しいと素朴に考えて息子を支持していたし、籍も入らぬ智恵子を実の娘以上に愛していた。智恵子はその学歴を結婚後もしばらくは高等女学校卒業であると杉本に偽っていた。少女時代にある教会のバイブル・クラスに属していたため、わずかながら英語ができたというし、宮本百合子のもとへも出入りし、樋口一葉の研究ノートを作るような努力家であったことが、智恵子の「嘘」をかくしていた。智恵子が学歴を告白したとき、杉本の胸には妻に対するいっそうのいとおしみが湧いた。

検挙後、留置場を転々としていたとき、広い道場のようなところで杉本良吉は家族と面会を許されたが、さりげなくめくって見せた着物の裾から、黝《くろ》く色の変った脚がのぞいた。その目が示すところには折れた竹刀がおかれていた。そういう拷問にたえて、杉本は完全黙秘をつらぬき通し、傍証だけで起訴された。母の隆は息子の身を気づかいながら信じ、病んでいる嫁に心をつくすことで母親としての充足を見出していた。

日本プロレタリア文化連盟（略称コップ）加盟の日本プロレタリア演劇連盟（略称プロット）のメンバーとして地下活動中を捕えられた杉本は、九年二月二十七日に起訴され、その年の十二月に保釈で出所してきた。

見違えるほど痩せた杉本は、母と二人で療養所へ面会に来たが、あまりショックを与えてはいけないという配慮から、この日は五分間だけ面会して帰っていった。

刑務所を出られたのは「転向」の意思表示の代償である。それが偽装のものであるか否かは出所後の行動が証明する。証明次第では刑務所への逆戻りとなる時代であった。智恵子は「(杉本は)非常に一本気な性質で、以前刑務所を転向して出て来た時はひどく悩んで、読むのが辛いような手紙をよこしたことがありました」と当時をしのんで書いている。

杉本はいわゆる「美男子」で、女性にもてたらしい。艶聞も多く、杉本について書かれた回想には、彼が「エロ吉」とよばれたという記述がいくつも見られる。いまでもまだ杉本については公表を憚るさまざまなことがあるらしい。事情をよく知っていると思われる演劇人の一人は「なにせ、エロ吉だから……」と笑顔で言って、あとの言葉を切った。

杉本は面と向って「エロ吉」と呼ばれても、笑ってとりあわなかったという。あだ名の由来は、恋人とのいきさつを、演出家らしく精緻に喋ったことにもあるらしい。その杉本が智恵子に関しては貝になった。「杉本は本気で惚れている」と友人たちは噂をしたし、智恵子の発病後、親しい友人たちは杉本の顔をひと目見れば、智恵子の病状を察した。

杉本は艶聞家の反面、意思の強固な男であり、当局の追及を逃れて地下生活をした上、逮捕後も完全否認で通したためにひどい拷問を受けたようである。

留置場生活を思い出すと言って、壁に向って寝るのを非常にいやがったこと、腰のあたりにアザが残っていたこと、拷問の苦しみに耐えたときの名残りで親指を握る癖があったことなどを、ずっと時間がたってから岡田嘉子が対談で語っている(「日本を脱出して三十五年」『中央公論』四十八年三月号)。

岡田嘉子が知っている杉本の方がずっとなまなましく具体的である。結核患者であった妻は、もっと表層の部分で夫を受けとめていたことになるだろうか。

療養所を見舞う杉本の第一の仕事は、安静状態のつづく妻の爪を切ってやることだった。彼は左ききであったという。不器用な手つきで鋏をあやつって智恵子の爪を切ってやり、花瓶の水をとりかえ、また智恵子の好物のたらこを炊事場へ行って焼いてきたりした。

杉本は裁判中の身の上で、仕事しようにも自由がない。ニコライ・オストロフスキーの『鋼鉄はいかに鍛えられたか』の翻訳はこの時期だが、十一年七月に発禁処分になった。

杉本は療養所へ面会に来た日も、帰りのバスや電車の中で手紙か葉書を妻に書く。自分一人が書くだけでなく、智恵子も知っていそうな友人や劇団の人たちに、「一行でもいいからなにか書いてやってくれ」と頼んで、寄せ書きのような便りも療養所へ送った。その頃の杉本の手紙が、一通だけ智恵子の文中に引用されて残っている。

「……僕達が今一週に一度ずつ、三十分か一時間ずつ逢っていろんな話をし乍ら、二人の生活を押し進めて行くと言うことを僕はとても嬉しく思っている。どんなによい経済的、肉体的条件の下で生活しても、強い希望と愛情がなければ決して現在の僕達のように幸福にはなれまい。僕達の生活の泉が枯れひからび、停滞した人間にならない限り、僕はきっといつもまたうんと話したい事があるんだがなと思いながら戻ってくる事だろう。ほっぺたの赤らむのはもう冷めたかしら。一寸心配になる」（十年十一月二十日）

療養所の帰途、杉本は智恵子の留守宅を見舞い、静養中の利一とナホと三人で食事をして帰って行った。昭和十年には病勢が一時おさまった利一が主婦之友社へ入社し、生活はいくらか楽になっていたはずである。

十一年二月六日、第一審判決で杉本は懲役二年執行猶予五年の刑を宣告された。二日前に降った大雪の残る裁判所の前で、隆はすべって転び、ひどく腰を打った。それらのすべてを、智恵子は療養所のベッドでじっと聞くだけだった。

越境事件のあと、家宅捜索を予想して、杉本の弟吉田好尚は兄宛の智恵子の手紙を二、三通、自分の机のひきだしにかくした。内容は夫婦のことで、智恵子は自分が病床にいるすまなさを言い、あまり自慰をしないようにと夫に書いていた。事件後の家宅捜索でこの手紙をみつけた刑事は、ニヤニヤ笑って文面を読み、「関係がない手紙だ」という抗議を無視してすべて押収していった。

出所後、村山知義の新協劇団に所属した杉本は、判決のあと、演出家としてさかんに仕事をはじめる。二・二六事件のあとの暗い世相にあって、まるで残照のように演劇活動はさかんであった。政治的なテーマを直接とりあげることは禁じられていたが、まだ意欲的な努力がつみ重ねられていた。松竹傘下の井上正夫演劇道場と新協劇団との提携もその一つのあらわれで、杉本は新協劇団から派遣されて、井上劇団の多くの作品の演出にあたった。そこに、看板女優としての岡田嘉子がいたのである。

岡田嘉子と杉本良吉は、十一年七月に『彦六大いに笑う』(三好十郎作)で顔を合せ、急速に親しくなっていった。智恵子は病人の鋭敏な感性で、杉本の変化に早くから気づいていたと思われる節がある。この年の夏、智恵子は中野療養所から江古田の自宅へ帰った。杉本はこのとき、智恵子にかくれるようにして泣いていたという。智恵子によれば、病状悪化のための退所であったというが、すこしでも妻らしくふるまいたいという気持が、病院生活を途中で打ちきらせたと考えられなくはない。

そういう妻の心情は、杉本にとっていじらしくもあっただろうし、苦痛でもあったと思われる。

杉本との愛情を、岡田嘉子は戦後はじめて帰国した際、『悔いなき命』につぶさに書いている。演技者として行きづまり迷っていた岡田嘉子は、杉本に助けを乞うた。スタニスラフスキーシステムについての指導がきっかけであったとしても、この二人には互いにつよくひきつけあう見えない力が働いていた。執行猶予中で特高の監視のもとにある演出家と世間によく知られた人気女優。世間の目を盗み、あわただしい秘密の時間を盗みとって二人は会いつづけるようになる。

現在、ただ一人生き残った人間として、杉本との恋愛を語れば、一方的な証言としてそれを否定する人々もあろう。それをさきまわりして読みとるように、嘉子は帰国後手許に戻った昭和十二年一月一日から三月末日までの「日記」を引用している。そこに描かれているのは、一途で激しい愛情生活そのものである。

眠る時間を削って会いながら、別れるときの辛い思い。「いつまでもいつまでも、切りなく離れがたい。別れるのに一努力だ。こんなに強く愛し合うということがあるのだろうか」と書く日、嘉子は目ざましが鳴っても死んだように眠っている杉本を起すまいと骨を折り、歌舞伎座の稽古へすべりこんでいった。

智恵子の病状がよくなく、杉本が苦しんでいることを嘉子は知っている。賢く美しい病妻があり、妻を裏切るまいと自制に自制をかさねた上で杉本がついに自分の方へ身を傾けてきたことも知っている。しかし、前途のない愛情を思って打ち沈む嘉子に、杉本は「気持をモッラサないで。とても愛してる」と書いた紙片を手渡す。三人三様の愛の煉獄に灼かれて、しかし病床の智恵子はおそらく気づきながら、結局圏外におき去りにされた。

十二年の二月二十五日、杉本は江古田に病妻を見舞い、なにかこじれた話になった。この夜遅く、嘉子のアパートを訪ねてきて、元気もなく気持のギャップに苦しむ杉本の姿に、嘉子は「当然起こる問題で仕様がない。愛情というものは、そんなに等しく二分できるものではない」と日記に記している。

二日後、電話もなくあらわれた杉本は「江古田からあやまった、しおらしい手紙がきた」と言ってしょげ、嘉子も「いっそもう」と別れることを言い出して涙を流した。智恵子になんの罪があるわけではなく、逆にその「苛立ち」をあやまられれば、杉本は男として心の疼《うず》くものがあったはずである。だが、年上の愛人と別れる決心もできなかった。

嘉子の大阪公演にあわせて、三月二十二日から二人は奈良のホテルに滞在した。六泊してつぎの和歌山の宿へ別々に向う心持を「せわしない旅だ。新婚旅行だというけれど」と嘉子は日記に書いている。

杉本は、十一年八月上演の『彦六大いに笑う』から十二年五月の『北東の風』（久板栄二郎作）まで、十カ月に七本もの新作の演出を手がける忙しい生活になっていた。井上劇団のものも新協劇団のものもある。そして翻訳や劇団の雑務、論文書きの仕事もあった。恋人の岡田嘉子は演技面で指導を受ける一方、忙しい杉本の協力者にもなってゆく。

忙しくなった杉本は少しずつ収入も増えて、家をもつときの用意にと貯金をはじめていた。智恵子のもとへその通帳をもってきて見せたし、仕事で旅へ出れば、将来必要な茶碗や皿などを買ってくる夫だった。

杉本に対してなにか言いつのったあと、智恵子がしおらしく詫びたという話も、すでに病人が直感でなにかを感じとっていたことを物語っていよう。智恵子は胸に巣喰った業病を呪ったであろう。杉本は地下活動をしていた日々以上に、行方の定まらぬ遠い男になりつつあった。その不安と焦躁を怜悧な病人は誰に訴えることもできずに耐えていた。母のナホは、いつも変らない娘婿の見舞いのあと、帰ってゆく後姿に手をあわせていたという。

だが、智恵子も耐えることに耐えがたくなった。十二年十一月、智恵子は杉本に相談せず、市ヶ谷駅の上手《かみて》（麴町区五番町）へ引越してきた。杉本はこの転宅に激した。

「どうしてあの人があんなに人が変ったみたいに憤るのか、私わからなかったんですの。私はただ市内に住んでいれば杉本の芝居も見られると、ただそれだけだったんです。おそばをすきだからとおもってとったのを、あのひとは引っくり返してしまって」

と智恵子は越境事件のあとで佐多稲子に語っている（佐多稲子「折り折りの人・杉山智恵子」『朝日新聞』四十一年十二月十二日夕刊）。

市ヶ谷は杉本の実家のある大久保と、九段の岡田嘉子のアパートの、ちょうど中間だった。当時はマンションなどという呼び方はない。嘉子のいたアパートは、九段坂をおりる途中の左手にあり、敗戦後米軍によって接収されるきわめて贅沢なアパートであった。智恵子が黙って引越してきたのは女の直感の行為であり、杉本は傷にふれられて猛ったのであろうと佐多稲子は書いている。

杉本の胸中にあったのは、純粋に岡田嘉子に対する愛情だけであったのかどうか。「越境」についていいえば、それが何年か前のこととはいえ、党員として課せられた任務であったこと、その「越境」を達成するために同伴者が不可欠であったと考えれば、岡田嘉子が果した役割にも微妙に翳のさす部分がある。

現に、智恵子の肉親は、「岡田さんは偽装のための犠牲者」といまも考えている。そう考えた方が、死んだ智恵子にとっても残った肉親にとっても救いがあることは確かである。しかし、それだけではない微妙さを、杉本良吉は余韻のようにあとに残している。

十二年八月末、母一人娘一人の生活を支えてきたある女性が母を喪った。もはや天涯孤独の身の上であった。弔問に訪れた杉本は、

「お母さんを亡くして、これからどうする？」

と訊いた。旅行好きなこの女性は、

「どこか遠くへ行きたい」

と漠然と答えた。杉本は、

「そう。僕も遠くへ行こうと思っているんだ」

と言い、日本の情勢、国際情勢、マルキシズムなどについて語って、夜ふけても帰ろうとしなかった。カマをかけられていることが感じとれた。

「奥様をどうなさるつもりなの？」

と聞くと、沈黙して答えなかったという。「任務」を達成するために、誰か適当な女性を物色していたということであれば、その相手は岡田嘉子である必要はなかった。しかし、岡田嘉子の「日記」に書き残された杉本良吉は、一人の恋する男である。智恵子には告げることのできない恋愛。日中戦争の拡大によって時代閉塞の状況がいちだんときびしくなり、いつ刑務所へ送られるか、いつ赤紙で召集され、反対しつづけてきた侵略戦争の兵士の一員になるのかという不安。どちらを向いても出口のない暗くて重い煩悶にのたうつ中で、岡田嘉子との日に日に深くなる関係だけが、確かなものに感じられたのだろうか。

ソ連へ行くことをさきに口にしたのは、岡田嘉子の方であると彼女自身語っている。しかしそれは、杉本がかつて入ソしようとして果さなかったことを知っており、ロシア語の堪能な杉本が、懊悩の振子の一方に、ソ連への亡命をおいていることを察しての言葉ではなかったろうか。

岡田嘉子は無心なまでに行動的になれる女性であった。おそらく、杉本良吉に対する愛情だけが嘉子に決心をさせ、嘉子の決心が杉本良吉のさまざまな惑いや悩みを吹っきらせる原動力になった。

十二月二十五日は、杉本の母隆の誕生日で、めずらしく兄弟が顔をそろえた。ときどき「お母さん、小づかい」といって母に金を渡していた杉本は、この日、井上正夫からの手紙と金一封をもってきて母に渡した。

「賞金金一封同封します。小生とあなたしか知らないから他言無用」という意味の文面は、演出家としての杉本良吉の貢献に対する感謝であり、年の瀬を前に現金が入用であろうという苦労人の井上の温い配慮でもあった。金一封の中身は、三百円あった。

杉本はこの日、弟の好尚に貯金通帳を渡して、

「万一のことがあったら、この中から必要なものを月々智恵子に渡してくれ」

と言った。旧制高校の学生であった弟は、はじめて十歳としの違う兄から大人扱いされ、緊張してゴクッと音をたてて唾をのんだ。

「万一のときだよ」

と兄は笑い、弟はそれを検挙されたときのことだと感じていた。杉本はいつも年末から信州へ出かける。「これから出かけるから」というので母と弟が内玄関へ送ってゆき、「行

ってらっしゃい」と言うと、門のところまで行って郵便受けをのぞき、「あ、手紙が来てた……」と言って戻ってきて、そして出て行った。

同志であった作家中野重治と女優の原泉夫妻のところへも、杉本はそれとなく別れを告げに行っている（中野重治『甲乙丙丁』）。原泉は、療養所に妻を見舞って帰ってきてすぐ、妻あての葉書を書いた杉本から、「なにか書いてやってくれ」と頼まれて幾度かそえがきをした新協劇団の女優であった。

十二月二十六日は新宿の第一劇場で再演中の『彦六大いに笑う』の千秋楽の日である。この夜、智恵子は回復後はじめて、何年ぶりかに芝居を見た。杉本は智恵子を迎えにきて劇場へ行く途中、四谷で車を待たせておいて妻に手袋を買った。商業劇団と左翼劇団との協力による「中間演劇」であてた井上正夫演劇道場にとって、いわば会心の作が『彦六大いに笑う』である。演出家としての杉本の面目躍如というところもあったはずである。智恵子はこの芝居を見て、「（良吉は）こういう芝居をやるのは辛いだろうな」と感じたと書いている。比較的よい芝居ではあっても、「昔左翼劇場で良吉が演出した幾つかの芝居を連想し、私はどうしてもそうした気持を消せませんでした」と書いている。

智恵子の感想は正当であっても、おそらく正直ではなかった。隣りの席の智恵子の反応は、転向出所後の杉本の迷いとジレンマの古傷をえぐるものであったと思う。杉本は公式的な宣伝劇や、築地小劇場の観客の主流であるインテリゲンチヤとは別世界の人々、たとえば昼間から酒を呑み、すしを食い、花道に坐りこんで見物している観客との距離を考えるようになっていた。それは、井上正夫の一座の人々とともに地方公演へ出て、従来とは異なる観客に接触した結果であったろうし、岡田嘉子の属した世俗の世界と無縁であったとは思えない。

この日、久しぶりに肩を並べて客席に坐った夫と妻の間に、なにか冷え冷えとしたものが横たわっていた。智恵子は舞台の上の岡田嘉子の、恋の火によって内側から照し出されているような姿に穏やかな心ではいられなかったであろう。素直な観客になれるような状態ではなかった。

杉本はこの夜から恒例の年末の旅へ出ることを妻に告げていた。智恵子と夕食をいっしょにする約束だったが、結局智恵子は芝居のあと一人で家へ帰る。別れぎわに「手紙くださる」と聞くと「こんどだけは書かないけど心配しないで。十五日頃帰る積りだけど、それよりおそくなったら電報打つよ」と杉本は答えた。

この夜、嘉子のアパートでは杉本と嘉子の義妹の竹内京子の三人が千秋楽祝いといってビールを抜き、鳥鍋を囲んだ。樺太への旅立ちを前にした別れの宴でもあった。

二十七日、夫は前夜出発したとばかり思っている智恵子のところへ、杉本は午後四時頃に姿を見せた。昨日手袋を買った折に「ほかにほしいものを」と夫からいわれてハンカチを選ぼうとし、気にいったものがなくてやめにした。杉本は黙って小さな包みをポケットから出して智恵子に渡した。白く美しいハンカチが三枚入っていた。「ハンカチは貰うものではないんですって」と言って机の中から一銭玉を出して手渡すと、杉本は笑いながらそれをポケットへしまった。

母は外出中で、智恵子一人であった。のどがかわいたというので、葡萄酒を水で薄めて運んできた智恵子を、杉本は坐ったまま気になるほどいつまでも見ていた。

「わがままだけれど帰るまで待っていて」

と杉本は言った。夫の言葉のとらえがたさは気にかかったが、智恵子は問い返さずにいた。杉本は玄関の前に立って見送る妻に曲り角で振りかえり、微笑を残して去った。

上野発青森行き夜行列車で出発する手筈である。この夜、恋人たちは列車のデッキに並んで、ただ一人の見送り人である竹内京子に別れを告げた。

智恵子の母ナホは、晩年になってから、顔にナベ・カマのスミを塗って変装し、杉本を上野から青森まで連れていったという話を孫たちに語って聞かせた。ナホはほとんど口もきかないオドオドした物腰の女性であったという。杉本のこの旅が、共産党員としての任務達成という一点に絞られたものであったのなら、智恵子やその母の協力を乞いもし、智恵子は喜んで、誇りに思って万全の処置を講じもしたであろう。

しかし、コミンテルンとの連絡の復活を命じられてから五年余もたっている。指示を仰ぐべき党中枢は壊滅してしまっていて、この任務の実効性はどこかあやういところがある。そしてこの越境にもう一人燃える火のような同伴者があることはいずれ明らかになる。杉本が変装した杉山ナホに連れられて特高の目を逃れ、青森まで行ったという話には、やはり根拠がないように思える。

杉本の胸中は苦渋に満ちていたであろう。社会情勢は暗黒といっても、その渦中でたたかいつづけようとしている仲間たちがいる。その同志たちと別れ、越境事件によって命にかかわる打撃を蒙《こうむ》るであろう妻を残して行くのである。苦悩は、杉本良吉が一人で背負うべきものであった。

杉本良吉と岡田嘉子が国境線を越えたのは十三年一月三日午後四時頃、すでに薄暮であった。

3　病床にとり残されて

置き去りになった智恵子は、健気に生きようとしていた。十三年の初夏、佐多稲子は数寄屋橋の雑踏の中で出会った智恵子の姿を『灰色の午後』に描いている。智恵子は灰色のスーツにベレー帽をかぶり、「私、今日、芝居を見てきましたの」と言った。「それは卑下と傲慢とのまじりあった、ちょっと強気の、性格的な笑いであった」と書かれている。智恵子はあきらかに無理をしていた。無理にも起きて出歩かずにはいられない気持であったのであろう。杉本との倖せな日々の記念のように、ふっくりと健康そのものの美しさを一枚の写真に残している智恵子は、夫の越境後の写真では頰の肉は落ち、眼ばかりが大きくて、悲しくきびしい表情になっている。

大久保の吉田家を訪ね、杉本と弟の二人が寝起きした部屋から弟の歌声が聞えてくると、「声だけ聞いていると、ほんとによく似ている」

と智恵子はなつかしんだ。弟の好尚は、越境事件のあと、新聞記者から「岡田さんとは前からおつきあいがありましたか」と聞かれて、「そんなこと絶対ない。兄さんには智恵子さんがいる」とつよく否定した。「どこにいますか」と聞かれてつい智恵子の住所を明かしてしまい、智恵子のすまいへ新聞記者が押しかける結果になったことを詫びたいと思いながら、義姉の心の疵《きず》にふれるこの話題をなかなかもちだせずにいた。

昭和十三年は台風の多い年であった。中でも九月一日未明に東京をおそった台風は多くの被害を出し、智恵子の住む東京麴町付近は午前三時の風速二十二・三メートルを記録した。

結核の大気療法が信じられていた時代で、智恵子のいる二階の寝室の窓はいつでもどこか開いていた。そこから一気に吹きこんだ風は屋根を吹きとばし、溜り水と風とが病床へおそいかかってきた。

智恵子は階下へ逃れようとして闇の中で滝のような水に足をとられ、上から下まで階段をころげ落ちた。夏以来三十八度から九度の発熱があり、気力で辛うじてもちこたえてきた病状は、この日をさかいに悪化した。

宮本百合子と佐多稲子は、智恵子の病状が悪いと聞いて、九月の半ば過ぎに見舞いに出かけた。二階へあがってくる二人の気配に、智恵子は「ああ」と顔を向けてほほえもうとしたが、その目はたちまち涙でいっぱいになった。

「弟などは療養所へ行けっていうんですけど、私はこのままお母さんのそばにおいてくれって言ってますの。瘦せましたでしょ」

「八貫目（三〇キロ）位になってしまって」

　と智恵子は訴えて、

「……まだ死にたくありませんもの」

　と「はあっ」と息をして泣いた。帰り道、宮本百合子は言った。

「女の経験する悲しみなんて、何と哀れなの。けなげだということが哀れだなんて、辛い。あのひとなんか理性的に堪えようとして、それでいてやっぱり、感情的になっていたのね。そうなるのはわかるけれど」（『灰色の午後』。作中ではそれぞれ別名になっている）

　まだ死にたくないという切実な思いとともに、弟の利一に療養所へ行けと言われた悲しさが、夫の同志であった二人の先輩女性の前で、はじめて智恵子を泣かせたのである。杉本の家族も、智恵子の生前、一度だけ泣いた智恵子をみている。利一から療養所へ行けといわれ、「姉さんみたいな人がいるから、嫁がもらえない」といわれたと言って、智恵子ははじめて泣いた。

　夫におき去られた上、倒れるまで働いてささえた一家の荷物のように扱われる――これは残酷という以上のものであった。智恵子は外へ向っては健気に理性的に生きているように見せていた。しかし人間の心がそれほど強く冷静なものとは思えない。家族に対してはグチも怨みごとも言ったであろう。病勢が進んで下《しも》の始末もナホの手をわずらわすようになり、それでもなお、しつこく、女であることのあかしのように月々の生理はある。それもすべて母親に始末してもらわなければならない。病気はいつになったら治るのか。いったい治る日が来るなどと考えることができるのか。この業病を背負いこむことと、家族の歴史との切っても切れない因縁を言えば、それは繰《く》り言《ごと》になる。度重なれば、利一は姉の言葉を身勝手ともわがままとも感じとったかも知れない。社会人になり、杉山英樹の筆名で評論活動をはじめていた弟は、彼自身の命の時間も短く切られていることなど考えなかったであろう。姉も弟も結核菌に侵されている。病人特有の癇がたかぶって互いにぶつかりあうとき、小康状態で生活をしていた弟は、姉にむごい言葉を投げつけもした。どちらも不幸だった。

病床の智恵子は、夫から贈られた『プーシキン詩抄』（上田進訳）をくりかえし読んだようで、現在わずかに残された遺品の中にこの一冊がある。

「友よ信ぜよ——やがて心をときめかす
　幸福の星が空にかがやき
ロシアは夢からさめるであろう

そして専制政治の廃墟の上に
われらの名前が記されるだろう！」（「チャアダエフに」）
最後の三行の上へ弧を描いている軟い鉛筆の跡は、杉本が記したのだろうか。
「旅の繰り言」の二聯目、
「親ゆずりの田舎の野で息をひきとり
先祖代々の墓に入るようなことにならずに
僕はきっと大道のまんなかで斃《たお》れるように
運命をさだめられているのだろう」
という四行にも、同じタッチのサイドラインが残っている。この詩は杉本良吉の行末を暗示しているようでもある。

智恵子の命は燃えつきかかっていた。

十三年十一月五日、大学から家へ帰った吉田好尚は、母の隆から、

「きょう智恵子のところにいったら、ミカンが食べたいといっていたから、これから持っていっておあげ」

といわれ、缶詰を三つもってすぐに義姉の家へ急いだ。智恵子は非常に苦しそうであま

り話もしなかったが、やがて「尚《ひさ》ちゃん、今日はちょっと苦しいからもう帰って……お母さんにお礼をいっておいて」と言った。そして黙って掛ぶとんの端からあお白い細い手をさしのばした。自分にさしだされた手であると思いながら、智恵子が手を握ってほしいのは兄であろうと思って弟は手を出しかねた。智恵子は黙ってふとんの中に手をかくした。

「それまでは、姉がもうダメだと思ったことはなかった。しかしその時だけは、――姉さんはもうダメなのではないか――そう思うと私はそのまま家に帰れなかった。市ヶ谷の土手の松林の陰で、一本の松にしがみつくように私は一人で声をあげて泣いていた」（吉田好尚「兄杉本良吉のこと義姉のこと」『赤旗』一九七二年十一月二十一日）

夜が来ていた。智恵子は義弟が帰ると、待っていたように、小用をたすため母を呼んだ。ナホがうしろから抱えおこしたとき、智恵子は一、二度ゴクリと息をして容態が変った。絶命は午後六時四十分であったという。三十歳であった。

出棺のとき、吉田隆はいつ持ってきたのか杉本良吉の写真を智恵子の胸元にさしいれた。

「智恵子、堪忍しておくれよ。いっしょにおいで」

花に埋った智恵子の死顔に宮本百合子は「ああ、きれいだ」と呟いた。人々の号泣する中で百合子の目に涙はなかった。もう一人泣いていない人間がいた。智恵子の母ナホである。ナホは柱につかまったまま、虚脱したように立っていた。

杉山英樹（利一）が昭和十七年に出した『バルザックの世界』には亡き姉智恵子への謝辞が書かれている。しかし英樹は幾冊かの著作の中で、姉についてもおのれ自身についてもなにも書き残してはいない。英樹は敗戦後、日本の革命運動の前途に希望を抱き、病軀もかえりみずに奔走して斃れる。二十年十月十日、徳田球一、志賀義雄など、治安維持法によって獄中にあった人々が出獄、「出獄戦士歓迎人民大会」が開かれ、参会者二千人は赤旗を先頭に雨の街へデモ行進に出た。その中に杉山利一もいた。姉の婚家先へ帰ってきたとき、背広はしぼるほどびっしょりになっていたという。

利一は二十一年の四月一日、埼玉の疎開さきで孤独な死をとげた。最後には立てない躰を無理に起し、「死人よ歩け、死人よ歩け」と呟きながら障子の桟につかまって歩こうとしていたという。

利一の最後の本は戦争中に書いた論稿をまとめたものだが、刊行は死の翌年、二十二年十月である（杉山英樹『作家と独断』）。『現代文学』に拠る同人として生前親交のあった平野謙が「略年譜」を書き、「あとがき」を書いている。そしていつの間にかすっかり失われていた杉山智恵子にいたる手がかりは、結局この「略年譜」にひそんでいた。

母のナホ、利一より十一歳若かった妻光子、三歳の長男直樹があとに残った。光子は子供をおいて東京の実家へ帰り、二十二年の九月十七日に二十六歳で亡くなる。死因は肺結核であった。直樹は子供のない夫婦のもとへ養子縁組し、戸籍の上での杉山家は、これでたえる。

杉山利一と光子の結婚式（昭和十五年）にも親族として出席した吉田隆は、二十七年十二月十三日に七十四歳で亡くなった。この年は、モスクワの岡田嘉子の健在が伝えられ、すでに噂のあった杉本良吉の死は決定的になった。隆は子供のようになっていたが、息子の生存を信じたまま死んだ。越境事件以来、いつか帰ってくると、毎夜、玄関はしめても雨戸は開けてあったという。

杉本良吉は越境の三日後岡田嘉子と別々にされ、十四年十月二十三日、肺炎によって死んだという。入ソ後の一年九カ月をどのように過したのか。どの収容所で、どのように死んだのか確かなことは伝えられていない。ソビエトはスターリンによる粛清の狂気の嵐の中にあった。

「スパシーボ（ありがとう）」と「ウボルナイ（便所）」の二つの単語を教えられただけで杉本と引き離された岡田嘉子は、戦後、五十代を迎えてからモスクワの演劇大学に学び、「ソビエトで演劇活動をしたい」という越境の夢の一部を結実させている。現在、国籍はソビエトにある。このひとの行動力と楽天性、そして生得の勁《つよ》さはやはり例のないものというべきであろう。

杉本良吉の遺体はどこに埋葬されたのか。吉田家代々の墓は東京巣鴨の染井の墓地にあるが、杉本良吉は昭和二十九年、東京青山の「解放運動無名戦士」の墓へ合葬されている。

杉山智恵子、利一、そして光子、昭和三十年十月四日八十歳で亡くなったナホの遺骨は、足利市の徳蔵寺にある杉山家の墓におさめられた。智恵子たちの祖父が個人で奉納したという五百羅漢で知られる寺である。

チフス饅頭を贈った女医

チフス菌饅頭事件の公判

哀れ女心のうす化粧

異彩を放つ咲山女史

事件の公判を報じる当時の地元新聞

1　医学博士号

昭和十一年十二月、東京で一つの心中事件が起きた。心中・情死のニュースは珍しくない当時の世相だが、この夫婦心中には異色の要素がからんでいる。

夫Tは三十三歳、ある病院の産婦人科医長であり、この年の春結婚した妻は二十一歳の若さであった。服毒自殺をした妻の遺骸のかたわらで、夫は拳銃自殺をとげている。

心中に至る理由の最大のものは、Tの実父による「学資」の返還要求であったといわれる。昭和三年春に北大医科を卒業し、病院勤務となったTは、臨床のかたわら「死胎児稽《けい》留《りゅう》に関する実験的研究」の学位論文をまとめ、八年には医学博士となり、ついで産婦人科医長の椅子を得た。

Tは再婚であった。最初の妻は極度に病弱であり、自分から離婚を求めてT家を去ったという。再婚した妻はTの竹馬の友の妹である。

しかし、Tの父はこの嫁との折合いが悪く、そこから家族関係は縺《もつ》れていった。

父親は息子が医博になるまでの学資と称して金一万円也の借用証書を作成し、毎月二百円ずつ返済する条件でTに捺印させた。

T夫妻の心中を、単純にこの借用証書一枚の結果とみることはできないが、実の親子の間でも、医学博士になるための投資額がほぼ一万円の値《あたい》をもったことを推定する手がかりにはなろう。

今日では、患者一般は医学博士であるか否かで医師の選択をすることはすくなくなった。学位は本人にとっての名誉であり、学会においては重要不可欠な勲章であるのかも知れないが、医学博士がつねにすぐれた臨床医であるとはいえない。「投資」云々の面でいうなら、「医師になること」それ自体がひとつの事業になりつつある。医大の裏口入学詐欺事件の例をみても、億単位の「投資」によって医師になる例もあるようないやな世相である。全資産をつぎこみ、辛苦の人生に耐えて子供を医師にした親たちは、その子に棄てられたとき、どんな対応をみせるのだろうか。

T夫妻の心中事件には、医学博士の肩書きが一枚看板として稀少価値をもち得た時代背景がある。そして、心中したT夫妻と同じ時代に、夫の医学博士の栄冠獲得まで女医である内縁の妻が援助をしつづけ、念願かなって夫が博士となったとき、待っていたのは離婚であったという例がある。なぜ離婚を求められたのか、事件から四十年も経過して辿り直すと、男と女のからみはまさに藪の中である。しかし、六年間にわたって、妻は別居のまま夫に学資を貢ぎ、そして夫婦の共同目的であった博士号を夫が手にしたとき、その手は妻を拒んだ。女はどうするべきであったのか。

昭和十四年四月二十六日、神戸市舞子病院副院長伊藤光男（三十八歳　事件の直接当事者はすべて仮名）宅へ市内のデパートからかるかん饅頭一箱が配達になった。送り主は診療したことのある患者名である。伊藤家では長男である光男と弟Rがこの菓子を食べたほか、妹のF子が勤め先の小学校へもってゆき、職員室で同僚たちと食べた。

五月初旬から伊藤家の三兄弟が発病、腸チフスと診断されたほか、F子の同僚訓導九名が同じ腸チフスにかかって隔離された。そして五月二十三日、日頃から病弱であった光男の弟Rが敗血症によって死亡するに至った。

かるかん饅頭には、腸チフス菌ならびにパラチフスA・B菌が塗布されていたのである。

六月三日夜十一時頃、東京女子医専（現東京女子医科大学）出身の女医広川君子（三十九歳）が、勤務先の神戸市中山手通り、吉村内科医院から湊川署に連行された。単衣の和服に白い診察着のままの姿であった。君子は二日間犯行を否認しつづけるが、眠る時間も与えない執拗な追及がなされたのであろう。六月五日の早暁、チフス菌を塗ったかるかん饅頭を伊藤光男方へ送りつけたことを泣きながら自供した。

伊藤光男と広川君子は、かつて夫婦であった。なぜか世間には秘し、入籍もしなかったが、夫として妻として六年間を過した過去がある。昭和六年四月十日、光男の父の家で、双方の父兄が出席して結婚式もあげている。だが、同棲した日数はきわめて短い。博士号を得るべく母校の京都大学に残った夫にかわって、君子は郷里のK市へ帰り医院を開業、夢中で働きつづけた。

光男の研究論文は「電気心働図によるT波実験的研究」である。この研究によって文部省から医学博士の認可を受けたのは、挙式から丸五年たった十一年五月二十五日であった。君子は京都から遠く離れたK市でこの吉報に接し、泣いて喜び、その夜は一睡もしなかったという。夫より一歳年長の君子は、数えの三十六歳になっていた。

夫から電報を受けとった翌日、君子はさっそく上洛し、夫のもとに急ぐ。そこから暗転がはじまった。

伊藤光男の家は、祖父の代までは名の通った醬油屋で、船ももち、大阪・若松間の石炭運送にあたるなどしていたが、祖父の死以後、神戸へ出てきた。家計は貧しく、三高、京大医学部に学んだ光男の学費は、ある資産家から出されている。

広川君子は医師を父に男兄弟の一人娘として生れた。大正十三年十月に東京女子医専を卒業している。在学中に父親を喪《うしな》っているが、文字通り良家の子女、お嬢さん育ちであった。胃腸の病気をして卒業が一年遅れたというが、卒業成績は中以下のところにある。

吉岡弥生が、男の医学生にまじって本郷湯島の済生学舎に学び、内務省の医術開業試験にパスして医師免許証を受けたのは、明治二十六年のことであった。

そして、吉岡弥生創設の東京女医学校の第一回の卒業生が生れるのは、明治四十一年であり、竹内茂代一人である。その後、明治四十五年に修業年限四年の東京女子医学専門学校の設置が認可された。

君子は大正八年春に郷里の高等女学校を終え、父親に連れられて上京、東京女子医専に入学した。まだ、婦人弁護士は生れていない。女医は、女性の専門職としてはトップに位置し、ごく限られた女性だけが医師になることができた。結婚（とくに出産と育児）を考えて開業医になる女医が多かったというが、病院に勤務医として勤める場合も、きわめて高給であったという。

卒業の翌年二月、神戸市民病院（院長吉村良一）に就職した広川君子は、やがてそこで京大医学部から実習に来た医学生たちと知り合う。いちばん年長の学生が伊藤光男だった。二人がはじめて会ったのは、昭和四年の夏。翌五年、最終学年の四年生として最後の実習に来た伊藤光男は、八月の下旬に君子に求婚した。

どちらがさきに愛情をいだき、どちらから求婚したのか。愛情の芽生えは正確にとらえにくくても、求婚という行為ははっきりしている。しかし、伊藤光男は事件後の病床の手記で、

「私は彼女の淡白そして純情な性格を愛し、やがて彼女の申入を受入れ、翌昭和六年四月大学卒業と同時に、両家の諒解のもとに結婚しました」（傍点引用者）

と書いている（『週刊朝日』十四年七月十六日号）。つまり女の方から求婚したということである。しかし求婚が男の方からなされていることは、事件後の裁判の場へ証人として出廷した伊藤光男自身が証言している。

麻雀をしたり、映画を見にいったりの間柄になっていた君子は、光男から結婚の申込みを受け、相手がまだ学生であり、自分より年下であることも考えて一度はことわった。しかし、再三の求婚を受け五年の十月初め頃には肉体関係をもつに至った。女の側から経済援助がはじまった。

どちらが求婚したかは、それほど重要なことではない。互いにひきつけあうものを感じ、愛し合い、そして結婚へという運びになったのであろう。しかし、光男の病床手記が、まるで年上の女の強引な求婚に押しきられたように書かれているあたりに、この「結婚」に

対する二人の立場の微妙な食い違いがうかがえる。

伊藤光男にはオーナーともいうべき学資を多年補助してもらった恩人がある。その恩人の手前、卒業と同時に結婚することは具合が悪いと考えたのか、君子との結婚を世間にかくした。結婚式はあげたが、君子の側は兄一人の出席しか許されず、ごく限られた出席者だけであった。伊藤家の両親や兄弟には引き合わされても、その他の親族にはまったく披露されない嫁であった。しかし、君子は結婚の当座、夫のおかれている立場を理解し、博士になるまでの辛抱と承知して、この「結婚」に踏みきったようである。

新婚旅行の費用は君子が出した。夫婦として暮したのはわずか十日間、君子は病院勤務をやめ、夫と別れて郷里へ帰り女医として開業した。

帰郷後君子は妊《みごも》っていることを知った。働いて夫に学資を送らなければならない身にとって、開業早々の出産や育児は望ましいことではなかった。

高熱がつづいたことを理由にして、君子は六年六月にこの子を人工流産している。京都にいる夫とも相談し、夫も諒解の上のことである。女一人が生きてゆくだけでも容易ならない時代に、医学博士をめざす夫に仕送りをつづけるという苦闘の生括がはじまった。

「伊藤は当時神戸市民病院に勤めていた私に、学資補助として月に少くも六十円を要求したが、私が病院で貰う月給は九十二円であり、その中から六十円を月々仕送りしていたが、これではつづかないので、開業医となったら私は余裕も出来るかと決心して、郷里に帰った。

実家で開業をはじめたものの、田舎の農村も疲弊し、患者も現金で支払うものは少く、月々伊藤に送る六、七十円が私の収入のほとんど全額であった。往診にも自転車で四里の坂道を往復した。ただ、兄のもとにいたので私自身の生活費がいらなかったので、そのころは苦労とは思いませんでした」（君子の公判廷での供述）

結果から見ると、「結婚式」は、別居結婚を互いに諒解しあって君子が郷里で開業するための、一つの儀式であったように思える。

郷里での開業も、村に二人しか医師はいないということであったのに四人の開業医があり、見込み通りにはゆかない。人のいやがる伝染病患者や、車も通らない険しい山道をこえてゆく患家をみることになった。風雨もいとわず、昼となく夜となく働きながら、着物はいっさいつくらず、化粧品も買わず、弟に五十銭の煙草代を求められても貸さない。抱えの車夫に支払う給料を待ってもらって、ようやく夫への送金額を調達するという生活がつづいた。往診に出歩くため、すっかり陽に灼け、東京の水で洗練された容貌もいつか「田舎の女」のそれに変った。

九年二月、君子は京都にいる夫を訪ねた。あまり長い別居生活で間違いができてはいけないと考え、また君子の兄一家が東京へ行くという話もあり、夫との同棲を相談するためである。

夫の答は、「二人で開業してから同棲しよう」ということであった。君子は大阪府下茨木町に古い医院が売りに出ていることを知り、貯金と兄からの借金のあわせて千二、三百円の資金で開業した。九年四月のことである。しかし夫は口実をかまえて越してこない。一週間か二週間に一回、泊りに来ては帰ってゆく。近所では「妾だろう」などという噂が流れ、医院の成績もあがらないまま、五カ月後にはここを畳んで郷里へ帰った。

十一年五月、夫の学位獲得の報に君子は雀躍《こおど》りせんばかりの思いで京都市今出川の法泉院に起居する夫を訪ね、同棲を迫った。婚約したとき、「長い間は待たせない」と伊藤は約束していた。五年余りの別居は短くはないが、ともかく夫は約束通り、目的に到達したのである。互いに結婚を公表するのは遅すぎるほどの年齢であり、二人の同棲を妨げる障害など、なにもないはずであった。だが、君子の期待に反して、夫の態度は曖昧であった。なぜはっきりとした答がないのか、その点も煮えきらないままであった。

十一年九月に、伊藤は舞子病院の副院長に迎えられるが、君子の胸中の疑惑は次第にふくれあがってゆく。

京都へ訪ねて行った折、伊藤は主任教授に君子のことを問われて、

「郷里の親戚の女です」

と紹介した。下宿の引出しをあけてみると、たくさんの女性から手紙が来ていたり、いっしょに写した写真があった。博士論文の印刷費に必要だからといわれて君子は三百円送金していたが、その金はひそかに貯金され、伊藤の郷里での学位獲得祝賀会の費用に使われていた。

君子にしてみれば、妾よばわりされたり、情夫に貢いでいるのだろうと白眼視した郷里の人々に、医学博士となった夫を披露し、積年の思いを晴らす待ちに待った日の到来である。だが、君子の懇請を無視して、夫は妻の郷里に姿を見せようとはしなかった。

アルバムに夫といっしょに写っている女性が花束をもって夫の下宿を訪ねてきて、君子とばったり顔が合うこともあった。夫が世間に対してずっと「独身」で通してきたことは、妻にとっては耐えがたい屈辱と不満、疑惑の種子になる。夫から納得のゆく言葉を得られぬまま、君子はかさだかな物言いをし、夜叉のような顔をもみせる女になっていったであろう。不貞腐《ふてくさ》れもしたと思われる。

夫の側には、妻が仕送りを鼻にかけ、恩に着せることをわずらわしいと思う気持がいつの頃からか生れている。その妻をいっそううとましく思い、家事もできず、女らしくもな

く、結婚相手としては不都合と考えるのは、博士になったあとである。献身だけを強いられた五年余ののちに、いつになったら同居できるか確答を与えられない妻の荒《すさ》んでゆく言動が、逆に夫に口実を与えた。しかし、学資の援助が必要なときには黙って「夫婦」でありつづけ、学位を得て前途がひらけたとき、妻としての適性を云々し、同棲を回避しようとしたところに、男の側の計算と身勝手さがある。

十一年の十一月には、「年が明けたら引きとりたい」という手紙を君子の兄に送りながら、翌年二月には、

「不自然な結婚をしたので、今来ては困る。近いうちに開業するからその時でも遅くはあるまい。つまらぬ男と結婚したと諦めてくれ」

という手紙を送った。君子は直ちに神戸へ出て、旅館で夫と落ちあい、

「あなたは独身を終始主張し仮面をかぶっている」

と詰問した。夫は、

「院長が女医などと結婚してはいかぬといわれた」「院長は自分の独身を信じている」「自分が開業すれば、一万円くらい貸してくれる人がある」

などと言った。夫がはっきり言葉に出せずにいるのは、すぐの同棲は困るということである。「それでは開業はいつなのですか」という妻の問に対しては「わからない」と答え

るだけで、いっこうに要領を得なかった。ここに至って、妻の立場は微妙に弱いものになった。君子の十二年二月二十二日付の手紙がある。

「(前略)顧れば長い六年の間、あなたが私を利用して金の切れ目が縁の切れ目の態度をとり、恬然《てんぜん》たる、しかもどこまでもよい子で終ろうとしているのはあまりに虫のよすぎる話ではありますまいか。長い間、都合のよい時には金をとり、さて就職に際しては六年間の労苦に対して一言の挨拶もなく自分で就職をきめてしまい、(中略)今わずらわしき数々は、すべてあなたの都合のよい利己主義に終始していると申上げても過分ではあるまいと存じます。あなたと私との間があなたの利己主義に出発しています以上、この如き結果を見るは当然であることをよく承知していましたけれど、予期以上のあなたの態度に、いまさらながら自分の馬鹿さ加減を自嘲しています。

ここに来ては都合が悪い、いつか来て貰う時もあるという手紙をよこして下すったきり、音沙汰がございません。あなたもお金の入用の時は随分お手紙をよこして下さいましたっけ。(中略)私は長い六年間、あなたの利己主義に引きずられ、世間の人から嘲笑をあび、今この如き結果となっての人の物笑いを御想像下さいますれば、これ以上私を侮辱しないで下さいませ。いまさら周囲がうるさいとか、来て貰ってならないとかいう言葉を聞こうとは思ってはいませんでした。どこまであなたは私を侮辱なさるのでしょう。……」

離婚を先に口にしたのは、妻の方であったかも知れない。別れたくて言ったのではなく、いわば女の常套句としての攻め口である。しかし、夫の側から「それなら離婚しよう」という言葉がはね返って来た。五月、君子は兄に連れられて伊藤光男を訪ねて行った。兄はそれまでのゆきがかりをいっさい問わず、試験的にでも妹を伊藤家へ迎えてくれるように懇願した。

その結果、ほぼ一カ月間の同棲生活が実現する。しかし、他人の目につくから二階にいるようにといわれ、カーテンやスダレで外界から遮断され、下駄はかくされ、電話口にも出させないし、洗濯もおおっぴらに出来ない生活であった。

君子は満足せず、頼まれ仲人を勤めた人物も仲介の手をひく。当時、フランス映画『格子なき牢獄』が封切られて話題をさらっていたが、君子は自らの生活を格子なき牢獄であると感じた。離婚についての話し合いが煮つまらぬまま、義父から「出てゆくように」といわれて君子は婚家を去る。神戸で結婚し開業している同窓生のもとへいったん身を寄せ、ついで旧知の吉村医院の一室に住みこんで女医の生活へ戻った。

二人の離婚には、示談というじつに後味の悪い付録がからんでいる。それが広川君子を犯行へ踏みきらせる大きな要因になったとさえ思える。しかしこの事件の審理では、弁護士も検察官もこの点について深く立入ろうとしなかった。示談にかかわった一人の弁護士の職責上の汚点、もしくは人格にかかわる事柄であったせいかも知れない。「殺人並びに殺人未遂罪」で起訴された広川君子を裁く上で、この示談はひとつの鍵であった。裁判官は職権で調べることができたのに、なぜかしていない（神戸地裁での主任判事であった大塚俊勝談）。

示談をまとめたのは亀田弁護士である。君子は婚家を出され、解決の方策を求めて弁護士の亀田のもとへ相談に行った。これは彼女一人の判断であったらしい。老齢の亀田弁護士は伊藤光男と同腹であったという噂もあるが、「婚約不履行」の訴えを起そうという君子に、高額の慰謝料をとることで憎い相手に苦痛を与えることができるではないかと説得した。

医師としては診断も確かで、男に生れればよかったと吉村博士に評価されていた（吉村良一夫人美代の話）という君子は、白衣をぬげば世間知らずの、無防備で無知な一人の女でしかなかった。

たとえ三万円積まれても、十万円積まれても、金で解決するのは嫌だといいながら、君子は七千円を伊藤に出させる条件で訴訟をあきらめて示談に応じてしまう。

その金額も、はじめは一万円を要求するという話が、弁護士の報酬四割を放棄するから残る六割の六千円にしようと亀田弁護士にいわれて同意し、六千円なら相手が容易に出しそうだということで七千円の請求額になった。支払いは分割でなされ、報酬を放棄したはずの亀田弁護士は報酬四割をさしひいた金額を君子に渡したから、彼女が受けとったのは四千二百円になった。まるで計算されたように、六年越しの結婚生活で君子が夫に貢いだ金額とほぼ同額である。

この支払いとひきかえに「双方の名誉を尊重し、これを毀損するようなことは一切しない」という誓約書に捺印して事は終った。十三年二月のことである。君子は「私は何も知らずに印を押しました」と法廷で語っているが、君子の気持が納まるような決着ではない。間に立った弁護士一人の「裁量」なのか、亀田弁護士と伊藤光男とが談合した結果であったのか、あるいは伊藤博士の前途を考えた第三者の介入があったのか。そしてこの示談の途中、親代りである君子の兄も話し合いにからんでいる。誰がどう計ったのか、君子は現在、黙して多くを語らないから、ついに真相はわからない。いずれにせよ、広川君子は別れたくはなかった相手との離婚の示談で、もう一度欺《あざむ》かれ裏切られた女になった。

この決着のあたりから、広川君子は知的な訓練を受けたことのない女一般のレベルへとずり落ちてしまう。

君子が神戸市の教育課長あてに伊藤やその妹F子を誹謗する投書をしたのは、「女の力では、これくらいのことよりほかに復讐の方法がない」と考えたからであるという。理性も分別もどこかへ押しやられてしまった。

夫の経済状態から考えて「七千円」を要求すれば苦しむであろうと予想したのに反して、伊藤家では父親も就職し、舞子病院副院長として伊藤の収入も増え、さらに院長の援助もあり、伊藤が特に苦しんではいないことがじわじわと君子に伝わってくる。

「私の目的は達していないと思いました。伊藤は私一人を犠牲にして、しかも世間に恬然としていささかの同情もせず、世間を瞞着して安心したというような態度がみえたので、かえって私は私の不幸をいっそう考えるようになりました」（神戸地裁第二回公判での君子の供述）。誰かに謀《はか》られ欺かれたような示談の結果、君子は手負《てお》いのけもののようになった。

2　愛怨のチフス菌

吉村博士のもとで医師として働きはじめていた君子は、示談の二、三日後、神戸の秘密探偵社から伊藤の縁談に関する身許調査がきたことによって、さらに裏切られたものの悲哀を痛感することになる。

伊藤家から送り返されてきた君子の荷物からは、君子が愛蔵していた句集がぬきとられ、伊藤と二人で写した写真も写真帳からはぎとられていた。世間に対して二人の過去を消すためと考えれば、男の卑劣さはたえがたいものに感じられた。しかもわずか四円ばかりの運賃であるというのに、金銭関係は示談金ですべて終ったというのか、着払いになっている。これも快いことではなかった。

新聞には、「内科呼吸器科　舞子病院」の広告が出ていて、いやでも目についた。院長の名前にならんで、副院長医学博士伊藤光男の文字がピタッと視線にはりついてくる。博士になったのは誰のおかげなのか。女ざかりのかけがえのない歳月を踏みにじり、感謝の言葉も謝罪の言葉もなく、名目だけの示談金で過去を清算し糊塗した男が、苦しみも恥も知らずに生きてゆくのか。不本意な決着をつけさせた亀田弁護士は示談成立からいくばくもなく死んでいた。君子の心を出口のない忿懣《ふんまん》と寂しさが支配するようになった。

「郷里にも帰れない、友達にも顔向けできない不幸。伊藤は私の心を知るまい。人の心を知るまい。もしも伊藤が病気になって苦しむことがあれば、人の心、人の気持がわかるだろう。伊藤は肉体的にも精神的にも物質的にも苦しんだがよい。肺病かチフスにかかり苦しむことがあればよい」

そう思いつづけることが三十代を終りかけているこの女医を支えていた。伊藤家との縁

が切られた十三年の四月と九月の二回、チフス菌を入手し、

「夜、吉村医院の自分の部屋でこの菌を前にして、ラジオすら電波が伝わって音を発するのであるから、自分のこの思い、この怨みも電波となって光男の身許に伝わり、彼がチフスになって苦しむように」

と祈った。

当時、伝染病棟はチフス菌患者で満員というくらい、チフスは珍しくない伝染病であった。そして医師たちはめいめいに細菌の培養をしていたから、チフス菌は医師である広川君子のすぐ手近にあった。

念力でチフスの感染を祈る心理と、食物にチフス菌を塗って送り届ける行為との距離が消えるのに、ほぼ一年間の懊悩の時間がある。

別れた伊藤光男が順風満帆の人生を送っているように見えるのに反して、広川君子は心の晴れる日を持ち得なかった。

十四年四月八日は君子の亡父の命日である。父の写真を祀り霊前に花を供え、伊藤に苦しみのもたらされるよう父の霊に訴えた。十日は別れた夫との結婚記念日である。薄れてゆくべき記憶はかえってまざまざとよみがえってきた。

このあと、弟の出征を見送った君子は、独りものの女としての悲哀と惨めさを改めて感

じた。君子は安らぎの場所をどこにも見出せなくなっていた。

四月二十四日午前、君子は吉村博士のかわりに往診にゆき、帰りぎわに患家からカステラを贈られ、吉村医院へもって帰って食べた。チフス菌を手許において光男のチフス罹患を念じてきたことの、児戯に似たむなしさを君子は思う。このとき、君子の手には、二十日に市内の木村細菌検査所から入手した培養基があった。

二十五日、君子は市内のデパートへ行き、かるかん饅頭を買った。この日、彼女は生理日でもあったという。試験管三本に、チフス菌、パラチフスA・B菌の三種を分けてもち、デパートの便所で饅頭の表面に菌を塗りつけたというのが、裁判記録に残された「事実」だが、実際は一度吉村医院へ持ち帰り、自室で菌を塗ったのが真相のようである。

デパートの配送係は疑いをもたなかった。チフス菌に汚染されたかるかん饅頭は、翌二十六日、伊藤家へ配送になった。

事件発覚後、警察は女一人の犯行とは考えず、木村細菌検査所の所長も、君子が寄寓したことのある同窓の女医も共犯関係を疑われた。女医が伝染病の細菌を手段に使った犯罪として、このケースは日本の犯罪史上はじめてのものだったのである。

結局、六月十五日に広川君子一人が殺人並びに殺人未遂罪で起訴、医師免許取消しの処置がなされる。八月九日、予審の取調べが終った。予審終結決定書の文中に、「(男は) なんら首肯し得べき理由を示さず、被告人の全生涯の努力と幸福とを蹂躙《じゅうりん》したるため、男に対する最愛の情より一転して憎悪と化し……」の表現がある。専門的な知識と特権を利用し、また結果について適確な予見をなし得る医師がこの種の事件を起したことは、通常の犯罪よりも責任の重い部分がある。しかしその動機についての裁判所の判断は、予審から大審院の決定まで変らなかった。男の側に非があるとしたのである。男優位の社会であっても、すべてが男に有利に運んだわけではない。むしろ伊藤光男は、不徳義な人物として世間のきびしい指弾にさらされた。

裏切られた女の愛怨が生んだ犯罪——そう考えれば、これはありふれた事件である。当事者が女医と医学博士であり、人々がおそれる細菌が使用されたことだけが異質であった。しかし医師も人の子であり、煩悩の闇にとじこめられれば職能も影が薄れる。逆にチフス患者やチフス菌に接することが日常化している医師にとっては、しろうとが感じる細菌への恐怖感もどこか稀薄であった。

事件が起きて間もなくノモンハン事件が起き、無敵をうたわれた関東軍はソ連軍 (及び外蒙軍) により惨敗を喫していた。さらに独ソ不可侵条約が締結され (八月二十三日)、時の平沼騏一郎内閣は「欧州の情勢は複雑怪奇である」という声明を残して退陣した (八月二十八日)。

それまで、日本の国論を二分していた日独伊三国同盟問題も、いっとき沈静する。そして九月一日、ドイツ軍はポーランドへ侵入を開始し第二次世界大戦が始まる。

日本国内では生活必需品がそろそろ逼迫《ひっぱく》しはじめ、戦時色は日に日に濃厚になってゆく。いわば一組の男女の情痴打算の産物であるチフス饅頭事件など、紙面をさくに値しない時勢になっていた。東京の新聞はこの事件についてきわめて簡単な報道しかしていない。

しかし関西、特に地元の神戸で発行される新聞は、異様なまでの熱をこめてこの事件を追った。

公判は神戸地方裁判所で開かれているが、十四年十月五日の第一回公判から十一月四日の判決言い渡しまで、裁判所は前夜から泊りこみで押し寄せる傍聴人の整理に忙殺された。傍聴人の半数以上（ときには九割）は女性であり、君子に同情する嘆願書は全国から裁判所へ届いた。

「暁から女の津波」と新聞は傍聴希望者の殺到を形容し、君子の供述を聞いて啜《すす》り泣く声が傍聴席にひろがっていったことを書いている。医師にあるまじき行為であるという批判、職業婦人の今後にマイナスの影響を与えるという非難もあったが、圧倒的に同情の声がつよかった。

広川君子の主任弁護人は、昭和八年、時の文相鳩山一郎から「アカ」よばわりされて京都大学法学部教授の座を去った刑法の権威者滝川幸辰である。そしてこの事件には、京大とくに滝川幸辰とゆかりのある判事や検事が多くかかわっている。

この裁判の争点は、「殺人並びに殺人未遂」か、「傷害並びに傷害致死」か、殺意(故意)があったか否かにあった。チフス菌で汚染された饅頭を贈った結果、チフスに罹るだけでなく死ぬかも知れないと予見していたのであれば、「未必の故意」として「殺人並びに殺人未遂」の罪となり、罪状はきわめて重いことになる。広川君子は第一審から上告審まで、殺意はまったくなかったことを主張しつづけた。

神戸地裁へ和服姿に深編笠で出廷した君子は、夫の学資捻出のため働きつづけた苦労と、夫の豹変を淡々と語って傍聴人の涙をさそった。公判二日目の十月六日には、伊藤光男が証人として出廷し、被告席近くに坐った。二年ぶりの「再会」である。光男の証言の間、青木敬輔裁判長は君子に退廷を命じた。

裁判長「結婚申込みに際し、君子に経済上の援助を願ったか」

伊藤「全然ありません」

裁判長「結婚してのち学資の援助を申込んだことはないか」

伊藤「ありません。君子の方から話がありました」
裁判長「経済上困っているようなことは君子に訴えなかったか」
伊藤「それはあります」
裁判長「普通経済上困っているといえば、援助を頼むような意味にならないか」
伊藤「学校を卒業すれば相当の収入があります。結婚する上はいろいろ話し合わねばならないから経済上の話もしました」
裁判長「医学博士の学位を獲得するために女の力まで借りなければならない必要があるか」
伊藤「ありません」
裁判長「しからば女に学資を出させるようなことは男らしくないではないか」
伊藤「いまから考えればそう思います」
裁判長「被告人は当法廷で、伊藤は最初から計画的に学資を得るだけが目的であったというているが」
伊藤「そうではありません」
裁判長はこのあと、君子との不和の原因を訊いた。
伊藤光男は君子によって弟を喪い、自身もチフスで長らく病床にあった被害者である。

夫婦としてのいきさつは別として、チフス菌に感染させられた人間として、この法廷では思いきって発言できる立場にあったはずである。君子が妻としてとうてい耐えがたい女であったというのなら、公けの場で具体的に証言すべきであった。示談の問題をふくめて、すでに決着のついた関係であったとして、君子の犯意の不当を非難することもできたはずである。しかし、新聞が詳細に伝えている審理をみる限り、伊藤光男の証言はきわめて抽象的である。性格的なものもあろうが、「二人にしかわからない感情の縺《もつ》れがあり、夫婦生活をしたものでないと他人にはわかりません」という説明は説得力を欠いている。

　伊藤光男は一家の長男として、父母と同居しなければならない立場にあった。君子が夫の家族と折り合いが悪かったことの一端は、彼女が、

「あんな無学なお母さんは見たことがない、お父さんは甲斐性なしだ。あんな人とは一日も一緒におられません」

　と口走ったという光男の病床手記にも出ている。また、夫の家族から一方的に虐待され、耐えて涙をこぼしているような女性ではなかった強さは、第一審の法廷での、

「夫の性質はおとなしいが陰気な方であり、夫の父もおとなしそうだが猫なで声で、腹に一物のあるような人。母も口はやさしいがやはり同じようで交際嫌い。妹のF子は兄夫婦の離婚を家族中でいちばん強調した冷い心の持主。死んだ弟Rはむっつり屋の変人で笑っ

たことがない」

という君子の供述から推量されるところがある。

夫のために身を粉にして働いた実績はたしかにある。その自負が、「夫を夫とも思わない女」と別れた夫に法廷で言われるような言動となってあらわれたこともあり得よう。しかし、伊藤光男は妻の素行の悪さを破綻の理由にあげ、裁判長から「どんな点か」と問われて、「行儀が悪かった」と答えて傍聴席の女性群の失笑を買った。

君子を知る人々は、さっぱりした気性で冗談もいい、女らしいというよりは男まさりの女性であるという。君子の「つよさ」はこの法廷で自ら証明され、一方、人あたりはいいが優柔不断で、なかなか真意をみせないと評された伊藤光男の性格も、対蹠的に浮びあがった。

なぜ離婚に至ったか、君子が答を求めてついに納得し得なかったように、法廷でもあきらかにはならなかった。一人の経済力のある女性を利用し、役割が終ったとき切り捨てた冷酷非情な男という心証だけが残った。

結審の日、坂井丈七郎検事は、この犯行が銃後の人心を騒がせた刑事責任の重大であることをまず前提として述べ、

——医師に対する患家からの贈物到来に着眼したことは非常に巧妙な計画であり、Rの死因についての医師の証言は、単に体が虚弱であったというのみであって、被告人の所為によって死亡したことはまぎれもない事実である。君子は死ぬかも知れないことは十二分に承知で、伊藤を憎むのあまり犯行に及んだもので、殺人の故意あり——。

と断定した。

しかし検事の論告は、まるで原告の伊藤光男を裁いているような印象を与える。

「博士になってほどなく、男から〝あなたもつまらぬ男と結婚したとあきらめてくれ〟と冷い手紙を受取って、君子が顚倒驚愕《てんとう》し伊藤に烈しく詰めよったのは当然で、伊藤がいかなる理由でかくも冷酷なことができたか、本官ははなはだ理解に苦しむ。博士の離婚理由とするところは毫《ごう》も本官の首肯し得ないところである。……永年の学校寄宿舎生活、それから職業婦人として立った君子に家庭婦人として多少欠陥があったとすれば、光男は妻を教導すべきで、光男に真にやむを得ざるとする離婚理由は一つも存在しない。……光男の道義違背は鼓を鳴らして攻むべきである。社会より当然刑罰を受けてよい」

「さりながら」と検事の矛先《ほこさき》は被告の広川君子へ向けられる。

「犯罪行為と被害者に及ぼした結果からすれば、犯罪の動機はいかようでも、発生した結果に対する責は言語道断である。人をあやめるのに伝染菌を用いることはもっとも悪質危険な手段であり、国家間の戦争ですら、毒ガスや細菌戦は人道に反するものとして非難されている。……医は仁術である。医師たり思慮ある被告にいかなる原因ありとも、公共の敵として糾弾さるべきである」

求刑は無期懲役であった。

秋灯下裁かるるともわれみてり

の一句に心境をたくし、冷静な表情で被告席に坐っていた君子は、求刑の瞬間ぱっと目を見開いた。

特別弁護人をつとめた女医咲山華子は、君子に十二分の反省があること、まったく殺意はなく、殺意があればチフス菌を塗るような不確実な方法はとらないと専門の立場から力説。さらに、裏切った相手に対して未練があるとは死の瞬間まで言い得ない女心を述べ、愛した夫が苦しみ反省することを願っても、殺意など持ち得ないこと、「塵箱の中の一つの小さなものすら国家のために用いる時局下」、執行猶予の情ある判決をと望んで弁論を終った。

沼田吾一弁護人は「Rの死亡に対しては傷害致死、伊藤博士と妹F子に対しては傷害罪、博士の両親に関しては無罪、K小学校の罹患訓導に対しては過失傷害罪」の適用が妥当であると述べ、

「世の紳士諸君に訴える。医博の肩書と病院を建てるために糟糠《そうこう》の妻を犠牲にした伊藤君こそ、被告君子に対して殺人罪を犯したものである」

と強調した。

滝川弁護人は、チフス患者と腸チフス死亡原因の比率をあげ、「結論をいえば君子の行為は過失致死である」として詳論し、執行猶予をもっとも妥当とすると述べた。さらに「人間滝川」として、

「不思議に本件は京大出身の関係者が多いが、私は京大の同窓として伊藤氏の如き人が出たことを恥じる。エゴイストとして親友の屍を踏み越えても自己の栄達のため前進する秀才型の典型的なものである。伊藤氏にはお気の毒ながら、この事件の真の被害者は誰か。法律上の被害者が実は社会的な加害者であって、法律上の加害者が社会上の被害者である」

と結んだ。君子は裁判長から「最後になにかいうことはないか」と訊かれ、「K小学校の先生方が罹病され御迷惑をかけましたことはまことに申訳なく、日夜心の中でお詫び申し、一日として安らかな日とてはございません。いかなるお裁きを受けましょうとも、思い残すことはございません」と答えている。

判決は十一月四日になされたが、無期懲役の求刑に対し「傷害並びに傷害致死」の刑で懲役三年（未決勾留六〇日算入）が言い渡され、満員の傍聴席はどよめいた。裁判長に向って合掌する老人の姿もあった。

判決は弁護側の主張をほとんど認め、伊藤光男を「温和なれども優柔不断容易に真意を吐露して語るの勇なく、その性格また冷酷にして情味なく特に金銭に対する執着心きわめて強く」と酷評し、被告人については「その性格明朗快活、趣味また豊富にして情味厚くしかも夫婦人倫の大道を重んずることきわめて深きものあり。ただわずかに勝気にして挙措時に無躾なるやの嫌いなきにあらざるも一般主婦として教養を具え、容姿また端正にして特に欠点の指摘すべきもの無」く、と評している。伊藤光男に対する裁判官の心証がきわめて悪かったことが推測できる。

犯意については、かつての夫に対する思慕の念去りがたく、愛怨こもごも至る心境を彷徨し、光男等をしてチフスに罹患せしめんことを決意したものとした。犯行当時被告は一時的心神喪失の状態にあったとして、弁護側が心神耗弱を主張した点は採用されていない。

判決理由のほかに、青木裁判長は君子に向って論告をおこなっているが、その中にはいささか平衡を失しているかの印象を受ける箇所がある。夫婦の破綻について、「伊藤は学位を得て開業したい。そのためには被告にそれを満す経済力がないことがひっかかりになっているのではないか。仮に（君子が）二万円、三万円、五万円でも財産をもっておったならば、あるいはこういう破綻はおこらなかったのではないかと観察もできる」と述べている。博士号を得た夫のために、開業資金を提供するだけの財力が君子にあったならば、「結婚」は破綻をみず、したがって事件も起きなかったであろうというにひとしい。伊藤光男が、裁判長によってきわめて低俗な評価を与えられていることは明らかであろう。

判決以前、青木裁判長にあてて、約百五十通の手紙が送られ、無罪希望もたくさんあったという。君子の場合は「一種の運命的犯罪」と青木裁判長は判決後に語っている。

主任判事であった大塚俊勝と、柏木千秋判事の二人は、判決理由を書くにあたって同じ意見であったが、青木裁判長は二人とはずいぶん異る意見であった。結局、裁判長の意見に近いところに落ちついたという（大塚俊勝談）。

「伊藤光男は懲役何年ですか」という問い合せの手紙も滝川弁護人のもとへ舞い込んだ（滝川幸辰『激流』）。なにかが倒錯している裁判であった。

検事は即日控訴し、君子もまた控訴した。

大阪控訴院では検事は原審判決を「あまりにも被告に同情した処断である」とし、言語に絶する犯行を作為した公共の敵に対しては「死刑をもってのぞむべきであるが、情状を酌量し、特に死一等を減じ原審求刑通り無期懲役を求刑する」と論告求刑をおこなった。

君子の恩師である吉岡弥生にかわり特別弁護人になった医学博士竹内茂代は、婚家の家族関係にあっての女医の立場、医師に嫁いだ女医の破婚原因は、姑、小姑の無理解と確執によるものが多いことを述べた。また、君子が博士夫人を夢みて結婚したという検事の指摘について、「今の女医は博士が偉いとは思わないでしょう。勉強さえすれば、女でも自分自身博士になれる」と自信にみちた声で言いきった。

控訴院の判決は十五年三月四日になされたが、「被告人は伊藤光男同居家人その他、場合によりては他人がこれを食し、腸チフス等に罹病しあるいはために死の転帰を見る虞《おそれ》あることを予見しながら、あえて本件犯行に出でたる」とし、「殺人既遂」の一罪で処断するとして懲役八年（未決勾留六〇日算入）を言い渡した。

控訴公判に入ってから、世間の空気は同情から批判へと微妙に変化してきた。「哀れな犠牲者」というのは、世間や新聞が作りあげたイメージだが、早くも人々の心はそのイメージに倦《あ》きはじめた。控訴審判決の日は、東京で銃後娘の会（職業婦人約一万人が会員）の三千人が集まって、紀元二千六百年の記念大会を開いている。個人の運命をみきわめることより、行方もわからぬ大きな流れにひきよせられ、身をゆだねる時代が来ようとしていた。

大阪控訴院での最終弁論で、滝川弁護人は中国戦線へ出征中の被告の弟が、姉の犯罪を知ってから戦闘に出て困る、弾の目標へ、目標へと突き進むと部隊長からの手紙にあることを披露し、生きていられない気持なのであろうと述べている。一方、被害者の伊藤光男の弟も応召中であった。

君子は上告したが、大審院は六月六日、上告を棄却し、懲役八年の刑が確定した。

3　つかのまの邂逅

昭和十七年、広川君子は仮出獄になった。毎朝氏神様に日参し、陰膳をすえて娘の帰りを待っていた母は、前年三月に亡くなっていた。

暑さかなわれには母のおわします

と獄中で君子が偲んだその母である。

仮出獄の条件として「外地へ行くこと、外地の国策会社に面倒を見る人がいること」とあったという。吉岡弥生の口ぞえが縁で、君子は中国・蒙疆地区張家口の竜烟鉄鉱株式会社附属中央病院の看護婦長になった。身許引受人は理事長の山際満寿一（現読売テレビ顧問）である。

「初対面のとき、広川さんは、筒袖に髪をくくって風呂敷包み一つで、まことに涙が出るような身なりでした」

と山際満寿一は当時を回顧している。君子の着任以前に、事件の全容をよく知っていた山際は重役会と病院の科長会を開き、「ここに来られるまでの数年間の問題はいっさい口に出さんでくれ。こころよく安住の地にしてあげよう」と申し合せをしていた。君子が過去の悪夢から解放される時間と仕事場が待っていたことになる。当時、無医村などでは衛生下士官が「限地開業医師免許」の制度により、医師の役割を果していた。広川君子も間もなく「蒙疆地区」という限定つきで医師として復活することができた。その働きぶりは、「まるで天使のようなもの」であったという。

山際満寿一は広川君子も知らない一つのエピソードを語った。理事長の公館の隣りに同仁会病院ができ、院長として赴任してきたのが伊藤光男であったというのである。山際は関東軍に働きかけ、伊藤を徐州の同仁会病院長へ転出させるべく手を打った。だが、

「シナの方が気楽でした。おられるものならずっといたかったです」

と張家口時代をなつかしむ君子は、張家口で伊藤光男に会ったという。

「夜、道の向うから来るので、私は知らん顔して風呂屋の方へ行きました。それだけで

す」

伊藤の方では気づいたかどうか。

敗戦後、広川君子は身一つで郷里へ引揚げてきた。そして昭和二十二年四月、新憲法下第一回の地方議員選挙に立候補し、K市の市議会議員に最高点で当選している。保守系無所属として周囲から推された結果である。「犯罪者」の烙印は、広川君子の人生から消えていた。君子は一期四年間の任期をつとめただけである。医師の免許の復活によって女医の生活へ戻った。

広川君子は満七十八歳になった現在、週に三日、直接診療にはたずさわらないが病院へ出向き、あとの日々は、自宅横の小さな畑の草取りなどをして静かな余生を送っている。かるかん饅頭を送りつけたあとの毎日、吉村院長が見るよりも早く新聞を読み、思いがとげられたか否か答を待ちつづけた日々、句作に一筋の光明を見出した獄窓の日々も、この人にとっては既に遠く消えた過去のことになりおおせた。

出獄後、ずっと独身のままである。伊藤光男とは殺人罪で裁かれる顚末をもたらす結婚生活はあったが、入籍はしていない。したがって戸籍の上では生涯未婚のままの人生である。

事件から四十年の歳月が過ぎた。時の流れは恩讐を拭《ぬぐ》い去ってしまうものなのか。控訴審において、「特に死一等を減じ」と無期懲役を求刑した検事さえ「博士の栄誉を冒瀆した光男の劣悪非道の人格に対し、法の制裁を加えることのあたわざるは誠に遺憾である。社会は断乎たる制裁を加える必要がある」と述べた。真の被害者は被告であると滝川幸辰は弁護したが、このチフス饅頭事件は、一貫して伊藤光男を裁き、弾劾しつづけたといってもいいすぎではあるまい。

しかし今、広川君子は往時を回顧して、

「伊藤とうまくいかなかったんは、料理など出来なかったのが原因とは思いません。伊藤のオヤジさんにしたら、私が煙たかったんでしょ。私に金出してもろうたんがいやだったんでしょ。伊藤が最初から私の金目当てだったとは思いません。それ程の悪人じゃない」

と語っている。入籍の問題についても、

「私がそういうこと嫌いでね。私、独立して医者をやれたから、入れる必要もなかったんです。でも、今考えると、それが悪かったのかも知れません」

と言う。往事茫々の感さえある。

伊藤光男はすでに故人になっていた。事件当時応召していた末弟は、

「広川さんとの付き合いは、金が目当てだとは考えられません。むしろ共働きといっても

いいでしょう。籍については、『医者の名前が変るとまずいので入れたくない。子供が出来ればそのとき入れればいい』と広川さんがいわれたと聞いてます。式まで挙げたのだから、伊藤の側で入籍を拒否したとは、常識でも考えられないいんじゃないですか」

と語っている。

「兄というのは真面目で優しい、極端にいえば世間知らずでしたから、二人が付き合い出したのも、広川さんに引っぱられたんじゃないでしょうか。別れ話がこじれたあとの一カ月間の同居のときに、仮りにイヤミをいわれても、ここで嫁としていいところを見せりゃよかったのに、という気がしますね」

広川君子の現在の言葉は、この伊藤光男の末弟の回想を裏づける形である。それが事実であるのなら、死者まで出したチフス饅頭事件、傍聴人を熱狂させ泣かせ、全国から同情の嘆願書が寄せられ、母校の同級生有志も減刑嘆願に立上ったあの裁判はなんだったのだろうか。

伊藤光男は中国から引揚げてきたあと、昭和二十一年に伊藤内科医院を開いている。開業したのはかつて副院長を務めた舞子病院のあった神戸市垂水区である。舞子病院時代の患者がついていたという事情ぬきには考えられない。医師として患者に慕われていたということである。

伊藤光男は昭和四十六年九月、満六十九歳で亡くなった。事件のことをなにかの折に尋ねても、いっさい口にしなかったという。

広川君子が「独身」を通したように、伊藤光男もその最晩年まで、戸籍の上では未婚である。事件のあとで三歳年長の女性と結婚したというが、籍を入れたのは昭和四十三年、死ぬ三年前である。妻は再婚であり、夫婦の間に子供はない。そして法的に伊藤光男の妻となって半年足らず後に、伊藤夫人は亡くなった。広川君子は早くに事件から解放され、伊藤光男は終生あの事件につきまとわれたといえるかも知れない。チフス菌を塗ったかるかん饅頭による発病や弟の死、そして裁判の余波から解放されなかったというのではない。人生にあって、絶対につくってはならない「借り」をつくってしまった男。その相手方である女性を無視し拒絶した結果、終生縛られることになった、あるいは自らを罰したとみるのは感傷的過ぎるだろうか。

広川君子は、風の便りに伊藤光男の生涯を耳にしたのかも知れない。それが恩讐を越えさせたのか。

男と女のからみは、なにが真実であるのか、時が過ぎれば当事者にさえ定かでなくなる部分がある。

広川君子がくぐった闇は、四十年昔の、愚かで一途な女のおちこんだ罠《わな》に過ぎないのだろうか。彼女自身はなにも教訓めいたことは言おうとしない。闇をくぐったことそれ自体を忘れようとしているかに見える。

しかし、愛し、献身して裏切られ、報復の劫火《ごうか》に焼かれて道を踏み迷う女性は、すこしも減ってはいない。現在、経済力や自主性が身についた女たちには、皮肉なことにかつて広川君子が演じた役割を課せられる機会がふえている。

結果が思いもかけぬ裏目に出たとき、冷静に毅然として公けの場で白黒を争う勇気、あるいは相手を無視して沈黙をつづけることで相手を乗りこえてゆく誇りと自負。広川君子はそのいずれにも徹しきれず、チフス菌に頼った。そして四十年後の現在、憎しみも怨みも存在しなかったような諦念に身をゆだねている。被害者の役割を心ならずも演じたとき、どう身を処すか。現代の「翔んでる」女性たちは、この課題に答えるだけの用意があるのだろうか。

性の求道者・小倉ミチヨ

小倉清三郎とミチヨ夫妻
（写真提供・坂本航一氏）

1　大審院になぐりこんだ女

昭和十一年五月十五日の午前十一時過ぎ、洋装の一人の女性が大審院検事局へ光行検事総長を訪ねてきた。としの頃は三十六、七歳に見えた。女は書記課から面会をことわられると木村次長検事室に侵入し、執務中の木村検事にいきなり灰皿を投げつけ、それがはずれて背後の窓ガラスにあたってガラスが音をたてて砕けるや、机の上にあった書類を鷲掴《わしづか》みにして破り捨て、罵声《ばせい》をあげた。

かけつけた守衛や書記たちが捕えようとすると、ぬいだ靴を投げ出してもがくやらわめくやらで、大審院内は大騒ぎになった。

「この気狂いじみた乱暴女は横浜の小倉みちよ（三十七歳）といい、亭主が出版法違反に問われるや警視庁を恨み、係官を住居侵入、強盗で告訴したが却下。抗告、再抗告しても駄目、司法省まで持出したが結果ものにならず、この朝司法省から書類を受取り、そのついでに大審院に立寄って暴れたものであった。

警視庁では時節柄重大視し、渡辺捜査係長、一森警部等が馳せつけるなど大へんだったが、件《くだん》の女は興奮もさめて、小羊の様に警視庁に引かれて行った」（『東京朝日』五月十六日夕刊）

「大審院顔負け　洋装の年増大暴れ」と見出しのあるこの記事だけではなんのことか見当もつかない。そして、それから一週間もたたない五月二十三日の同紙朝刊は、小倉清三郎の「定の場合」を家庭欄にのせている。

阿部定は五月十八日午前一時頃、愛人の石田吉蔵を絞殺し、その局部を切りとって逃走、二十日の夕刻逮捕されていた。

小倉清三郎のコメントはもっとも早い時期に書かれ（二十一日朝執筆）、しかも「妖婦」「猟奇殺人」と騒がれた阿部定に対して理解を示し、きわめて同情的であったという点でも、きわだっていた。清三郎はこの事件を「恋愛に伴う強烈な独占欲の表出に過ぎない」とし、「変転多年の間に、もっと早く此の男に出遇い得なかったのが定の不運であった。適地に置かれるならばよく愛し、よく尽し、あっぱれ妻の手本ともなるべき女が、早くからの不幸な運命の引続きに依って、今日の痛ましい境遇に落されたのである」と書いている。

この記事が新聞に出る頃、小倉ミチヨは大審院から警視庁の独房第八監房暴漢室に収容されていた。抵抗したこと、暴行を加えられたことが重なって、全身打身だらけになり、膏薬《こうやく》を貼って寝たきりの姿であった。やがて隣りの独房へ入れられたのが阿部定である。ミチヨは十日間にわたって阿部定をひそかに観察し、彼女が逮捕から間もなく生理になったこと、姿形に似ず声のよくないことなどをのちに文章に書くことになる。

小倉清三郎とミチヨとは結婚歴十七年、十一歳違いの夫婦であった。三十六、七とみられ、「年増」と書かれたこのとき、数えの四十三歳である。

いま、「相対」という言葉を聞くと、瞬間的に反応を示す人がある。多くは微妙で意味ありげな薄笑いである。アインシュタインの『相対性原理』を『相対』と間違え、とびついて買ったという話を記憶している人々もあろう。反面、なんの反応も示さぬ人々もある。だが、「相対」のことも、小倉清三郎・ミチヨ夫妻のこともまったく知らない人の方が多い。私もつい一年ほど前まではそうであった。

大正二年から昭和十九年まで、性についての詳細な記録と論文を発表しつづけた雑誌が『相対』なのである。

一般の雑誌と異なっている点は、『相対』は出版物として販売されることなく、特定の会員に対して、謄写版刷り（初期は活版）のものが書留で送られたことで、会の規則は、配偶者以外にこれを見せることを禁じていた。

いわゆる秘画、春本、性具のたぐいの蒐集研究で世界屈指といわれる相対会の代表責任者・保管管理者は小倉清三郎であり、結婚後、世話人はミチヨであった。「研究」を読むだけでなく、会員たちは月に一度、もしくは二月に一度集まって、これらの「研究資料」を鑑賞した。


小倉清三郎は昭和十六年に志半ばで急逝するが、十九年四月までミチヨは『相対』を出しつづけている。日本中が戦争の狂気一色になぎ倒されていたような時代に、セックスのみを研究対象とし、暗い灯火管制下で禁じられた「資料」をつぶさにながめ、会員それぞれの性的体験を語りあって、それを記録に残していったのである。その中心であった小倉夫妻が奇人とよばれる所以《ゆえん》であるし、期せずして戦争に非協力の叛骨へとつながっていたところに、相対会の特色がある。

戦後、二十七年九月から三十年十二月までの間に、『故小倉清三郎研究報告顕彰会復刻相対会研究報告』三十四冊がミチヨの手で出版された。しかし、この資料は、現在に至るまで禁書のままである。現在の状況下では、新たに版を起して出版すればたちどころに刑法のワイセツ罪にひっかかるであろうし、復刻版『相対』(全三十四冊と総索引一冊)の売買そのものがワイセツ文書販売として刑事事件の対象になろう。一部の人々には、貴重な研究として評価され、別な一部の人々にはエロ雑誌そのものと受けとられ、そしてほとんど多くの人々が、小倉夫妻も『相対』の存在も知らないのは、右のような事情による。

小倉清三郎については、福島県郡山市の旧家の出身であり、熱心なクリスチャンであり、語学の天才であったことなど、友人や研究者によって書かれた資料がある。しかし、小倉ミチヨについては、烈婦、猛婦という形容のもとに、清三郎の強力な支え手としてふれられるだけで、その生い立ちから晩年までを描いたものはない。

大体、『相対』の原本そのものが戦災と警察の押収によってほとんど失われ、揃った完本が残っているのか否かさえ不明である。復刻版さえも、なかなか全巻揃えてみることのできない状況にある。復刻版『相対』は、十年前の古書展の目録に五十五万円という値がついてのっている。「『相対会研究報告』小倉清三郎研究所　各巻分冊百七冊完全揃　昭和二十二年」とあって、のちの復刻版との関係は不明である。いずれにしても『相対』は幻の書物になったままなのである。

小倉ミチヨの一生は、性的心理の学者であり哲学者であった夫の協力者であり、夫と死別後の二十六年間は、一人で『相対』を背負って性研究の使徒として終ったといえよう。日本の女として他に例のない人生である。

「『相対』と云う言葉は、私の心持では、『人と人との世界』と云う意味をもった言葉なのであります」

と小倉清三郎は大正八年十二月に書いた。横組のものを縦組にして再度出版したり、一般会員のための「叢書」と特定会員用の「研究」に分けたり、相対会三十余年の歴史には文字通り紆余曲折があり、はっきりしない部分もある。そしてその内容をそのまま引用すれば、この原稿もまたワイセツ文書の範疇《はんちゅう》に組みいれられるのが現状である。

ここでは、『相対』を知る手がかりとして、清三郎とミチヨの文章の引用にとどめることにした。「資料」という意識が二人とも念頭にあるため、文章におのずからの節度があるからである。会員の中には、清三郎の学問的資料と考えて執筆する者もあり、あるいは単に、ひそかにしたためていた精細な性的日記を提供し、あるいはそれまでの人生で出会った女性（欧米人をふくむ）との性的ないきさつを誇らかにことこまかに綴る者もあった。男性の執筆者が圧倒的に多く、その相手となった女性の過半がくろうとであること、素人の女性による性の記録がきわめてすくないところに『相対』のひとつの限界があろう。

しかし、小倉清三郎は稀な個性をもつ研究者であった。

「自慰」という言葉は清三郎の造語で、大正二年に相対会をはじめたときから、公けに使うようになったという。清三郎は「自瀆《じとく》」などという従前の用語への対抗として、この言葉を使ったのである。「春が目醒めると共に、遠からず自慰が始まるのは自然の成り行きであるのです」と書いている。いまならなんでもないが、大正二年の発言としては先駆的な考え方といえよう。

それまでの性の研究者は、ハヴェロック・エリスをはじめとして自己の性体験の開陳を回避した。したがって清三郎は自身の体験を語ることから出発し、さらに自他の経験の観察の必要に迫られて相対会をはじめたのであった。クリスチャンとなった年の秋、はじめて神に祈った教会の一室で、清三郎は自慰を初体験する。永い煩悶の生活がこの直後からはじまった。「心が清くないから」「信仰が足りないから」と自らの低さと弱さを深く恥じ、懊悩《おうのう》を繰返して、禁欲中の自分自身を詳細に観察するうちに、「私が肉体を有して居ることとの必然の結果である。単に春的経験を持つと云うことは、決して罪悪なのではない」という境地へようやくたどりつく。この青年期の体験が小倉清三郎の哲学の出発点となり、相対会の発足へとつながっていった。

「私に取っては、すべての点に於て適当なる自慰は明かに佳良なる影響を身心に及ぼす」（復刻『相対』第二十六号）

というひとつの宣言に辿りつくまで、小倉清三郎には長い苦悩の道程があった。そして清三郎は性について考えるとき、かならず女性も同じ悩みを悩む者として考察しようとした。この姿勢も、時代より何歩かさきを歩く人間のものであった。

ミチヨの旧姓は坂本である。明治二十七年九月十四日、愛媛県の西端西宇和郡の川之石に生れた。五男五女の同胞の上から四人目の子である。当時坂本家は純然たる農家であったが、かつては船をもって運送業をいとなんで財をなし、愛媛県にはじめて銀行ができたとき、創立に参加するほどであったという。

ミチヨの郷里にはまだ弟妹が健在である。その談話から、小倉清三郎が『相対』にのせた「性的経験概論」に例証として使われている無名の女性の記録が、ミチヨの体験であることが知られた。

ミチヨは十七の夏に初潮をみた。しかし、すでに五歳頃からある種の性的快感は知っていたことを書いている。

「十六、七、八の頃には、自慰のある前には、大風が吹きあれ気が狂った人のように、自分に自分が思われた。柱か何んぞへでも、しっかり抱きつき度い気がした。……誰もいないと云う見定めがつくと、本当に柱に抱きついたこともある。……両方の太腿《ふともも》の附根の所を人指し指で強く押しつけつつ力の限り足をふみのばした。陰門に特別に快い感じが起った。その時迄も既に湿うて居た陰門が更に一層湿うた。それと共に今迄の物狂わしいような気持は、あともなく消え失せてしまった」

小倉清三郎はこの例をひいて、女性における代表的な経験の実例であるといい、「春を楽しみ得ない位置にある青年成人が、自慰を採用するのは殆んど必然の成行です」と書いた。

だが、この少女にとってはそれはまだ平和な時代なのであった。厭な結婚を強いられ、「それに反抗して自分を守るために何とも云えない惨めな日を五年間送る事になった。それは全くの暗黒時代であった。……月経は四カ月目五カ月目に一回しかなくなった。……自慰の絶無の時代であった」という生活をくぐりぬけている。

女の生理についての親の無理解が娘たちを不幸にした時代は長くつづいた。小倉ミチヨもその犠牲者の一人であった。のちに女学校の寄宿舎生活をするようになったとき、同級生よりもずっと年長であったミチヨは級友の初潮にたまたま立ち会う。「大病になりました」という同級生の言葉からその行李を開いてみると、サラシの丁字帯が十四、五枚と脱脂綿などがすぐわかるようにしまわれていた。

「あなたは仕合せな人だ。あなたのおかあさんは感心な人だ」

というと同時に、涙がハラハラとこぼれたとミチヨは書いている。「私の月経は十七にあったが、母親に云わなかった。親も別に注意してくれなかった。注意してくれるような親はめずらしい」(復刻版『相対』第二十七号)

ミチヨのこのときの涙に共感する女性は現在でも多いはずである。初潮は、多くの女たちが通った惨めな人生の関門であった。こういう青春、そして不幸な結婚によって心の鬱屈したミチヨを、親たちは病人とみなした。親たちは心配してミチヨを医者に診《み》せた。一度は福岡の医科大学までゆき、呼吸器病という診断を受けている。発病をきっかけにミチヨは郷里を出奔して女学校へ入学し、卒業後一カ年の教員生活を送るが、その人生模様が「春的経験」(清三郎の造語)とのからみで書かれ、清三郎の文中に「例」として引用され『相対』にのったのである。

ミチヨは分家の従兄との結婚を親にしいられ、こばめば切腹して死ぬと父におどかされて一度は嫁いでいる。高等小学校を卒《お》えるのが明治四十二年、十六歳のときであるから、初潮とも考えあわせて、結婚は十七か八でなされたのではないかと想像される。

肉親たちの思い出によると、ミチヨは夫のTと夫婦になることを拒みつづけた。そして「五年間」の惨めな日々の終りといえば、大正三年か四年にあたる。

松山市にある松山技芸女学校(現愛光学園)は戦災にあい、教職員によって復原された学籍簿が残っていた。大正六年三月二十三日、専科第二学年の卒業者の中に坂本ミチヨの名前がある。そして、愛媛県温泉郡の川上小学校の古い教職員名簿には、「大正六年四月二日、坂本ミチヨ代用教員として任用辞令、月給九円」の記載があった。ミチヨは間もなく、裁縫などを教える専科訓導になり、翌七年二月、訓導の辞令を受けている。全教科を教える資格を得たわけで、高等小学校卒業の学歴、自殺まで考えた結婚のブランクを独学で埋めた結果ここへたどりついたのである。

大正六年には作家志望の弟石蔵（筆名坂本石創）が遊学のため上京していた。訓導になった坂本ミチヨには、なお現状に満足できない鬱々の思いがあった。婚家を去ったときから、親からは義絶同様の身になっている。石蔵の早稲田大学生としての費用は父の茂平次から出たが、ミチヨは実家の援助を期待できない。親にそむいて婚家を去った二十五歳の娘が、はるか遠い東京へ行って勉強したいと言っても、それを受けいれる親は、当時おそらく絶無であったであろう。ミチヨを救ったのは大阪の住吉区で成功者になっていた伯母であった。

大正七年の春、川上小学校を辞任して上京したミチヨは本郷区千駄木町の借家で弟の石蔵と自炊生活をはじめ、四月には東京女子専門学校の学生になる。このとき保証人となったのが、近所に住んで石蔵と交友のあった小倉清三郎である。清三郎は出版法違反事件の被告として試練のさなかにあった。

平塚らいてうは自伝『元始、女性は太陽であった』の文中で、東大哲学科の専科生であった頃の小倉清三郎を、「黒木綿の汚れた紋付の羽織を着て、見るからに鈍重な、まことに気の利かない、陰性のタイプでした。話をするにも、目をつぶってゆっくり考え、考え話すというようで、じれったいほどでした」と評している。

「『青鞜《せいとう》』で唯一人の男性寄稿家」とらいてうが書いた清三郎の登場は、大正二年二月号の『青鞜』に伊藤野枝が『相対』を紹介したことからはじまる。野枝の愛人辻潤と清三郎は学友であった。野枝は「私共はこう云う真面目な小雑誌の一つ生れる方がくだらない文芸雑誌の十も生れるよりはたのもしいと思います」と書いた。

同年十一月号には、『相対』の広告が出ている。「春的経験／春的気分／春的性感／焦慮に伴う醒覚時の遺精の一例／自慰の意義及び効果／誣《し》えられたる自慰（誣には事実を曲げるの意味がある）」など、この年に刊行された一号から六号までの主要内容がのっている。

当時の『相対』はまだごく普通の刊行物であったことが、この広告文中の小倉清三郎の挨拶にはっきり示されている。

「私は性的生活の研究を致して居ります。本年一月以来『相対』と題する研究録を出して居ります。……『相対』は相対会員に限り配付することに致してあります。会費は半年分九十銭、一年分一円八十銭（前納）と定めてあります。御入会下さいますならば仕合せに存じます」

『相対』を創刊したとき、小倉清三郎は数えの三十一歳であった。その後清三郎は『青鞜』に「（伊藤）野枝子の動揺に現われた女性的特徴」「性的生活と婦人問題」などを寄稿した。

ミチヨがはじめて会ったとき、小倉清三郎は性的心理の研究家として多少は知られる一方、合法面にあった『相対』がはじめて司直の告発を受けて、いわば一つの転機にあった。「十七、八貫もありそうな体格で、近所の人等は柔道の先生とも云い、刑事だとも云いました」というのが、ミチヨがはじめて会った頃の清三郎であった。

師弟のような関係であったのが恋へ転化したのは、ミチヨの方がさきである。ミチヨは「胸の思いが先方へ通じ得られる日が来るのかさえ測られない頼りなさの不安」と結婚後に回顧している。

清三郎とミチヨとは、苦学もし、性についての惨憺たる煩悶という過去をもっているという点でも、出会うべくして出会った男と女にみえる。二人の結婚について、ミチヨの親たちは猛反対であった。そして清三郎自身、結婚の話をきめたとき、

「向う一カ年お互いに何んの接触もなく愛してみようではないか。どんな現象が起るかをみるために」

と言った。ミチヨは、

「この結婚は婚約と致しましょう。今後一カ年の間に、どんな現象が起るかをみて、婚約解消か、結婚成立かに致しましょう」

と答えはしたが、三十七歳まで童貞を守って謹厳そのものといわれた男が、あまりにも研究にかたよりすぎていること、結婚の相手を研究の対象物としていることにつよい不満を覚えていた（小倉ミチヨ「小倉清三郎と相対会」『人間探求』二十五年十月号）。

ミチヨは関西の伯母のもとへ去り、住吉の睦女子学園に奉職するが、間もなく清三郎からの「是非仕事を手伝ってくれ」という手紙によって辞職し、上京した。伯母たちもまた、この結婚に反対であった。

清三郎には、病気で死んだ初恋の女性があって、終生独身を通す決心でいたともいうし、また自己を研究の自在な素材とするために、結婚の意志はなかったともいう。ミチヨの方が押しきった結婚であるような印象は、後年徐々にあらわになり、彼女の心に固いしこりとして残ることになる。

しかし、二人は結婚した。

「お前は幸福な女である。望みの通りの恋人と結婚したではないか。大正八年の六月十五日に。その時、お前は数え年二十六、恋人は、三十七。その日、友人達にハガキ一枚の通知を出して、そして、その晩、ながいこと夢見ていた交接をした。それを結婚式としたではないか。……お前達が結婚したことを聞いたお前の親達は、大変怒って、お前に勘当する戸籍もやらない、と云ったではないか。その時、お前は悲しまなかった。満二十五歳の来るのを待って、国の方の役場へ、親の同意を得ずして云々と云う書きそえた届を送って、入籍を済ませたではないか。お前は、弱そうに見えて強かった」

これは大正十四年一月、肋膜炎を理由に三人目の子を人工中絶した際の小倉ミチヨの「入院記録」の一節である（復刻版『相対』第二十九号）。男満三十歳、女満二十五歳をこえるまで、その結婚に戸主の同意を必要とした当時の民法が、ここにも顔を出している。ミチヨは大正八年九月に満二十五歳になって、十二月三日に婚姻届を出している。最初の子を懐妊中であった。

大正九年七月に長女、十二年一月に長男が生れるが、小倉夫妻は、子供たちの命名においても異色である。長女メリイ、長男ホリゾン、次男ルージョ、三男リネア。いずれも片仮名で出生届をすませている。近隣に森鷗外が住んでいた影響とする説もあるが、鷗外は漢字をあてている。小倉夫妻は『相対』をできれば英文で印刷して、外国で発行したい希望をもっていたというから、子供たちの未来に、国際人としての人生を期待していたのかも知れない。

大正九年十二月。生後五カ月の長女メリイを連れて、夫妻は上海へ渡った。相対会ははじめ上野精養軒で研究会をもっていたが、経済的にははじめから豊かであるはずはなく、小倉家の家計は長兄小倉清太郎（のちにその子一郎）の援助によるところが大きかった。清三郎ははじめ渡米が希望であったが、郡山から上京してきた兄から渡された金ではとうていアメリカ行きは無理であり、上海に変更になったと小倉家の人々は語っている。『相対』には、清三郎の「上海にて」（大正九年十二月記）が一回のっただけで、どれだけの成果があったのか、その後なにもふれられていない。旅先でのミチヨの発病によって、夫妻が半年後に上海を離れたことだけが書き残されている。

2　夫婦の間にあったもの

独身時代の性的経験については、きわめて真摯《しんし》な筆致でありのままを語るべく努めた清三郎であったが、晩婚というべきその結婚体験については、ほとんど語ろうとしていない。

「神の国は我が閨中にあるのであります。我が半身は、我に取っての神であり、或は我が半身に取っての神であります。相《あ》い抱く半身と半身とは、共に神と神となのであります。交接は、神と神との聖なる御業であったのです」

というような一般論と、会員の性的記録の引用やコメントが目立つ。これは自己の体験とその観察を尊重するべきであるという清三郎自身の持論（もしくは研究の基本態度）に反し、妻たるミチヨにとっては不満と猜疑心の火種となった。清三郎にはただ一つ、例外的な文章が残っている。メリイにつづいて大正十二年一月にホリゾンが生れてから一、二年たった頃のものである（「夫婦生活　私の記録から・私共に最も適した形を見出した時」『相対』第十九号）。

子供たちが目をさますことを気づかいながら、夫は妻を腹ばいにさせ背後から抱いた。その体験記である。

「その時の快さは、これまでの交接には、経験されたことのないものであった。＊の入口も、中程も、奥の方も、実に工合よく＊＊を包んでくれて、そのしまり工合のよさは、不思議な程であった。同じ＊であり、同じ＊＊であるのに、それを合せる時の形の違うによって、これ程までに快さが違うものであろうかとあやしまれた。快いのは私ばかりではなかった。私がきいて見ると、妻の方も同様に、これまでにない快さを覚えているのであった。（中略）私の息使いは烈しくなって来た。妻も、常になく烈しい息使いをしはじめた。結婚後未だかつて覚えたことのない程の強い快さが、益々高まって行った。私は殆んど夢中になった。妻の身体をどこでもかまわず、キッスしたくなった。（中略）全身を、妻の体の中へ入れてしまい度いような感じがした。妻は、しのび泣く様な声を出し初めた。交接がこんなによいものとは、今までまったく知らなかった。この形こそ、私共二人に最も適した形であったに相違ない。どうしてもっと早く試みなかったのだろう」

しかし、性的心理学者としての意識が恍惚の間にも清三郎の脳裡をよぎってゆく。

「それにしても、私共のこの経験は、他の夫婦のために参考に供えてやらねばならぬ、と云うような考えが、夢中でいるうちに浮んで来た。しかし、考えていたのは瞬間であった。……私は、しっかりと妻を抱きしめて『もうどうしていいのかわからん』と云いながら、烈しく腰を動かした」

「全体で四十三分かかった訳である」とこの文章は結ばれている。この時期が、小倉夫妻にとって本来の意味での蜜月であった。

ミチヨが人工妊娠中絶の手術を受け、入院から手術、術後、退院後のことを、過去の追憶を織りこみながら長文の文章にまとめた「入院記録」は、『相対』に連載になった。その文中に、性的欲求不満によると思われるヒステリーの初期症状が巧まずしてのぞいている。

大正十四年の一月二十日に手術を受けたのだが、五カ月目に入っていた胎児が男の子であったと聞かされ、「かえらぬことでありながら、わずか五寸にも足りない子供のことを考えて、涙が出て仕方がなかった。もう身体がよくなっても子供は生むまい。出した子供にすまないから……」と思う（ミチヨはなぜか、わが子でさえも男の子の方がかわいく、一体に女は嫌いであるとハッキリ書いている）。清三郎はおよそ三十分間のこの手術の間、病室で待っていた。翌二十一日は、小一時間ほど妻を見舞って帰った。自宅に幼い子供たち二人を残してきているのである。

二十二日は夫が来れないことを知っていながら、ミチヨは終日期待して待った。とうとう姿を見せなかった夫に、ものたりないクシャクシャした心持が残り、二十三日に持ち越される。この日、夫が来ると早々から、ミチヨは何やら辻褄《つじつま》の合わないことばかり言ってひねくれ、清三郎は非常に立腹した。そして「もう骨を折るのがいやになった。馬鹿馬鹿しい」と言い「もう帰るよ、明日また今頃来るから」と立ち上った。「もう四、五日来なくていいですよ。子供等がかあいそうですから」と妻は夫に言いながら、夫が黙って帰ったあと、ひどくもの悲しい寂しい心持になる。「今日、私が辻褄の合わないことを云ったにしても、またあんなことを云っているよと大きな心持で、子供をなだめるように病人をあつかえばよいのに」ミチヨはそう考えて涙をぼろぼろこぼした。

翌日、ミチヨの心に「春的」な気分が生じ、夫を待った。なかなか夫は来ない。「お前は女だから相手にすまいと云う気にはなれない。自分と対等だと思って居るから腹が立つのだ」と夫がたびたび言っていることを思い出して、くよくよしていると、不愉快そうな表情の清三郎が姿を見せ、一時間ほどいて帰った。ミチヨは「夫が来てからは、朝からあった春的な気持は、一層烈しくなった」。

二十六日の朝方、ミチヨは「春的」な夢を見る。この日見舞いに来た清三郎は妻の乳房に手をおき、妻の反応を見届けたのであろう。「後で自慰などしてはいけないよ」と言いおいて帰っていった。

退院後も、理由もなく妻がぐずぐずいい、夫が肚を立てるという軋みは繰返される。清三郎は妻の病気を考え、妻の妊娠をおそれて消極的であった。不安を除去するための有効な手段や方法についての「研究」はなされていなかったのであろう。夫は妻が快感の頂上に達する以前に果てた。期待していた夫との性交渉でおきざりにされたミチヨはポカンとし、つぎに腹立たしさを感じる。妻は夫によって十分に充たされず、満足し得ない。そういうことが一度ならず起ったようである。この妻の心理に気づかず、夫婦生活の障害になっている病気や貧しさに対してまったく無策の夫に対して、ミチヨの欲求不満は次第にふくれあがろうとしていた。

妊娠を避けながら、昭和二年四月には次男のルージョが生れている。清三郎は出産のたびに妻に跨《また》がる形でその手や足を妻に握らせ、次の日は痛さで動けないほどであったという。出産に立ちあったのである。


大正が昭和に変っても、小倉清三郎は十年一日の如く性に関するいっさいの資料蒐集に没頭し、古今東西の関係文献を読破し、その卓抜な語学力をつかって、代表的な資料を翻訳紹介していた。強度の近眼のため、顔をすりつけるようにしなければ見えず、ミチヨは夫の口述筆記をし、謄写版の『相対』の原紙を切り、印刷して、会員へ送りつづけるのが仕事であった。「資料の部」には、性をめぐる人間の執念や惑溺《わくでき》のすさまじさを物語るような文章がひしめきあっている。女盛りのミチヨは刺戟を受けたであろうし、「研究」資料と自身の夫婦生活の間に存在する距離をつよく感じもしたであろう。

たとえば「女百態」は「いろは」という筆名で書かれているが、関係した女の一人について、絶頂感のたびにマッチの棒を並べ、終って数えたら百二十四本あったという例が紹介されている。この「資料」に対して、「本篇には追加もあり、又既述のある部分に関する私からの質問に対する記録者の応答もあるのですが、其れは追って近く御目にかけます。……概論（清三郎の未完の論文「性的経験概論」のこと）と関連させてよく味わっていただきたいと存じます　小倉」とあとがきがつけられている。

実際、大真面目な問と、それに対する答があとの号で紹介されているが、真面目であればあるほど、滑稽味をますことを当人はいっこうに顧慮した様子もない。清三郎にとっては性の研究がすべてであり、妻も子たちも、関心の埒外にあった。

『秘本手記』、『秘本手引索引』、『校注末摘花』、『黄素妙論』、『艶史目録』、『千摺考』、『玉手箱』、『桃源華洞』、『道具のいろいろ』、『八面鋒』、『医心方房内篇』などなど、よくもこれだけ集めたものと思い、たいへんな好事家がいたものだと思わせられる寄稿がひしめいている。「阿部定訊問事項」「同調書」「閨房漫筆」「姦淫事件記録」も長文のものである（姦淫事件記録は法曹界に属する会員から入手した資料であろう。いくつものケースが詳細に伝えられているが、現在もなおプライバシーの重大な侵害になると思われる姦淫事件の一つが、被害者名を推定できる形で採録されている）。H・エリスその他の研究の翻訳紹介もあるが、ドイツの性文学の代表作という長篇「女流楽人の追憶」は、女の同性愛、一人の男と二人の女の乱交の姿をきわめて具体的に記し、現今のポルノ作品は顔色なしという感すらある。

これらの資料とともに、会員、あるいはその配偶者や愛人、もしくは友人たちの赤裸々な性の記録がつぎつぎに発表されていった。

「研究」とはいえ、現実には夫婦あるいは愛人たちの性生活に対する刺戟剤としての効用の方が大きかったのではないかという感じがあるが、小倉清三郎は、この点について、むしろ「善」であり、望ましいことであるという信条をもっていたようである。

「夫婦生活における春的興味の疲労から夫婦を救い出すためには、愛と春的経験とに関連して、浮世絵、春的映画、春画、春的写真帖（ヌード写真）この鑑賞、研究、修養を進めて行くことが必要なのであります」（「不釣合の調整」）

「性的生活の研究は、研究のための研究として、他に何の応用または利用を考えず行われても結構です。自家の学問、芸術、職業への応用を考えて行われても結構です。自分及び自分の周囲の人々の日常現実の生活を健全に保たんがために、その内容を豊富ならしめんがために行われるのは、更に一層結構です」（「利己主義と夫婦生活」傍点引用者）

　また、性的に不幸な例に接するたびに、

「私は、余計にしみじみと、自分の仕事をはげまねばならないことと思うのである。性的生活のすべての不幸について、私は自分が責任をもっているような心さえする。……」

　とも書いている（「男嫌いの女」あとがき）。清三郎は「研究」一筋に生きてきて、いちばん身近にいる妻の心身のひもじさを考えるゆとりはなかった。

「夫が自身の歓喜満足を得るために、妻を利用して春の営みを行うならば、夫は妻に最高の歓喜満足を与え得ないばかりでなく、自分も決してそれを得ることが出来ないのでありまず」(「性的経験概論」)

「交接は夫婦生活の全部ではありません。……夫婦生活の極めて小さな部分であります。しかしその意義から云えば、交接は夫婦生活の脊柱であり頭蓋骨であり、肉であり、血でありまず」(「利己主義と夫婦生活」)

「(妻が)その春的技巧に職業婦人(ここであつかわれているのは玉の井の女)ほどの苦心修業を心がけたらどんなものでありましょう」(「不釣合の調整」)

清三郎が書いたこれらの文章を読み返していると、ミチヨのいらだつ表情が見えてくるような気がする。

小倉夫妻といっしょに暮したことのある清三郎の姪は、ミチヨがきわめて情熱的でヤキモチやきであったことを語った。この姪は昭和三年に結婚している。絵を描く婚約者とともに茅ヶ崎に住んでいた叔父清三郎の家を訪ね、子供たちを連れて海岸へ出て、婚約者のために、「砂丘に佇む女」という画題のモデルをつとめたことがあった。

子供と姪たちが出ていって夫婦二人きりになった小倉家では、子等のためにガスストーブにのせて温めておいたさつまいもを、ミチヨが部屋中へ投げつける騒ぎになっていた。

日頃の不満の爆発であり、若い婚約者たちへの嫉妬である。小倉家へ戻ってきて驚く姪たちに、清三郎は「やっかみでね」と意に介する様子もなく、ミチヨは「あの人が私のことかまってくれないから」とわが身をもてあます風であった。

「嫉妬は独占欲の満足が擾乱《じょうらん》せられた場合の心持ちである」

というのは、大正三年十二月号の『相対』にのった小倉清三郎の文章の一節である。

理窟の上では、同時代のどの男たちより理解の深い夫のかたわらにいて、小倉ミチヨは十分な性的充足を得られず、きわめて嫉妬深い妻であった。清三郎はその妻の状態をあえて意に介するふうもなかった。

会員制度の『相対』はすでに一度出版法違反で起訴され、大正八年二月五日、東京地方裁判所で無罪となっていた。出版法の適用外の資料であることが認められていたのである。

しかし昭和八年一月十日、警視庁は小倉清三郎を検挙し、二月十四日にはその留守宅の家宅捜索をおこなった。予審判事の令状の提示を要求したミチヨは、要求を無視されただけではなく、激しいもみあいとなって蹴倒され、出血流産を起した（小倉ミチヨの告訴状による）。警察官は乗用車一台に研究資料を満載して運び去った。

揚げ板の底まで徹底的に捜索したこの手入れの際、相対会第一組合の会員カードだけは、ミチヨが袷元から背中へいれてしまって渡さずにすんだ。ミチヨは早速、「毎月の『相対報告』は、横浜の小倉ミチヨに送って、保管を頼んでいると云って下さい」と速達で知らせたから、警視庁へ呼び出された会員たちはすべて口裏をあわせた。妻の危惧があたって、小倉清三郎はきびしい訊問の前に会員名を明かしてしまったのである。清三郎はまた、押収された資料について、「任意に提出した」という書面に捺印させられていた。

この現実をふまえた上で、ミチヨは家宅捜索に来た警官八名を家屋侵入その他の罪名で告発したのである。東京地検が不起訴処分にすると、検察庁の不正を取調べてくれという告訴状を東京憲兵隊長の陸軍少将持永浅治に送りつけている（九年九月二十一日付）。こういうミチヨをもてあまして、裁判所や警察署では「気ちがいばばあ」と陰で呼んだというが、本人にしてみれば必死であった。八年二月以降、『相対』は中止になったたままだったのである。

小倉清三郎は九年六月八日出版法違反で有罪（禁錮四月）となり、控訴が七月に棄却されると大審院へ上告した。上告趣意書の写しが残っているが、有罪判決は教育勅語の主旨にそむいているという論旨に小倉清三郎という人物がよく出ている。

——教育勅語には「父母ニ孝ニ兄弟《ケイテイ》ニ友ニ夫婦相和シ」とある。父母に孝であるためにはまず父母を尊重せねばならず、そのためには父母が父母たり得た根本精神を尊重せねばならない。一人の男と一人の女が父となり母となり得たのは、共々に性的生活を送り、その結果子を儲け得たからではないか。父母にとってはその性的生活は、子を儲け得た喜び、親となり得た喜び、祖先からの血統を子孫に伝え得た喜びの源泉であり、大恩がある。尊重の上にも尊重すべきであるのが性的生活であって、これを卑しい現象などとみなすわけにはゆかない。

この尊い生活の真態を描いた絵を汚《けが》らわしい絵とし、この尊い生活を謹直誠実に記述論究した文書を、風俗を乱す文書とよんで侮辱することは、性的生活そのものの侮辱であり、とりもなおさず父母を侮辱することである。大恩ある性的生活を侮辱するのは、親不孝の忘恩の人非人であり、聖旨にももとる次第である。「夫婦相和シ」とある勅語の聖旨を全然蹂躙《じゅうりん》するのであり、国民道徳上の大罪である。――

この上告の文章は、小倉清三郎が心底から信じていた本音であったと思われる。キリストに対する信仰から対人信仰に転じた清三郎は、哲学の原理を「生活の流れの方向」と考え、胎児のときから生じる親となる方向、つまり「性」にあるとした。これが小倉清三郎の思想であり、哲学の出発点であった。しかし、この論理は通用せず、有罪は確定した（ミチヨによれば罰金五十円とある）。

会員は百二十人ほど、会費組合費あわせて一カ月三円であったが、滞納者も多いところへもってきて『相対』は四年にわたって中止となり、一家の収入は途絶えた。晩年、ミチヨは「私の逆境のとき」と語るときすさまじい形相になったというが、この困窮のどん底で十年一月九日、三男のリネアが生れた。子供は三十八日の生命しかもち得なかった。死亡の六日前、万年滞納者と思われる東北大理学部教授山口弥輔《やすけ》から督促に対する返信が届いた。喜んで開封した手紙の内容は、ミチヨを逆上させた。

「あなたの方へ送金するような余裕は私方には持って居りません。若《も》し送金でもしようものなら家内にしかられます。小倉君は此の際友人などにすがらず、区役所の小使をしてでも、妻子を養うべきである」

ミチヨは子供を抱いたまま、畳を蹴って夫のもとへ行き、夫が書きつづけている原稿を鷲摑みにして部屋中へ散らかした。夫は一言も発せず、再び紙を取り出して書きつづけている。子供はその夜から熱を出し、肺炎で死んだ（「小倉清三郎と相対会」）。

当時の小倉ミチヨの心情は、田山花袋に師事したのち、郷里へ帰って仕事につき、文章を書きつづけていた弟石創あての手紙に残っている（十年九月六日付）。

「（前略）骨と皮とで目はくぼみ、時々頭の痛む中で食糧にも不自由している赤貧洗うが如き中に、私は自分ながら、驚く程発奮して居ります。

私は此の二カ年あまり、ただ食うと云う事のためにのみどんなに苦しんで来た事か。『学問のある立派な夫を持って、それはうそだ』と云う人があるかも知れませんが、私方の主人は二十年一日の如く貧をものともせず、世間から遠ざかって、妻の心も自分と同じものと考えて、研究を続けて来た人なのです。

かような人間なれば、一度《ひとたび》事ある時といえども変りはありません。或る人は『心をまげない立派な人間だ』と云うでしょう。また或る人は『ゆうずうのきかないバカ者だ』と云うでしょう。主人に云わせれば『二十年世間から遠ざかって研究した結果、今日始めて現れるのだ』の一本やりです。

成程そうに違いありません。一言の文句もありませんが、そのそばに居る家族はどうでしょう。私は自分よりも子供等の事を常に考えて、これは主人ばかりあてにして居てはいけない。私もどうにかして一人前になって、子供等の片腕になってやらねばならない。毎日不平を言って暮すよりも、主人から学問を貰う方がいいと考えたのは茅ヶ崎時代からのことで、一生懸命に勉強したのです。この頃になってようやく少々ずつむくいられて来たようなものです。

十七、八年主人のそばでかんなんしんくを続けて来た私でさえ、この春はもう死んでしまおうと思った事がありました。それは子供の死でありました。僅か三十八日ではありましたけれど、親の目ではやはり一人前です。

普通の生活をして居て殺したのなら悲しみは悲しみでもそこにあきらめもあるものを、立派な親があり乍《なが》ら、ロクな着物も着せないで、ロクな乳も呑まさずに殺してしまったかと思ったら、私は全くこの世がいやになり、死んだ方がどんなに楽か知れないと思ったのです。ある時は根岸の山々を終日歩きつづけ、或る時は間門《まかど》の浜を歩きつづけて考えました。自分で自分に問答しました。

結局、一人の子供を失うか、三人の子供を失うかと考えたのです。また子を殺したものは自分一人ではないと云う事。この苦しい経験を何等か世の人のために役にたつ事にして見ようと。

それから浮び上ったのです。真暗やみから浮び上ったのです。恐らくこの時が私達の一生の生活の中で後にも先にもない事でしょう。一銭の金もない時が幾度か。……

今でも子供に対する悲しみは失せたわけではありませんが、それはそれとして、仕事にはげむ事が出来るようになりました。……」

3　子どもに先だたれた母の晩年

最初に書いた大審院での騒動は、この手紙から八カ月後である。ミチヨの告発に対する地検の不起訴、さらに憲兵隊長への告訴。控訴と棄却、大審院への上告と棄却。あとは公文書破棄と器物損壊をあえてしてミチヨ自身が刑事被告人となり、法廷で官憲の不正を暴露するしかないと思いつめての行動であった。ミチヨはみたされぬものはあっても夫の学識と研究の意義を信じた。『相対』の継続についての熱意では清三郎以上であったとさえいえる。官憲が無法に資料押収をすればそれは強盗と同じ行為であるという主張、そして大審院でとった非常手段。だが、阿部定と隣り合うことになった警視庁の暴漢室からミチヨが送られたさきは望んだような法廷ではなかった。六月一日、精神異常者として横浜脳病院へ送られる。患者たちと一カ月間起居をともにすることになった。

『相対』が限定された会員間で読まれる「研究資料」であるという主張は、大審院への上告棄却によって否認された。『相対』について書かれた資料では、敗戦前に「無罪」の扱いを受けたとするものがほとんどだが、小倉清三郎は禁錮四月（もしくは罰金五十円）の実刑を食っている。だが、十二年二月から『相対』は復活した。どういう事情であるか具体的にはわかっていないが、小倉ミチヨはのちに会員に対する挨拶文に書いている。

「昭和八年二月から昭和十一年七月まで警視庁検閲課と喰うや喰わずで戦って、昭和十二年二月から相対会を始めるようにしましたのは、小倉清三郎ではなく、小倉ミチヨが一独房から脳院へも行ったときのつぐないとして、当局の了解を得てやっているのであります」

こうしてともかく相対会は再開されたが、夫婦の仲には埋めがたい溝が出来てしまっていた。「神の国は我が閨中にあり」とした清三郎の思想は、ミチヨとの結婚生活においては破綻したのである。極度の貧しさに加えるに、「狂人と紙一重に等しい人物には、勝つ事が出来ず、岩石にも打ちつけた体の如く、私の心はいつもキズだらけでありました」と妻が追憶する清三郎の、実生活に対する完璧な無関心。性心理の探求のために夫婦揃ってたたかいながら、この夫婦にとって、「性」はもはや二人をつなぐ絆たり得なくなっていた。妻には、この結婚に関して訴える相手のない怨念化した不満があった。清三郎は妻がなにを求め、妻子がなにを食べているのかさえ、まったくかえりみようとしなかった。

この家庭から脱出したのは清三郎の方である。妻といっしょにいては研究や執筆にさしつかえるというのが理由であった。東京の目黒には長兄清太郎の一人息子である一郎がいて、製薬会社を経営して羽ぶりがよかった。それまでにも多くの援助を受けている。そこへ逃れていったのである。

「叔父は愛想がつき、あきれ、どうでもいいと思っていたようです」

「夫婦の仲は冷えきっていた」

「別れる前提で別居したはずです」

いまはゆききの絶えている小倉・坂本両家の、ミチヨの生前を知る人々を残さず取材したが、この「別居」に対する感想は期せずして一致していた。

従業員の宿舎になっていたアパートの一室に清三郎は起居し、食事は甥の一郎夫婦のところでとった。

「背広を着て、ネクタイも結んでおりましたがねえ、まるで田舎の小学校の校長さんみたいで、不精《ぶしょう》ったらしい人でしたよ。ゴム靴をバッタンバッタンいわせてはいて、みすぼらしい身なりの貧乏くさい人でした。近所の人に主人の叔父ですというのが恥ずかしかったですもの」

と言うのは一郎の未亡人三幸《みゆき》である。ときどき研究会があって、六、七人の男たちが小倉家の二階に集まった。和服に袴姿の人が多く、玄関にぬいだはきものをみても、その豊かな暮し向きが想像できた。清三郎の貧しさと日常生活への無頓着さはこの集まりでも異質であった。

「目黒の仕事場」と他人には言いながら、ミチヨは一度もこの仕事場を訪ねてはこなかった。一郎夫妻にまかせっぱなしである。子煩悩であったという清三郎は、たまには横浜の家へ足をのばした。清三郎の念頭には依然として「研究」のことしかなく、夫に対して未練と愛着をたっぷり残しながら、甘えて寄りそってゆく優しさは、ミチヨから消え失せてしまっていた。横浜の家を訪ねては妻と口論し、清三郎は不機嫌な表情で目黒の仕事場へ戻ってきた。

　リネアの死がひとつの転機になったように、清三郎の原稿が時折新聞にのる一方、ミチヨには『婦人公論』その他への寄稿の機会がめぐってきた。新聞広告に「著しい進境ぶりを認められてきた新進女流作家小倉ミチヨ女史（坂本石創氏令姉）」などと書かれたこともある。寄稿は若干の現金収入をもたらし、横浜のフェリス女学校在学中のメリイの授業料滞納を埋めることもできた。

　ミチヨは結婚を機会に、洋服、畳なし、パン食の簡易生活に切りかえていた（小倉道代《（ママ）》「私共の衣食住」『婦人衛生雑誌』大正八年九月号ほか）。手製の洋服につぎのあたった粗末な身なりで愛媛へ帰郷するときも、子供たちだけはいつも身ぎれいにしていたという。多少は名前も知られ、原稿料を子供のために役立てられることは誇らしくもあったであろう。

『相対』の発行はほとんどミチヨの実務に負うている。会費滞納の会員を訪ねていって、強硬に集金するのも彼女の仕事であった。官憲の圧迫や禁止に対しても、矢面に立ってたたかいつづけるのはミチヨである。こういう事情が、清三郎とミチヨの夫と妻としての位置をいつか逆転させたようである。実際にどんな夫婦生活がいとなまれていたのか、周囲にいた人々は誰も知らない。

別居生活中の十五年二月、長女のメリイが亡くなった。学校の勤労奉仕による過労から寝ついたというが、食生活の貧しさにつけいった結核であったろうといわれている。二十一歳であった。清三郎はキリスト教による告別式には出席したが、また目黒の仕事場へもどって行き、妻のもとにとどまろうとはしなかった。

メリイの死の半年後、清三郎の唯一の著書（エリスその他の訳書はあるが）『思想の爆破』が刊行される（十五年八月。書物展望社）。「当時夫小倉清三郎は、『思想の爆破』を出版するために、相対会の仕事は私にまかせ、前年（昭和十四年）夏頃より居を目黒区西小山の甥の宅に移し、時たま自宅へ帰っていたのであります」（小倉ミチヨ「その後の相対会」『猟奇』二十二年七月号）

「私は未だ『思想の爆破』を読んでいないのであります。手にする度にはかなく去った三男の事、またその当時の光景などを思い出すので目を通す事が出来ないのであります」（前出「小倉清三郎と相対会」。昭和二十五年に書かれている）

ミチヨのこの二つの文章は、あきらかに矛盾している。別居と『思想の爆破』との因果関係、『思想の爆破』がよびおこす辛い思い出をいうなら、三男リネアの死よりも、長女メリイの死であろう。

『思想の爆破』には「『純粋理性批判』の吟味」の副題がついている。しかし、哲学書を読む人にはかえりみられず、一般読者は敬して遠ざかったであろうと思わせる書である。冒頭に『純粋理性批判』の天野貞祐訳が、「感覚」を「現象」と誤訳し、しかも十八年間にわたって誰一人気づかなかった一事が指摘されている。また小倉清三郎の「吟味」によってマルクス思想の礎石は発掘分解されて「赤」の思想はその立場を喪失し、西田哲学の根本は、「吟味の小手調べによってひとたまりもなく倒されている」と著者は誇らかに述べている。

「『善の研究』の吟味」「『純粋理性批判』の吟味」「哲学史上のカント」などの各章と肩を並べて「性的経験の諸問題」の一章があり、「お定の場合」を論じ、その判決理由要旨をのせているところが、この本の特質であり個性であろう。

清三郎はこの一冊で既成の権威ある諸思想を文字通り「爆破」し、さらに続篇の「生活の流れの方向」を書くはずであった。この続篇において、三十年近い歳月をかけた「相対会」の業績のすべてが昇華され、新たな哲学として登場する構想だったのであろう。清三郎の死によってこの企図は実現しないが、世に容れられるものとなり得たかどうか、それだけの説得力、普遍性をもつ書物が生れ得たかどうかは疑問である。

『思想の爆破』は、東京音楽学校声楽科卒業の一年後に他界した清三郎の妹スエ子、東大印度哲学科出身で日本管楽器会社を育て、清三郎の研究を助けながら十五年秋に亡くなった伊藤成治、そしてこの年二月に他界した長女メリイの三人の霊に献げられている。現存の恩人には、今後とも感謝の心を表わす折があるかも知れないから、とことわりがきはあるが、妻のミチヨについては謝辞もないし、なにも言及していない。

　小倉清三郎がここまで「生存」し、研究をつづけ、その子たちが学業をつづけているのは誰の力によるのか。夫の性探求に殉じ、『思想の爆破』誕生までに体験した辛苦の日々を思ったとき、ミチヨの心中には沸騰せんばかりの感情が湧いたのではないか。しかも別居しているのである。

　この本の刊行によって予期される反響について、小倉清三郎の自信はなみなみならぬものがあった。

「本書に於て、私に依って倒された思想を、之《こ》れまでは何人も倒し得ないで来たのであるとすれば、前人の成就し得なかった大業を私が成就したわけである。……如何に強力な他の力に依っても、思想は未だ嘗《かつ》て倒された例はない。然《しか》し私のノロクサ仕事は、現実に、思想を爆破して見せたのだ。如何に偉大なる、如何に恐ろしい力が私に宿って居たかを察し得可《べ》きではあるまいか。本書の中には其の力が具現されて居るのだ。……」（「巻末の言葉」十五年七月十七日）

たとえばマルクスの思想をいかに爆破したか。「労働」の概念について、小倉清三郎はそれを広義と狭義にわけた。資本家の「労役苦心」を広義労働の一部であるとして、「過剰価値」説を斥《しりぞ》ける。そこから、「資本家の搾取」という判定を不当きわまる錯誤と断じている。したがってこの「錯誤」を礎石としている思想系統は全崩壊せざるを得ないというのが清三郎のいう「思想の爆破」である。だが、粘着型の思考は、言葉の迷路をさまよっているように感じられる。

商才にたけて「金ベロ」（黄金の舌）の異名があったという甥の一郎は叔父清三郎の自信とその熱気に感染し、ベストセラーになると考え、かなりの部数を印刷できるよう、経済上の援助をした。しかし本はほとんど売れなかった。目黒の小倉家は押入れをはじめとして『思想の爆破』が山づみになり、始末に窮した。

出版から半年たたない十六年の一月十二日、清三郎は目黒の家から「頭が重い」といいながら出かけていった。滞納会費の件の返信でミチヨを激怒させた東北大学の山口弥輔と二人で、斎藤昌三（『思想の爆破』を出版した書物展望社の編集兼発行人。奇書奇人の研究家としても知られる書誌装幀家）の自宅へ研究資料を見に行ったのである。帰途二人は横浜の小倉宅へ立ち寄って「新体制」の問題などを話し合ううち、清三郎は脳溢血で倒れた。親戚や親しい会員のもとへ「キトク」の電報が打たれたが、清三郎は異様ないびきを立てて昏睡状態のままであった。

一月十四日午後八時半、清三郎はミチヨとホリゾン、ルージョの二子を遺して死んだ。五十九歳であった。ミチヨとの結婚生活は二十一年余である。

冷えきった夫婦になりながら、清三郎がまったく偶然妻のもとへ立ち寄り、そこで死んだということは、この夫婦の縁の深さなのかも知れない。

清三郎の生涯の業績は、研究資料（素材）の蒐集につきており、「性的経験概論」が未完で終ったように、資料によって新しい哲理、もしくは性的心理学の新分野を開くところへは到達し得なかった。未完の性の求道者としての人生であった。

未亡人となったミチヨは、昭和十四年以来の「横浜女性相談所」を自宅で開く一方、『相対』の発行をつづける。十九年四月に万策つきて中止するまで、会員は六十三名、会費は一カ月三円であったという。

清三郎の歿後、ミチヨは小倉一郎と激しい喧嘩をして、その経済援助はたえた。郷里を出奔以来、一円の援助も実家に求めたことはないとミチヨは手紙に書いているし、弟で当主の坂本俊一もそれを認めている。また困窮の日々がやってきた。

清三郎歿後の『相対』の内容は、残念ながら不明である。薄紙に謄写版刷りしたものを二つに折って綴じたもの、という形、また彼女の多年の実務担当の実績から考えて、残されている資料を少しずつ発表してゆくことは可能だったのであろう。

だが、一郎の一人息子で清三郎が寄寓していた頃少年であった小倉清一は「ミチヨさん一人で『相対』を出す知性があったとは思えない」と言う。「私たちには、清三郎の死後、ミチヨが一人で『相対』を出していたとは思えませんね。そんな余裕があったでしょうか」というのはミチヨの弟光次郎である。

「生活のためじゃないですか」と言ったのは、新婚当初からミチヨを知っている清三郎の姪であった。この観察がいちばんあたっているかも知れない。ともかく、『相対』はつづけて出された。次第に敗色濃く、東京美術学校油絵科本科二年生だったホリゾンまで学徒出陣で軍隊へとられるという状況にあって、ミチヨが原紙を切り、謄写版で刷る文章は、平和であった日とかわることない秘められた性の世界だったのである。その印刷物を送りつづけるミチヨも、毎月会費を前納して読みつづける人々も、戦争下の異風景を形成し、異邦人であったというべきであろう。

「私共は、結婚前に於いても、結婚後に於いても、子供が生れて後も、病気の時も、恋に於いては変りはない。年をとればとる程、深くなるように思われる。……せめて私は七十まで生きたい。恋人（清三郎のこと）より早く死にたい。死ぬる時には、七十年の間に通って来た道すじを書き残して、恋人や子供達に守られて死んで行きたい。……ホーちゃんよ、メーちゃんよ、お前達は大きくなったら、お母さんやお父さんよりももっと大切な恋人のところへ行くまでは、体を大切にしてキズつけてはいけないよ」

と小倉ミチヨが書いたのは大正十四年であった（「入院記録」）。だが、実際の人生で得た回答はきわめて無惨である。

「私が熱がありすぎて、親姉弟を思いすぎてかえって憎まれ口となり、悪人のようにもなり、独りぼっちになるのです」と書いた手紙には、かつて叛《そむ》いた郷里の父親になに一つ送ることもできず、喜ぶことをしてやれない悲しみが綴られていた（昭和十年九月十一日坂本石創宛）。

傷つきやすく多感で優しい感情は、溢れるばかりにあったのである。それを素直に表現できなかったのがミチヨの不幸であった。

昭和十九年五月二十九日朝、横浜は米軍機の大空襲にあい、小倉家は直撃を受けて全焼した。着のみ着のままながら、親子二人の命があったことだけが倖せであった。ルージョが焼跡に建てたバラックがその後ずっとミチヨの住居になった。

敗戦について、小倉ミチヨはなんの感想も残していない。二十二年、消息の絶えたままであったホリゾンの戦病死の公報が届いた。二十一年五月十日、バンコックの第十六陸軍病院においてであるという。だが、ミチヨは愛する息子の死を信じなかった。

二十三年春、ルージョが横浜高等工業の建築科を卒業する。病死したメリイは在学中から家庭教師をして家計を助けたが、ルージョも卒業まで店屋のポスター描きなどをして働いていた。ホリゾンの訃報を信じないと言っても、ポッカリ胸に空洞があいたような母親にとって、次男が社会人となり、建築設計事務所で働きはじめたことは何年ぶりかの朗報であった。しかし、なにかに罰せられてでもいるように、ミチヨは愛する者から引き離される。就職した翌年の七月、ルージョは過労がもとで病死した。子供たちは母親の願いに反して、一人として恋人をもつこともなく人生を終っている。ミチヨは五十六歳でまったく孤独な人間になった。幻のようなホリゾンの生還の夢を追うだけの、一人の忘れられた母親になった。

きゃしゃな躰つきで、目の大きな美人であり、言葉数もすくなかったというミチヨは、大きな声で、切れ間なく滝が落ちてくるようなものいいをする女になっていた。口にするのは貧乏時代の苦労話と清三郎の悪口であった。だが子供たちのことを話すときは、「思うようなことはしてやれなかった」と涙を流したという。

ミチヨに残された仕事は、敗戦前拙《つたな》い文字の謄写版刷りであった『相対』の復刻であった。そして言論出版の自由が建前の社会にあって、ミチヨはまた猥褻《わいせつ》文書販売にからむ事件の被告人になる。

昭和二十七年九月から「相対会研究報告」復刻の仕事がはじまるが、会員制として各冊に会員番号を打ち、ミチヨの拇印《ぼいん》を捺《お》し、限定五百冊の枠をつくってあった。しかし最初に印刷製本をひきうけた某は、ミチヨの知らない多くの部数を販売し、これが告発された。

第一審判決は有罪（三十二年九月十八日）、三十三年三月三十一日控訴棄却、三十四年三月五日、最高裁第一小法廷において「上告棄却」。このときの裁判長は斎藤悠輔、裁判官は入江俊郎、下飯坂潤夫《ますお》、高木常七であった。はじめ四名であった被告は、この段階では小倉ミチヨ外一名になっている。

小倉ミチヨは「重大なる事実の誤認」と「学問並表現の自由の侵害」を理由に上告していた。上告棄却の判決要旨には、小倉清三郎の性研究に関する論文が掲載された部分のある文書であっても、「その余の大部分には男女性交の状態を露骨詳細に描写し、人をして羞恥嫌悪の念を生じさせる記述のある短篇数篇が資料として掲載されているときには、全体として刑法第一七五条のいわゆる猥褻文書にあたる」としている。

この判決の対象になっているのは、某の手許から流布された復刻版の第一号から六号まででである。裁判が長びいている間に、復刻の仕事は進捗《しんちょく》し、三十年十二月には完了していた。

五百部に限定し、販売ではなく、月五百円の会費を納入した会員に限り、会員番号とミチヨの拇印の捺された復刻版を配ることまで禁止はできなかったのである。しかし、これでは旧刑法下の『相対』となんら変るところはない。

裁判に証人として出廷した斎藤昌三は「小倉清三郎の諸論文が骨子で、その参考が事実的な報告だが、参考の方のみ見るなら、或いは一般のY文と異《かわ》りない」と答えた。小倉ミチヨも二十八年十二月刊の復刻版第十一号において「『相対会』の資料は、小倉清三郎の論文に引用するための資料であって、この資料を勝手に他人が出版して頒布するならば『Y本販売』となるのは当然であります」と書いている。

このあたりに『相対』資料の微妙な性格があるということになろう。苦心の末の復刻版刊行であったのに、復刻版に収録の原稿はすべて、初出年月日の記録を欠いている。そのために相対会の歴史や変遷、とくに清三郎歿後の『相対』の姿を知る手がかりがない。したがって小倉夫妻の生涯の事業を辿る資料になり得ていない。ミチヨは後世の評価など念頭になかったかにみえる。

三十年十月、ミチヨは清三郎の本家の墓がある福島県須賀川の十念寺に、「相対会第一組合　小倉清三郎之碑」と刻んだ石碑を建てた。背後にまわってみても「世話人小倉ミチヨ建立」とあるだけで、相対会の意義も第一組合の意味も刻まれていない。清三郎その人の生年も歿年もない。一家の墓は横浜市根岸の共同墓地にあるといっても、小倉家の同意をようやく得て、十念寺旧墓地の奥正面に記念碑を建てながら、小倉ミチヨは自身の行為や記念碑の意味についてほとんど自覚を欠いていたように思える。これは復刻版の編集上の致命的な不備と共通するものであろう。相対会ならびに小倉清三郎の事業が正当に評価されない限り、小倉ミチヨの苦闘の一生はまったく空虚な仇花《あだばな》に終ることを、彼女は気づかなかったのだろうか。

復刻版の完結にあたって、ミチヨは旧会員中の特別会員百十二人の名前を列記した。法曹界では初代最高裁長官の三淵忠彦、牧野良三、松阪広政の名前が目につく。医事研究家富士川遊《游》、医師の岡治道、隈部英雄、そして坪内逍遥、山本宣治、大山柏、内山英太郎（陸軍中将・竹橋事件連座者内山定吉の甥で養子）、野口真造、奥村博史、芥川龍之介、内田魯庵、木下利玄、薄田泣菫《きゅうきん》、佐藤惣之助、金子光晴、高橋新吉、堺利彦、渡辺政之輔、大杉栄、平塚らいてう、辻潤、市村羽左衛門、中村歌右衛門、中村吉右衛門、御橋《みはし》公など、じつに多岐にわたる錚々《そうそう》たる人物が名前を列《つら》ねている。

　このあと、完結を記念して女性の性器の細密画十二枚一組を千円で分け、これがまた警察沙汰をひきおこした。小倉ミチヨにとっては、平穏な日の訪れなど無縁であったようである。

　昭和三十四年、戦死したと信じられていた兵士が南方から生還したことは、ミチヨの諦めかけていた思いを再びかき乱すものであった。病死を告げる情報には耳をふさぎ、辻政信の部隊に所属して敗戦直後に逃走したという話を信じながら、その一方でミチヨは養子を探していた。しかし、親戚の子供たちにつぎつぎに話をもちかけても、ミチヨの歪んでしまった性格を知る親たちは応じようとはしなかった。

　ミチヨの最晩年の不幸は、小金を手にしたことである。子供をかかえて、油揚げを刻んで甘辛く味つけして御飯にまぜただけの貧しい食事をする日、裁判所へ行くのに帰りの電車賃のあてがない日、ミチヨが必要とした僅かな金はその手に届かなかった。夫にも子供たちにも先立たれ、たった一人になった身で小金をもったとき、ミチヨの心に人を信じ得ない猜疑心が棲みつく。

昭和四十年、弟の光次郎は姉の葉書の筆蹟の乱れに気づいて、横浜を訪ねた。ミチヨは近所の人の世話を受けて暮していて、這って迎えに出た。大阪住吉の光次郎宅へ引きとられたあと、ミチヨは明石の総合医療老人ホームへ入る。有料であり、ミチヨは自分の意志で入所し、費用も払った。

しかし、光次郎も知らぬ間に、末弟が無断で老人ホームから姉を連れ出し、四国へ帰っていることを老人ホームから知らされ、光次郎は応答に窮した。九十歳まで生きても困らないだけの金運に恵まれたと弟の俊一あての手紙に書いたミチヨは、四十年の八月、十六歳年下の末弟を養子にし、十月九日には協議離縁している。ミチヨは七十二歳になっていた。『相対』の復刻によるのか、あるいは押収や焼失をまぬがれた「資料」の換金によるのか、小金をもったミチヨは、やたらに金品をばらまく老人になっていた。愛されたかったのである。頼れる人間を求めながら、誰も信じられない不幸がミチヨを次第に追いつめてゆく。行動は常軌を逸し、ときに狂暴になった。

昭和四十二年七月十日朝、小倉ミチヨは鉄格子のはめられた病室で息をひきとった。死の前日、台風くずれの豪雨におそわれて、四国も各地で被害が続出している。病室の窓を打つ激しい雨と風の音を聞きながら、ミチヨは正気と狂気の境をゆきつ戻りつしていたのだろうか。清三郎の死は『朝日新聞』の神奈川版が報じたが、ミチヨの死は肉親だけしか知らなかった。

小倉ミチヨの墓は生家の裏山の頂上近くの新墓地に建てられている。ミチヨの遺骨と、ホリゾンとルージョの写真がいっしょに葬られ、「小倉家之墓」と刻まれている。その墓までやっと登りつめたとき、ミチヨの弟の俊一は生きている人に語りかけるように言った。

「あねさん、参っておくれたでぇ……」

「後ろには山を背負い、前には海を抱いている」「両手を広げて抱いて居るから、抱かれた海は、小さな静かな湾になって居る」とミチヨが書いた穏やかな海は眼下にあった。

光次郎夫妻は姉の遺骨を分骨し、根岸の共同墓地にある小倉家の墓へ納めた。この墓は十字架の形をし、台座に「小倉」と刻んだだけのものである。夫婦と三人の子供たちは、ここでやっと一つになった。ホリゾンの遺骨は還らないままである。

桝本セツの反逆的恋愛

昭和四十年頃の一家。左より長女、岡、セツ、三女
（写真提供・桝本セツ氏）

1　昭和十一年の恋愛大論争

現在マスコミをにぎわしている多くの事件の原型は、昭和初期にほとんど姿をあらわしている。妻の浮気による四角関係から殺人事件が起き、妻とその愛人であり殺人者である男性が逃亡生活をつづけて連日新聞をにぎわしたこともある。妻子ある男性の浮気もしくは恋愛事件は日常茶飯のこととして起きた。子棄て、子殺し、あるいは貰い子殺し、未亡人となって子女を育てあげたのちに、年下の青年と恋に落ち情死をとげた女性の事件など、時間が経過したために、事件と人とがいっそう鮮烈に感じられさえする。

昭和四十六年五月二十二日、かつての唯物論研究会の中心的人物の一人であり、科学史の研究家として知られた岡邦雄が亡くなった。八十一年の生涯である。同家の墓所のある永昌寺で葬儀がいとなまれたが、喪主は姪のことなる二人の息子であった。息子たちは母違いの子で、いずれも長男である。

昭和十一年、新恋愛論の提唱と実践によって注目された岡邦雄は、三十五年のちに、喪主二人という告別式によってその人生の帰結を示した形となった。「未婚の母」という言い方は近年のものだが、新しい愛情の形を選び、法律による婚姻外の子供をもった女性もかつてすでに存在した。岡邦雄はその当事者の一人であった。

東京物理学校出身の岡邦雄は、旧制一高の助教授の職にもつき、文化学院教授など教育者である一方、科学史にとどまらず、宗教から文学にわたる多くの著作によって知られていた。

昭和九年の秋、すでに満四十四歳、三男三女の子供のある岡邦雄の前に、一人の女性が出現する。岡の末っ子はこの年の春小学校へ入学したばかりであった。六歳年下の妻美津との結婚生活は二十年、とりたてて不満があったわけではない。しかし、岡邦雄は二十二歳も若い、唯物論研究会に入会したばかりの桝本セツにぐいぐいひきつけられていった。

昭和十年から十一年にかけて、岡邦雄は「結婚に就て」(『婦人文芸』十年十二月号)、「新恋愛論」(『中央公論』十一年五月号)、「新しきモラルに就て」(『婦人公論』十一年十月号)、「新女性観——新しきフェミニズムの提唱」(『日本評論』十一年十二月号)、「再婚論」(『文藝春秋』十一年十二月号)など、一連の恋愛論を書いている。

岡は自分の感情をごまかしたり、世間にいつわることのできない人であった。一般論として書かれたその「恋愛論」に対して女性識者から手きびしい批判が加えられ、つぎつぎに反対論が発表されて恋愛論争がさかんになったが、きっかけとなる事実があった。岡邦雄自ら恋のとりことなり、苦しい自己告白とその恋愛の理論づけをしていたのである。岡は現代は家族制度の崩壊期であるといい、新しい恋愛成立の根本条件は男女の「仕事の相互協力」にあり、その恋愛と結婚とは不可分であると主張した。「新恋愛論」他の文章のどこにも一人称は使われていないが、嘘のつけない正直者の岡を知る人々にとっては、赤裸々な告白以外のなにものでもなかった。

十一年十月九日付の『報知新聞』は、

「若い愛人を得たんで忽《たちま》ち〝実践派〟です
　　新恋愛論の岡邦雄氏家庭解消？」

のタイトルで、それまで語られなかった事情を詳細に報じた。

「新しきモラル・新恋愛論を提供してから、今日の恋愛論の氾濫《はんらん》時代を呼んだ評壇の雄、文化学院教授岡邦雄氏（四十七歳）が、その新恋愛論を実践に移し、二十年来のそうこうの妻みつ子さん（四十二歳）と六人の子供の家庭に別れを告げ、才色兼備の若いアシスタント桝本節子（二十六歳）との恋愛を一路結婚へ邁進、新しい恋愛に関心をもつ多くの人々に大きな問題を投げかけている。

――妻と恋人、これは岡氏の理論にあってはニつであってはならない。家庭を捨てるか、道は一つだ。そして今こそそのいずれかを実践的に決定すべき最後の分水嶺に立っている。勿論新恋愛論者岡氏の進むべき道はただ一筋、みずから提唱する新しきモラルの実践、妻を捨てて新しい恋人と結婚するの一路である。しかし現実に生活力なき妻子と如何にして別れるべきか、ここに岡氏一脈の悩みがある。……」

恋愛論が書かれる前提に恋愛があった。若い愛人とともに暮したいという男の強い願望が、「仕事の相互協力」などという「新」理論になったに過ぎない。妻の美津が容易に承知しないであろうこと、妻や子供たちに対して身勝手な犠牲をしいようとしていることは、岡自身が誰よりも痛切に知っていた。

思想を同じくし、階級意識を共有する男女の結合は、二人だけの自己満足にとどまらず、社会的意義をもつ。そう確信してこそ、当事者はあらゆる社会的非難に堪え得ると岡は「再婚論」に書いた。だが、当事者同士はそれでよくとも、残された妻子の受ける精神的物質的打撃はどうなるのかと問われたら「おそらく当事者は答える言葉を有《も》つまい」と書いている。したがって、こういう恋愛＝再婚は避けられれば避けたい。しかし多くの場合避け得ない「人生の一つの暗礁である」と岡の文章は結ばれている。

『婦人公論』十一年十二月号は、「岡邦雄氏をめぐる恋愛事件　その真相と批判」を特集し、当事者三人の文章と、識者による「岡邦雄氏の恋愛批判」をのせた。

岡ははじめて当事者としての立場で文章を書いた。

「……僕自身の場合にあてはめて見ると、二十数年の家庭生活を営み、多数の子女を生み、育てて来た家庭生活を一朝にして解消したり、格段に年齢の異る若い愛人の許に『移行』しようというのであるから、仕事の協同だとか何だとか理窟を捏《こ》ね廻してはいるが……世間の常識から見ると、実に乱暴な、身勝手な、不人情、不道徳、極まる行動に異《ちが》いない。僕自身としても、今迄の妻に対して別に嫌気がさしているわけではなし、二十余年前に、その時代と、その頃の僕の置かれた境遇、条件の下に、現在の妻を選んだことには、今もって聊《いささ》かの後悔も感じてはいない。のみならず子供たちとは切っても切れない肉親の関係が在り、その妻や子供が、こういう行動（まだ実際に起してはいないが）に対して黙っている筈もなし、感情の上では、子供はともかくとして妻としては到底堪え難いものがあるに異いない。この事件の発生は昨年に始まるのであるが、それから二年近く、荏苒《じんぜん》『移行』の決行を躊躇して来たのもその為である」

最悪の場合には完全に社会から葬り去られ、のこしてきた妻子の衣食の資に責任をもてなくなるという心配。年齢の相違による肉体上の不調和がやがて投げてくるであろう二人の結合への暗影に、戦慄的なものを感じると岡邦雄は書いている。それでも、「僕は、この年余にわたる苦しい考慮を尽して、今やひたむきに、桝本君との同棲の道に進もうと決心している」

というのである。子供たちの教育の責任について、

「何も教育すべき対象は自分の子供に限らない。自ら烈しく生活して、世間一般の若い人たちに烈しく生きることを教えることこそ真の教育であると考える」

と言いきっている。唯物論者として、困難な情勢下においてこのような行動は是認されるか否かと自ら設問して、

「唯物論者のみちは十八世紀フランス唯物論者の昔から非難と、デマと、抑圧に苦しんだみちである。僕も亦《また》その一人、しかも最も無力な、最も愚かな一人として、他の唯物論者からの非難さえ全身に浴びつつ、進んでゆく」

と答えている。しかしいくら言葉を重ねても、従来の家庭を捨てて新しい愛に生きようとしているその行為を、肯定させるだけの理窟があり得ようはずはなかった。「家族制度の崩壊は現代社会の不可避的な、必然的過程である」といい、戦場で戦闘員が一人また一人と敵弾に斃《たお》されてゆくように、家庭が崩壊してゆく過程で、たまたま岡家に敵弾があたったのであるという比喩も精彩を欠いている。家庭をこわそうとしている男の苦しまぎれ

な論理としか読みとれない。

それは承知の上で、岡邦雄は桝本セツとの愛情をつらぬくために、敢《あ》えてさまざまな理論づけをしたのである。

「僕としてこの行動を遂行するに当って最も強く胸を痛めるものは、子供に対してよりは妻に対しての顧慮である。妻は僕との多年の共同生活を楯にとって僕に激しく抗議する。……僕の立場として、茲《ここ》に妻との訣別をその心情の点に於てまで合理化するような言葉は今、一言も語らるべきではない」

これが岡邦雄の立場であった。夫人の美津は、

「岡が自分は公人として立って居り、硝子《ガラス》箱のうちに生きていると申しまして、愛人を得た喜びの為、家庭に社会に、あまりはっきりと語り始めたので、此の問題は、まだ最後まで行きませんうちに、社会に賑やかに取扱われることになりました」

と筆を起している。夫人も子供たちも、当事者いずれもが内情を公表しないことを望んだ。しかし、夫と桝本セツが書くとなれば、沈黙しているわけにはゆかない。夫がその理論を実践に移そうとする離婚には非常な無理があり、妻としても母としても譲歩の余地がないと美津は述べている。唯研関係の友人たちや美津の親族によって善後策が協議され、美津は最後の譲歩策として、

「恋と仕事とは勝手になさっても致し方ありません。朝は何時に御出掛けになっても、帰りは何時になっても我慢致しましょう。ただ家を出る事だけは御断り致します」

という意思を伝えた。だが協議の席の責任者は、美津の兄に「それでは桝本氏が承知をしないでしょう」と語った。美津には全面的な抗争しか道はないことになる。

「今微力な私と子供達とは暴風雨《あらし》のもとにいながら父としての夫としての反省を切に祈っています」

と妻の手記は結ばれている。三人の文章のなかで、いちばん明快なのは桝本セツの「私の立場」であった。それは「宣言ひとつ」といえるほど強い断定的な内容をもっている。

「心身のありったけを以って愛し得る人、そういう相手を男も女も求める。しかも求めて得られないのが普通である」

「……自分がそこに生活を見出し、努力を注ごうとしていた仕事に共に没頭し、同じ生活感情、生活態度、それを共に経験し得る異性があると知ったとき、その人が独身であるか大勢の子供を有《も》った既婚者であるかは、私にとって問題たり得なかったのである」

「……不可避的に起る葛藤とそれに対する全く不生産的な神経の浪費と世間からの批難、およそこれ以上の不愉快はないと思われる不愉快をこの二年間嘗《な》めて来た。……私にしても勿論相手が独身であった方が望ましかった。しかも事実は不幸にして岡氏だったのである。そしてそれは私にとって実に稀にしか得られないであろうよき相手だったのである。……この年余の間、惨《いたま》しくも続けられて来た岡夫人の激烈な抗議を最も強く身に反映しながら、夫人の蔽《こうむ》られる打撃を救い得る唯一の手段が、岡氏と自分との一切の個人的関係の断絶しかないならば、私はその家族の人々、殊に夫人の堪え難い苦しみを知りつつも、遂いにこの同情を表現すべき方法を知り得ないのである。その知り得ない苦しみの方が、夫人を始め、一般世間の人から直接浴びせられている怨嗟、嘲罵の声より何倍私にとって峻烈であるか分らない。それにも拘《かかわ》らず私は夫人に対する同情を以って己の立場に代えることは出来ないのである。非人間とも言われ、惨酷だとも言われよう。事実、客観的にはそれ以外の何物でもないであろう。私は赤裸々になって鞭を浴びる」

当事者として「微力ながらなし得る責任感の最大限度の表現は物質的援助のみ」であり、たとえ千金をもってしても夫人の精神的打撃に代えるべくもなく、しかも不幸にして物質的に十分な力をもたないと桝本セツは書いた。だが、

「吾々二人が物質的生活の最低に甘んじてもこの物質的責任は果したいと切に思う。吾々はただ共に棲み働きたいのである」

「私のとるべき途は唯一つである。このみちは常識と道徳とに対する一つの反逆であり、それ故に惨憺たる荊棘《いばら》のみちである。しかし吾々は如何なる困難にも、恥《は》じずに堪えて生

き抜こうと決心している。共に慰め、励まし合うものが吾々二人であれば」

この結句は、二十四歳という若さと世間的常識への反抗から生れた挑戦のようでもある。三者それぞれの文章だが、恋の当事者たちが力めば力むほど、妻の座にある岡美津が六人の子を擁して妥協に甘んじない事態がくっきり浮き彫りになる。

「岡邦雄の恋愛批判」のなかで、野上弥生子は岡邦雄がいう家族制度崩壊の弾丸は、キューピッドの矢の錯覚であろうと指摘した。なにかひどく特殊な恋愛事件のように思いこんでいる奇妙さ滑稽さをいい、また妻が夫に対する理解や共鳴の能力に欠ける女性であることをみきわめるのに、二十余年の結婚生活、多くの子女の産出は不要であったろうと言っている。ギロチンの発明者がやがてその刃物の鋭い斬れ味を体験するように、岡の「移行説」はやがて愛人によって実践されるであろうという予見も書かれている。

山田わかは、岡邦雄を中年の気迷いから目覚めさせ、人間としてもっとも重要な父の位置にたちかえらせるよう美津夫人の努力をのぞみ、桝本セツに対しては、「単なる自身の愛慾から、女性の身で神聖なる母性道の破壊者たる汚名を負わないように猛反省を必要とします」と語った。

神近市子は岡を恋愛論に関して観念の捕虜となったドン・キホーテ、桝本セツをワキ役サンチョ・パンサにたとえて批判した。

窪川（佐多）稲子は、岡の率直さを評価しながら、なぜその経験を自分の感情から出発させて深めようとせず、仕事や階級意識の助けばかり借りてくるのかと疑問を提出している。また、多くの恋愛事件は男の方に生じること、そして、「もうひとつ男性は、『父かえる』ということが女の場合よりずっと可能であるという潜在的な意識からくる或る安易さも存在することを私たち女は摘出していいだろうと思う」と暗示的な言葉を書いている。岡邦雄が生涯尊敬してやまなかった物理学者に石原純がいる。石原純は大正十年に妻と五人の子を棄て、歌人の原阿佐緒のもとへ走った。そして昭和八年、「父帰る」を実演している。妻のもとへ帰る日、石原純は五十三歳であった。この「恋の終末」はまだ人々の記憶に新しかった。

論争を通じて、誰も岡・桝本の行動ならびに恋愛理論を全面的に支持あるいは肯定していない。のみならず、この意気さかんな恋人たちの行先にまぬがれがたい破綻のあることを信じて疑わなかったようにみえる。

いま当時のさまざまな論稿を読み返してみても、この恋が成就するとはとても考えられない。三者の葛藤によって、何年かのちに若い女の方が去るか、男が刀折れ矢尽きて「父帰る」を演じるか、きわめてありふれた脆《もろ》い前途の予想される資料しか残っていない。

これだけ騒がれた「恋愛論争」であったが、岡邦雄の「事件」は、十一年末をさかいにジャーナリズムからきれいに姿を消してしまった。

岡邦雄は明治二十三年（一八九〇）一月、山形県の米沢で生れた。米沢藩士の家柄だが、明治維新で没落し、一家は東京へ出てきた。父親は岡の中学三年のとき病死し、男三人兄弟の長男として岡は学校を中退して町工場で働くようになる。夜は築地の工手学校に学び、明治四十年に東京物理学校に入学した。ここは夜間のみの学校である。四十分かけて歩いて通うほど貧しかった岡は、授業料を払えず、退学と再入学を繰返して、三年のところを七年かけて卒業した。

この東京物理学校在学中、岡は石川啄木の存在に着目し、深く心酔した。極度の貧しさの中にあって生きる自信の揺らぐ日々、つとめさきへの往復の途中、『東京朝日』の販売所の店頭で、その日の新聞を読む。文芸欄の啄木の文章には身にせまる感動があり、しばらく掲示板の前を立ち去り兼ねるほどであったという。啄木の死後、その死を悼む感想文を『文章世界』に投稿し、大正二年四月十三日、浅草の等光寺で催された啄木一周忌の集会にも出席して焼香している（岡邦雄『若き石川啄木』）。

啄木の窮死は、岡青年の心をつよく揺さぶらずにはいなかった。その一周忌への同行者が、文学仲間で投稿家の親友杉原三郎である。杉原は山形の水野藩の家老の子で、岡家と同様、維新後に没落して東京に来ていた。両家は麻布霞町にあって近く、同郷ということもあり親しくなった。岡夫人の美津はこの杉原三郎の妹である。小柄で愛敬のある顔立ちをしていたという。

大正十三年に一高の助教授になって、生活はようやく安定するはずだが、岡はそれまでの宗教的立場をぬけて、社会主義への傾斜をつよめていった。非合法下の日本共産党の影響下にあった「反宗教闘争同盟」に加わり、変名で機関誌に論文を発表するうち、昭和七年に一高を依願退職となっている。

戸坂潤、本多謙三、三枝博音《さいぐさひろと》、服部之総《しそう》、永田広志とともに唯物論研究会を発足させるのは、この年のことである。唯研は当時のインテリ、ことに学生たちにとってはきわめて影響力のある組織であった。「良心の最後の砦《とりで》」と言った人もある。

八年二月、岡邦雄は約一カ月留置場へ放りこまれたが、唯研に関してはなんの「犯罪事実」も立証されず、しかし留置の結果、物理学校の教職を追われた（岡邦雄「旧唯研のおもいで」『唯物論研究』三十五年四月号）。

唯研の事務所ははじめ内幸町の東北ビルの薄汚い二階にあった。桝本セツは本屋の店頭に並んでいた『唯物論研究』で会の規約を読み、昭和九年の秋に一人で訪ねてゆく。

この会は唯物論について研究する合法的民間団体として、講演会を開き、研究会をもち、月刊誌『唯物論研究』を発行した。ピクニックも催した。岡は中学生になった長男真琴が「唯研に行きたい」というと、「それなら、戸坂のときがいいだろう」といって息子を連れて行った。その席に桝本セツもいたかも知れない。しかし真琴は、戸坂潤の講演に魅せられつつ、部屋の隅に坐っている特高の方が気になってならなかった。

2 ロシア語のできる女性

桝本セツは、明治四十五年二月に長崎で生れた。父の卯平は外交官の小村寿太郎に愛され、そのすすめで東京帝大工科へ入り、造船を学んだ人である。のち近代造船術を実地に学ぶべくロンドンに渡り、九年間の留学によって、最高級の造船エンジニアとなって帰国した。

第一回国際労働会議へ日本代表として出席したほか、日本の造船界の体質の変革につとめ、『産業立国主義と現代社会』『自然の人小村寿太郎』など著書も多い。

桝本卯平は昭和初年に、「東京の真中に皇居があるのは市民にとって不便だから、閑静なところへ移転すべし」という意見を新聞に投稿している。明治人の反骨をもつリベラルな合理主義者であった。

だが女性関係は複雑で、四人の女性に六人の子を生ませている。セツは長崎の料亭で働いていた女性が生んだ長女である。卯平がセツをひどく愛したのは、父親の気質が三歳で生母と死別したこの娘にいちばん濃厚に伝わっていたからかも知れない。

セツが日本女子大附属女学校から女高師へ進んだのは、数学にあこがれてであった。だが、その校風への反撥から「マルクス・レーニン主義は恐れて近寄るべからざるものである」という校長の訓辞に、横を向いてクスリと笑ったり、校則に反して短い断髪でいたり、修身のテストは白紙で出したりした。

彼女の入学についての審議の際、「桝本卯平のような労働運動家の子を入れてよいかどうか」問題になったと聞くと、即座に決心して二年で退学してしまう。

直進する娘の性質に自身との共通性を見出して愛した卯平は、セツが次第に「赤く」なってゆくことに「セツ子にだけは骨をしゃぶられるようだ」とひそかな苦衷を洩らした。娘が中退すれば、女高師へ二年間の学資を返還しなければならない。蓄財に無縁の卯平は、だまって金を工面した。

セツが独学で食べてゆける仕事をみつけようとしてロシア語の習得を決める頃、卯平は癌で亡くなる。昭和六年、五十九歳であった。義母はその前年に亡くなっていて、一家はばらばらになり、セツは朝鮮京城の父の友人のもとへ身を寄せる。二年間の京城生活ののち、どうやらロシア語を読めるようになって帰国。やがて吸いよせられるように唯研の研究会へ出て行った。

セツは岡邦雄の名前をその著作で知っていたが、他の人よりも格段に大柄であることが目立ち、柔和な誠実な人という印象であった。このとき岡は四十四歳、セツは二十二歳である。岡は、若い娘が、物おじもせず、ピョンと岡の横にこしかけたので、ドキッとした。それがセツの第一印象であったという（桝本セツ「岡邦雄の一生」『思想の科学』四十六年十二月号）。

やがてセツは息苦しいほど愛してくれた亡父の面影を岡邦雄の上にみるようになる。「……私は、無意識の中にか、恋の中に父の愛を求めていた。異性のうちに父の片鱗を見出そうとしていた。それが見出されたとき、失くしたお金が見付かった時のように、ほっとしたのである。父と恋人、この本質的には異った二人の間に私は多くの共通点を見出すことができる。……若《も》し父が生きていたら私の恋愛について何というだろう。いやそれより、若し生きていたらそもそもこれが発生しただろうか」と騒ぎの渦中で書いている（桝本セツ「父子愛と恋愛」『綜合文化雑誌ペン』十二年一月号）。

岡邦雄の『新アンシクロペヂスト』の序に、出版に際して行き届いた配慮を受けた人として「桝本節子」の名が書かれ、感謝の言葉がささげられるのは、十年六月である。翌七月の『自然科学史講話』上巻の序文には、彼女がロシア語による資料を提供し、忙しい中を校正の仕事にもあたったことへ感謝が記されている。

この年三月、『唯物論研究』第二九号にマクシーモフの「現代自然科学における階級的矛盾の反映」がのる。訳者は桝本節子であった。同じ号に「資料・技術に関する文献」の寄稿があるが、岡・桝本の共同執筆である。桝本セツは『唯研』の数少ない女性寄稿家の一人となった。ナウカ社から、岡邦雄監修・桝本節訳でマクシーモフの『レーニンと自然科学』が出版されるのもこの年である。

本人は非合法活動に関係がないため警戒せず、気づかずにいたが、セツには特高の尾行がつくようになっていた。九月一日に中野署に検挙され、五カ月間の留置生活を送る。岡邦雄にとっては、卯平と同じく「骨をしゃぶられる思い」の日々であったであろう。十一年二月の釈放後、二人のつきあいは急速に進むことになる。

十一年六月、『科学と文学』の出版にあたり、「序にかえて」という文章を、岡は「M君」にあてて書いた。岡は自分の書くものになんら創見なく、最小限度の正鵠《せいこく》を射ているか否かさえ自ら危ぶまれるといい、「正直のところ、いま少し悄《しょ》げている形だ」と書いた。

「君は僕の現在の状態を、君自身のものとは相当距離があるに拘《かかわ》らず、理解し、信頼して呉れ、その上で研究的な仕事への努力を勧め、且《か》つその為の協力を惜しまないと言って呉れる。この点で一層僕は励まされる」

この文章は、二人の仲を公言しているにひとしかろう。長年月をかけて独学し、科学史という手つかずの領域に踏みいろうとしていた岡邦雄にとって、仕事の協力者は不可欠であった。しかも多感な岡の心をゆさぶらずにはおかないような青春遍歴を重ねてきた娘である。父親のリベラルな育て方によって、ものおじせず鬱屈を知らず、理科を志し、ロシア語を解し、しかも新時代の社会主義思想への傾倒をみせている。「悄げている」という岡の言葉は正直なところで、志す仕事はあまりに広漠としており、自らの力は小さい。貧困や母親との不和で神経衰弱になった過去をもつ岡にとっては、どこかバターの匂いのするモダンな桝本セツは、別世界から急にやってきて隣りへ坐った人であった。

一間きりの駒込のアパートで二人が共同生活をはじめたのは、十一年の終り頃ではないかと桝本セツはいう。日付がはっきりしないのは、完全な「移行」が不可能で、着たきり雀の岡が、本の入ったカバン一つさげて家庭をとびだして来、美津によって繰返し連れもどされる分断された生活だったせいもある。

岡夫人の美津が、ギリギリの妥協案も無視した「夫の家庭放棄」を許さなかったのは、当然である。こういう事態においての三者の関係は、現在もよくあり、ほとんど変ってはいない。男性の願望を彼自身の過去が封印するのである。

美津はある日訪ねてきて、昼間というのに布団が敷かれているのを障子越しにみて、七転八倒の苦しみをはじめた。腹部にヒステリー球とよばれるしこりができ、本人は非常な激痛を感じる、その発作である。

岡が出てゆき、妻とともに家へ帰ることにすると、発作はたちまちおさまった。芝居じみた発作のようにみえるが、医学的にもこの種の症状はあり得るという。岡美津の心の葛藤がいかに凄まじく、追いつめられた嫉妬に灼かれていたか、悲しいような話である。

従順に妻とともに家へ帰って行った岡は、文化学院教授として授業のため家を出、帰り道、その足はセツのもとへむかう。美津がまた迎えにくる。その繰返しであった。転居してもすぐに転居さきを探しあてて、美津は姿を見せた。

恋人たちは、ダニレフスキーの『近代技術史』の翻訳をいっしょにはじめていた。古い機械や武器の名称を調べに上野図書館へ日参する。ここは苦学した岡の古戦場であった。帰りは上野動物園へまわって動物をながめ、本郷の切通しを手をつないで帰ってゆく。印税収入もあって妻子を困窮させることはない。新生活の二人には輝くような、残された家族には腹ふくるるという以上の日々であった。

美津は二人が留守のアパートの部屋へ来て、二人が一緒にうつっている写真をみつけると、一枚残らずアルバムからひきはいでいった。若い頃のセツと岡邦雄が並んだ写真は一枚も残っていない。

十三年十一月二十九日朝、岡邦雄は妻子のいる自宅から、桝本セツはアパートから検挙される。唯研のメンバーが一斉検挙されたのである。日中戦争の第二年目、中国戦線は早くも膠着《こうちゃく》状態にあった。直接政治運動にかかわらない研究活動も息の根を絶たれる時代が到来していた。

こういう男女関係で、岡と一緒に捕えられたというなら、愛人としてわずかに救われもしよう。だが、岡邦雄は「妻」のところから検挙されていった。美津にはいくばくかの救いがあったかも知れないが、セツの胸中は複雑であったであろう。しかし、セツは陰湿な想像力や感性をふりはらった。事実は事実に過ぎないと考えた。岡への信頼にゆるぎはなかった。自信があった。

官憲の逮捕については、岡と出会う前にもすでに洗礼を受けている。逮捕された留置場で革命歌をうたったため、手錠をかけて三階へあげられ、二時間にわたって竹刀《しない》でぶたれた。夏の薄着の時節であった。男たちは若い娘の羞恥心につけこもうと、洋服の裾をまくって竹刀を突っこもうとする。セツはその手に食いついていった。内出血のアザが消えないため、二十九日の留置はさらに十日間延長になったという経験があった。

岡が警察の留置場をたらいまわしになっているとき、セツは一カ月後に駒込署で肺炎にかかって東大病院へ送られ、入院中に執行停止になった。岡を調べていた特高は「転向したら（桝本に）会わせてやる」と言ったという。四十八歳の学究は、当時はすでに老人組である。老いらくの恋などという言葉はなかったが、特高のこの言葉には、岡・桝本の恋愛関係に対する卑俗な好奇心が感じられる。岡は警察に一年、未決に一年とじこめられ、二人は二年間会えなかった。

セツは人恋しさに感傷的になる前に、食べてゆかなければならなかった。文学偏重の語学者の多い中で、「理科の万能翻訳者として最初にして最後の人」（田辺振太郎談）といわれるセツのロシア語はものを言った。白鳥庫吉が所長の蒙古研究所には、専門知識を要求するロシア語の基礎資料が多くあり、セツは得難い存在であった。白鳥は「おーい、ロシアの女」とよび、「君は春秋に富んでいるから」と言ってその能力を尊重した。

「出来高払いでね、おカネは入ったのよ。戦争は迫ってくるし、書痙《しょけい》になるほど仕事して、十年くらいつくらなくっていいように、洋服をつくったの」

そう語るセツは、その時つくったカシミヤの服を自分でリフォームしたしゃれた服装をしていた。

岡は文化学院の教職を失い、天下の風来坊となって、十五年の十二月二十日に保釈で出所した。

「私のところへ帰ってきたのよぅ」

とセツはめずらしく万感のこもった声で当時を語る。


保釈になった岡邦雄は、前途に治安維持法違反事件の裁判をひかえていた。ヨーロッパでは前年九月に第二次世界大戦がはじまり、十五年九月、ナチスドイツの戦果に幻惑された日本は、日独伊三国同盟に加盟して、枢軸国の一員としてあえて火中の栗を拾おうとしている。容易ならぬ時代はついに足もとまで来ていた。二年間シャバの生活から遮断されて、岡は暗黒時代の到来を思い、私生活をいかに処理するか苦悶し考えぬいたものと思われる。生活費を確保する方途はたたず、すでに長男の真琴は海軍へ入団して、妻子は内と外からの暴風雨にさらされていた。

釈放されたこのとき、岡ははじめ妻子のもとへも、桝本セツのもとへも帰らなかった。一人暮しをはじめたのである。どう生きてゆけるのか、刻々戦時色に塗りかえられてゆく社会を思って息をひそめて考えていたのであろう。だが、最後に決断した。妻のもとへ行き、衣類その他、生活に最低限必要なものを持ち出すと、青山ハウスの桝本セツのもとへ直行した。

岡邦雄はこのときどういう言葉で美津を説得したのか。二人とも故人となってしまった現在では確かめようもない。どんな説得も美津を納得させることはできなかったであろう。しかし二年間の拘禁生活ののちに、さらに桝本セツとの生活に踏みきろうという夫を、妻ははばみ得なかった。岡邦雄という人物の個性と人柄、さらに「弾圧と戦争の時代相」の二つと重なりあわなくては可能であったと思えない。子供たちが大きくなって母親の相談相手になったことや、二年間の夫の完全な不在も、美津の感情の沈静に役立ったのであろうか。

青山ハウスでの同居生活は、二年七カ月つづく。執筆禁止となっている岡は、友人石原純の名前を借りた『科学史』その他の著述に没頭した。十八年に出版された『技術史物語』二巻は、杉原三郎が著者になっている。美津夫人の兄である。このあたりに、岡邦雄という人の、真摯でこだわりのない性格がのぞいてみえるし、周囲の人々はそういう岡をときに扱いかねながら、許容せざるを得なかったのであろうと思われる。

セツとの共同生活に踏みきったといっても、月に何度かは妻子のもとへゆき、相談にものり、子供たちの教育に配慮もした。子供たちもすでになにが起ったのか知っていた。だからといって憎んだり怨んだりする深刻な空気は、子供たちにはなかったと思うと岡真琴はいう。娘たちの結婚式には、岡は父親としてきちんと出席した。誰も岡の行為を「浮気」とは思わなかった。誠実で無私心を尊重する岡に「浮気」などできるはずはないことをよく知っていたのである。

青山ハウスでの暮しが落ちついて、セツは子供を生む気になった。それまでにも母親になる機会はあったが、生める状態ではなく、中絶手術を受けたという。

十七年九月、セツは長男を生む。英米を相手の戦争は、すべて「勝報」だけが喧伝されたが、この戦争の前途になにがあるのか、岡もセツも知りすぎている。二人は保釈の時間が切れるのと競争するように、十九年四月には長女の親となった。青山通りを地ひびきをたてて戦車の列が過ぎて行くような日々である。六月、岡は戸坂潤とともに唯研事件関係の最高刑である三年の実刑判決を受け、七月半ば、東京中野の豊多摩刑務所へ下獄した。

桝本セツは父の死後、単独で別戸籍をつくっていた。生れた子は、そこへ入籍する。認知することは美津が許さず、セツは父の欄が空白であっても岡の子である事実は動かないと考えて、子供を生むことに迷いはなかった。文字通り「未婚の母」であることに逡巡などなかった。貧乏は忠実すぎる従者のようについてまわったが、それも苦にはならなかった。この楽天性が、本来成立しにくく、また継続も困難な愛情関係を守ったことになろう。

岡の下獄した日、セツは一歳十カ月の長男と、生後三カ月の長女をかかえていたのである。

東京から食料が消え、下獄してゆく岡もひどく痩せていた。セツは乳の出が悪くなり、ビタミンBのアンプルを買って子どもたちに自分で注射することを覚えた。

九月はじめに下獄した戸坂潤は、その数日前、古在由重とともにセツをたずねてきたが、それが、戸坂潤を見る最後の機会になる（二十年八月九日獄死）。

「このまま東京にいたら必ず死ぬ、と小さい二人の子供を抱きながら思った」とセツは書いている。疎開の決心を語り、別れを告げるべく、豊多摩刑務所へ行く。生後五カ月の長女は、丸坊主になった父親の異形な姿に怯《おび》えたのか、はげしく泣いた。

セツは岡の友人中西功の郷里である三重県の土羽《とば》（現多気町）へ疎開した。もはやロシア語の翻訳などの仕事はない。セツは村の新聞配達をして働き、土地言葉に馴れ、共同井戸の生活にとけこんでいった。岡からは二カ月に一度くらいのわりで便りが届いた。ギッシリと書いた文面には、詩や歌がはさんである。刑務所の食物が極端にすくなく悪く、冬には体が参ってしまい、二十年の春、岡は病監へ移されていた。獄舎の不潔と栄養失調によるカイセンが、岡の躰にもひろがっていた。

戦争は末期の症状を呈し、新聞は東京が大空襲を受けたことを報ぜざるを得なかった。

疎開のために別れを告げにいったとき、それが最後の別れになるという不安は感じなかったのに、疎開地の上空を飛ぶＢ29の編隊をみながら、セツはひどく不安な思いにおそわれはじめていた。空襲下の囚人、ことに思想犯がどんな扱いを受けるかを思えば、身の慄えるような惧《おそ》れがある。

「よしもう一度だけ会おう」

東京行きの切符をやっと入手し、空襲警報下、子連れの旅をして豊多摩刑務所へ行った。だが、会うべき人はそこにはいなかった。一週間前に仙台の宮城刑務所に移されていたのである。

むなしい思いを抱いて新宿から中央線を使って帰途につく。途中、揖斐《いび》川の鉄橋は爆撃で破壊され、汽車は不通になった。わずかに保線の人々の渡る細い架橋が通じている。その細く揺れる橋を渡った。子供は疲れ果てて歩かなくなった。

八月十五日の放送は、文句は聞きとれなかったが戦争の終結を直感して、セツは大きな喚声をあげて子供を抱きあげた。離乳期の長女は食料不足による消化不良で、ふっくりしているべきお尻の肉が落ち、へこんでしまっていた。

治安維持法は消滅し、思想犯たちは即刻釈放されるべきであったが、この稀代の悪法は十月十五日まで生き長らえる。

十月四日、GHQは天皇に関する自由討議、政治犯釈放などの覚書を東久邇内閣に通達し、同内閣はこの覚書を実行できないという理由で総辞職した。だが、政治犯の釈放は目前であった。このニュースを新聞で知ったセツは、下の子を乳母車にのせ、長男をつれて、何十分も畑中の道を歩いて駅へ行き、毎日岡の帰りを待った。

岡は栄養失調によって、ほとんど死にかけた状態で釈放されていた。三重県まで辿りつくにはあまりにもひどい衰弱であった。岡は次男の疎開先で六日間寝て回復を待ち、セツ母子の住む村へ向った。

待っても待っても帰らない岡に、出迎えをあきらめた日、岡はただ一人、ようやく辿りつくようにして帰ってきた。刑務所の官給品の服は、身動き一つできない満員の列車の中で栄養失調特有の下痢をしたため、背中まで汚れていた。岡は稚《おさな》い長女と同じように肉の落ちてとがった尻になっていた。セツの打つビタミン注射が、岡と長女の生命を救った。

3　ある愛の結実

三枝博音の世話で岡は東亜冶金《やきん》専門学校の教師の職を得、十一月、家族四人、疎開地を引きあげて横浜の戸塚へ移る。一家は学校の裏山にある元海軍技術研究所の狭い宿直室で暮した。やがてセツは三人目の子を妊《みごも》り、人並みに住める場所を探す必要を生じた。三枝の世話で軽井沢の荒れ果てた空き別荘の一つを斡旋してもらって移るのは、二十一年の七月である。戦争中の荒廃がそのまま残っている軽井沢は、十月から翌年七月までストーブを焚いたというほどの寒い土地であった。その寒さの中で岡は『自然科学史』(七巻)の執筆にとりくみ、セツは二十二年一月、次女を生む。

零下十四度にもなる土地柄とあって、水道は凍結し、風呂水は雪を運んできて使い、飲料は川から汲んでくる生活である。力仕事は岡や男衆がやったというが、軽井沢の七年間は、敗戦前に劣らず、容易ならぬ日々であったようである。

岡と桝本セツは、二十一年に日本共産党に入党した。二人にとってはきわめて自然な選択だったのであろう。そして、岡は二十二年に関西地方から参議院選挙に立候補し、落選している。選挙は岡の意志というより、党の方針によるものであった。

岡は軽井沢細胞のキャップであった。二人は毎朝交代で四時起きし、駅まで四十分の道を歩き(二人とも自転車に乗れなかった)、駅で『赤旗』の包みを受けとると一部ずつ折りたたみ、六時頃までには配達を終えた。

二十三年の秋、軽井沢生れで数え二歳の次女が、原因不明の疫痢《えきり》様の症状を起し、わずか二十四時間後に死んだ。ろくに食料のない時代であったからか、子供は息をひきとるとき、「パン、パン」と叫んだ。この幼なすぎる死は、絶対に親の責任であると思えば、セツは心がひき千切られるようであった。

小さな棺に寝かせられる娘に、岡は毛布を敷いてやった。火葬場は故障していて、野天で焼かれる。家から赤旗に包まれてリヤカーで運ばれてきた棺がおろされると、焼場の男が棺の中から毛布をひきはいだ。岡はこの辛い儀式に立ち会うことに耐えられなくて、上の二人の子供と家にとどまっていた。

小さな躰であるというのに、腹部はなかなか焼けない。セツは娘を焼く火を一人でじっとみつめていた。ティーカップに一杯もないわずかな骨が残った。この子も、桝本セツ一人を親とする戸籍のもとに生れてそして死んだのである。そのことに後悔も感傷もない。だが、小さな命を救ってやれなかった母親の悲痛は、形容を絶するものがあった。

岡は次女の死の打撃に耐え得なくて、どうしてももう一人子供がほしいといってきかなかった。セツは三十八歳で三女を生む。文字を変えて、死んだ子と同じ名前をつけた。

産褥《さんじょく》からようやく起きる頃、岡邦雄は占領軍の「政令違反」で逮捕され連れ去られた。軽井沢町にはった百余枚のビラが占領軍の忌諱《きい》にふれたのである。「占領目的を阻害するとみられた」「占領政策誹謗の容疑」と新聞は報じている。六十歳の共産党員は、軽井沢の町へ手書きのビラをはって歩き、朝霞の米軍キャンプに送られて、軍事裁判にかけられた。朝鮮戦争さなかのことである。

新生児と子供二人を抱え、働くにも働けないセツは、生活保護を受けた。上部の命令のまま、愚直とさえいえる行為をして、軍事裁判にかけられた老境に近い岡と、必要を生じたら判断と実行にためらいのないセツと、好対照な二人の性格がここにもみえる。

禁錮十カ月の判決を受けた岡は、ある日突然釈放され、また丸坊主になって帰宅した。長男も長女も、小学校へあがる年齢になった。保護者の欄は「桝本セツ」である。父親と死別した級友は「お前もお父ちゃんいねえのか」と親しみをみせていたのが、のちに「なんだいるじゃないか」となじった。「なんでお父さんと名前が違うのだろう」という声も耳に入ってきて、長男は小学校生活にチョッピリいやな記憶がある。

岡は上京するとき、長男や長女を連れてゆき、美津との間の長男真琴のところへ泊った。真琴が軽井沢へ遊びにくることもあった。応召中の真琴は母親の寂しさを思い、なんとか生きて帰りたいと願っていたという。二十一年に復員し、父と愛人、その幼い子たちにははじめて会うことになった。真琴の弟も軍隊から帰ってきた。

真琴が、「なにせ、兄弟だからな」と言い、弟として可愛がってくれるとき、セツの長男の方は、「真琴ちゃんに俺が兄貴だといわれても、ぼくは長男だから困るんだなあ」と子供心に思っていた。親戚のお兄ちゃんという感じであったという。

軽井沢の荒れた住居に、突然美津が訪ねてきたこともあった。ちょうど岡は不在である。子供たちをつかまえて、美津はすこしグチを言った。収入がほとんどなくて、レース編みの内職をやっているセツに、美津は「そんなもので食べてゆけるはずがない」と言った。長女はこのとき「あんたのお母さん、泥棒なんだよ」といわれたことを記憶している。しかし、二つの家族は交流し、年長の子たちは、母の違う弟妹を半ば親のような気持でよく面倒をみた。

美津は、戦争で息子たちを軍隊にとられる不安の日々を送り、娘や息子たちの恋愛や結婚をめぐって、母として苦労の多い人生を生きてきた。わが子がセツの生んだ子たちとゆききすることに、子供たちに裏切られたような寂しい気分も多少はあったかも知れない。しかし、夫とセツとが通った共同生活の凄じさは並みはずれていた。夫が自分に対して「すまない」という気持をもちつづけていることもわかっている。法律上の妻であるというだけで、先方の生活を転覆させようという気力はもはや美津からも消えていた。戦後、関西電力の東京寮で寮母になったのは、働けるうちは働こうという気持だけでなく、愛憎をこえざるを得ない時間があり、惨苦ともいうべき生活にすこしもたじろぎを見せないセツに闘志を失い、改めて人生を歩み直すふんぎりがついたということもあろう。

岡邦雄とセツ、そして三人の子供たちは、二十七年の暮に東京へ出てくる。岡は執筆活動と末端の党活動とによって、躰を悪くしていた。セツは二歳の三女を岡に預けて働きに出た。小学生になっている上の二人は、夕方になると駅へ行って母の帰りを待った。現在小児科医になっている長女は、「ママが死んだらどうしよう」と思って、電車のなかでひどく泣いた日のことを語った。

岡は末っ子の三女を溺愛《できあい》した。あわせて十人の子の父親となりながら、一度も子供にベタベタしたことのないという人が、終日面倒を見、話相手になり、肩車をして連れて歩いた。死なせた次女の記憶もあり、六十すぎの子として、親との縁が薄いことを予感もし、働く母親においてゆかれる子が不憫《ふびん》でならなかったのであろう。

こういう生活にあって、岡もセツも、子供たちに家事の分担を命じるようなことはなく、ことにセツは、時間がある限りすべて自分で家事を片づけた。岡はセツの留守中御飯を炊き、結んで味噌を塗り、茄子《なす》を煮たり魚を煮たりして、子供たちに食べさせていた。

セツは妥協のできないところがあり、職場は長くつづかず、幾度かかわった。貧しいことはかわりなく、長男は中学校の制服の黒サージの詰襟服を買ってもらえなくて、母の手編みのセーターと米軍の払い下げ品であるジーンズで学校へ通った。つぎのあたらないズボンは一枚しかなかった。高校生のときには真琴の会社へアルバイトに行っている。高校の修学旅行にはゆけなかった。長女は三百円の給食代がなくて、母親から教師に説明するようにいわれたが、いいわけが出来なくて立ち往生した。それでも、

「十一円しかないけど、あしたどうする？　ゲラゲラゲラ」

と笑っているような家庭だったと子供たちはいう。現金がないこと、衣類がきわめて質素であることがこの家の暮しぶりであった。

岡の著作活動の中心は「教育」に定まりつつあった。啓蒙的な役割を果したあと『小学校現場理科教育』や『科学技術教育の基礎』のような本を書くのに、岡邦雄は通ってきた人生でもその学識でも、きわめて適任といえた。しかし、一貫して唯物論を支柱として固持しているところが、この人らしい特徴であった。セツの方はサイバネティックスに関する翻訳や、『入門ロシア語——理工学者のために』、『科学ロシア語入門』執筆などの仕事をつづけていた。東欧圏との貿易がさかんになると、商品カタログのロシア語訳の仕事がふえ、生活はすこし豊かになった。

躰が衰えてきて三年間ほど息子のもとに身を寄せていた美津は、三十七年の秋、脳出血でたおれた。寝たきりの美津を岡はたびたび見舞ったが、人事不省になってからは一週間

ほどつききりだった。

「亡くなった日、父は母と床をならべて寝たんですよ」

と岡真琴は大切な思い出をとりだすように語った。情が深くて、青年時代のキリスト教信仰の生真面目さを終生失わなかった岡は、他人であり妻である美津のなきがらの横でなにを考えていたのか。岡は七十二歳。美津は享年六十六であった。美津の葬儀に岡はセツとの末っ子を連れて列席している。

暴風雨を家庭の中にひきおこした日から、二十六年が過ぎていた。岡美津は邦雄の戸籍上の妻としてその生涯を終った。

美津の死のあと、あまり本気ではなく戸籍の問題が話題にのぼったとセツの長男は言う。当時、長男二十歳、長女十八歳、三女は十二歳だった。入籍する気があれば、もはや誰も反対はしないはずであった。

長女と三女は「岡」姓のあとへ自分の名前をつなげてみて、「カッコ悪い」といい、やはり「桝本」の方がいいといった。セツには入籍の意思はなかった。籍が問題になるような屈託のある家庭ではなく、子供たちは親たちの生活をごく自然に受けいれていた。

あいかわらず貧しい一家は、岡の誕生日に好物の筋子を一腹買い、半分を岡に、残りは家族四人で分け合う程度の贅沢を知った。家族そろって旅行に行ったことは一度もないし、外で食事をしたこともない。軽井沢時代は別として、「家庭」を出たあとの岡邦雄は、死ぬまで風呂のある家に住むことはなかった。

平穏な晩年といいたいが、三十九年に岡は日本共産党を脱党する。セツはその七年前に脱党し、岡は懊悩しつつ決断できずにいたのである。

長女の東大在学中に東大紛争が起き、医学部の学生であった娘は警棒で頭を割られた。血に濡れた髪は両親に衝撃を与え、怒りに点火した。二人は救援のため、連日のように警察へ差入れに通った。唯研時代に二人をとらえていた同じ熱い血が、また燃え熾《さか》りはじめているようであった。

岡邦雄は東大紛争のさなかに家を出て学生結婚した長女が、産院から赤ん坊を連れて戻ってきたとき、「ああ、よく帰ってきた」と大きく手をひろげて迎えた。この話をすると き、長女の眼に涙がみなぎった。岡はこの孫に生涯最後の愉悦を見出していたようである。狭い借家の二階に娘夫婦は住み、孫が這いながら階段を昇りおりするようになると、岡はきつく絞った雑巾で繰返し階段を拭いた。家族はいっしょに揃って暮すべきであるというのが、一度は家庭を捨てた父親の信条であった。

セツは父であり夫である岡邦雄との生活が、まだずっと長くつづくと信じていた。岡のように大きくて温くて正直な人は、九十歳もそれ以上も生きるべきであった。まるで頭のはげた子供が一人いるように手のかかる岡を、はじめて会った日と同じように大切にいとしく思えることは、セツにとっては倖せであった。

しかし、四十六年三月十一日早朝、岡は脳塞栓で倒れる。一瞬の病変はその意識と記憶をずたずたにした。入院生活もしたが、かたときも眼をはなすことの許されない患者は結局セツのもとへ、中延の小さな借家へと帰ってくる。セツは詳細な「病床日記」をつけているが、失禁し、やたらに着衣をはいで裸になろうとし、あばれてベッドから落ちる岡を看病して、セツ自身病人になりかけた。食べることに目がなくて、「ああ腹の皮にジッパーがほしいなー」と言い、「お前、絶対に亭主を太らせないという責任を感じな」などと言っていた岡の躰は重い。セツはギックリ腰ぎみであった。切れ切れの意識の中で、岡ははじめて会った頃のように「セッちゃん」とよんだ。

真琴やその弟が見舞いにきて、看護をかわってくれた日、セツは「大だすかり」と「病床日記」に書く。美津とセツ双方の子たちが、父親の看病にあたった。こだわりはなかった。入学や卒業祝いを両親のかわりに買ってくれた兄や姉であり、父へ仕送りがされていることもセツの子たちは知っていた。岡邦雄は幸福な病人であった。軽井沢時代以来二人が使ってきた古い鉄製のダブルベッドで岡邦雄は眠っていた。

最期の日となった五月二十二日、午前二時、熱は四十度を越し、十時、四十二度五分に達する。セツは真琴や友人の田辺振太郎に電話連絡をとった。

この日の「病床日記」。

――午後五時三十分「あったかいおかゆ」、六時三十分頃から悪感はげし。八時、体温四十度。

そして午後九時、

「まだ四十度。四十度になったら一応悪感やむ。時々うわ言。

カアチャン　もう　ダメダ。

十一時呼吸トマル
熱まだ四十二度以上のこる」

岡邦雄は死の瞬間までたたかって、そして死んだ。

岡の死はセツを打ちのめした。セツは子供のように号泣し、それから半年間涙を流しつづけた。彼女にとっては、あまりにも早すぎる死であった。

岡邦雄の業績については、自然科学の歴史の普及にはじまり、晩年の産業教育研究とのかかわりを含めて、触れるべきことはきわめて多い。しかし、桝本セツによって墓碑銘のような「岡邦雄の一生」が書かれており、それ以上のものを書き加える専門的能力は私にはない。

岡邦雄の葬儀は真琴の発意でセツの長男を喪主に加えていとなまれた。その遺骨は、妻の美津や両親たちといっしょに岡家の墓所に納められている。

桝本セツ自身はどこに葬られるつもりであるかを聞いた。

白菊会に献体する手つづきをしてあるから、死後についての処置に心配はいらないというのが答である。

岡邦雄は知らなかったが、セツは軽井沢で喪《うしな》った次女の掌いっぱいほどの骨を、包みのままゴミといっしょに捨てている。死後にはまったくなにもないという徹底した哲学である。そのセツが、軽井沢を離れて以来、一度もその土地を訪れていない。遺骨はもはや無機物であっても、幼くして死んだ子供、その子を焼いた火の色をこの人は生涯忘れないだろうと思う。

四十三年前、恋愛事件の当事者の一人として書いた文章の冒頭に、桝本セツは、

「将来或いは屢々《しばしば》起り得るであろう同様の事件に際し、私と同じ立場に立つ同性が、良かれ悪かれ何等かをここに学び得れば幸である」

と書いた。そして今、いかにも脆いと思われた恋愛は苦闘のなかで成就し完結している。

だが彼女ははじめ、「個人的なことであり、恋は論じるより実践するものであって、語りたくない」と言って、書かれることを峻拒したのだった。

　桝本セツは六十八歳。岡の死後、ロシア語もふくめて仕事から身をひき、孫たちの洋服づくりやケーキを焼くことで静かな時間を送っている。だが学生たちに検挙者が出たと聞けば、救援の仕事を手伝わずにはいられない。血は依然として熱いのである。化粧をせず、湯で顔を洗わずという多年の習慣のせいか、その皮膚はきめもこまかくはりがある。涙もろく、推理小説が好きでカラリとした人柄、そして今も好奇心いっぱいの人である。

「うちのお母ちゃんなんか、いまあんなだけど、若い頃口紅なんかつけて、いやだったんだぞ」

　と息子に語ったという岡邦雄の言葉が思い出される。「昨今の未婚の母の観念はきらいだ」と、三十七歳になった長男は言った。

初代女性アナ翠川秋子の情死

翠川秋子

1　失踪

翠川《みどりかわ》秋子の遺体があがったのは、昭和十年八月二十日の朝である。千葉県の館山は、海水浴客でにぎわっていたが、そのにぎわいからすこし離れた海岸へ漂着した。派手な海水着に首飾りをつけていたという新聞記事もあるし、真黒の海水着姿という記事もある。

新聞によれば、翠川秋子はかぞえの四十三歳、前日の午後三時頃に逗留《とうりゅう》中の館山北条町の旅館を出、貸しボートで沖合へこぎだしていった。秋子には同行者があり、宿帳には会社員黒田潔三十歳、黒田洋子三十九歳と記されて、七月三十一日から泊り客となっている。二人はボートで沖へ出て行ったまま、夜になっても帰らなかった。

秋子の遺体発見の時点では、同行の青年の行方も知れず、その姓名も不明であったが、翠川秋子その人については、すでに半月前、八月六日の夕刊で失踪《しっそう》が伝えられ、三面記事の恰好《かっこう》の材料になっていた。

秋子は女性としてラジオのマイクの前に立った最初の人である。東京放送局（現ＮＨＫ）が愛宕《あたご》山で本放送をはじめたとき、第一号の女性アナウンサーになった。在職期間は大正十四年六月から十五年一月までの短期間に過ぎないが、芸名として使った翠川秋子というはなやかな名前、当時としてはめずらしい断髪と洋装姿、そして美貌、加えて子づれの未亡人という話題の多い女性であった。

「碧《(ママ)》川秋子女史

　三児を見事に育てあげ

　任務終れりと家出す

　初代アナウンサー悲しき母の一生

　永遠の憩いを死へ？」

これが『読売新聞』八月六日夕刊にのった「失踪」第一報の見出しである。

秋子の子たちは、母の「不在」になにも疑いをもっていなかったのだが、三人きょうだいの末子で船員である次男（二十歳）が八月二日に横浜へ帰港し、母から送られてきていた郵便物を開いて異変に気づいた。

――子供たちはもう大きくなったから私も安心だ、生活に疲れた私は死の家出をする。死体は絶対に判らないようにするから探すのは無駄だ。海の底から子供たちの幸福を永遠に祈っている。私の家出した日を命日としておくれ——

日付は七月二十五日、手紙のほかに黒髪と、秋子の半生記ともいうべき手記とが送られてきていた。

長女と長男は東京にいる。二十四歳と二十二歳になっており、長男は徴兵年齢に達して兵役を満州ですませ、この年の六月に除隊になって帰ってきたばかりであった。長女は一度嫁いだが戻ってきて、自活している。

長女は母が旅に出る二週間前、新宿でいっしょに食事をした。

「写生にゆくから、お願いね」

と母親はいい、娘はいつものように信州かどこかへ写生旅行にゆくものと諒解《りょうかい》した。だが、末弟から知らされて改めて母の部屋を探すと、母の命日と戒名を書きこんだ一家の系図がみつかった。子供たちは相談の上、八月六日、ひそかに捜索願を警察へ出したのだが、その日のうちににぎにぎしい記事にされてしまった。「死の失踪」を伝える記事の末尾には、

「子供の成育を目標に夫の死後ひたむきに働きつづけてきた母としての勤めが終わり、また夫への責任を果してみるとそこには心身ともに疲れ果てた寂しい自分の姿をみた。そのとき起きた女史の念願はひとり静かに休みたいことであった。休養——そして彼女は憩い

を永遠の死に求めて失踪したものらしい。警視庁では近県各署に手配して捜査しているが、すでにどこかで自殺を遂げているものとみている」

とある。

だが、この八月六日の時点では、翠川秋子は生きていた。夕刊にはじまる一連の新聞記事を読み、十六日発売の『婦人公論』九月号に早くも「姿なき母の言葉」と題する文章が次男の名前で発表されたこともおそらく知っていた。その追加印刷されたらしい別刷り挿入の六頁の冒頭には、

「死の家出せる母翠川秋子の秘めたる日記によりて――」

と書かれていた。母に向けて、生きてもう一度姿をあらわしてほしいというよびかけとして寄稿されたのであろうが、生還を願うよりは、すでに「事終れり」という感じのつよい記事のあつかいである。

八月二十日朝、東京池袋の藤川弁護士宅に長男京次からの手紙が配達になる。七月二十五日以来帰宅しない息子の身の上を案じていた父親は、その手紙を見てすぐ館山へ急行した。

「二十九年間に亘《わた》り長い間いろいろ御心配かけました。どうにもならない事情でお先に行

きます。どうぞお許し下さい。不孝の罪をお許し下さい。後はお探しにならないで下さい。状差しに知友録があるから御通知して下さい。不孝の子より」

藤川京次は秋子の同行者であった。この日の午後、翠川秋子の遺体が打ちあげられたわけである。

青年の遺体は、一夜波間に漂っただけの秋子の遺体は、きれいな死顔であったという。行方不明になってから五日目、二十五日午後に発見された。ちょうど秋子の告別式の日であった。蒲田区役所に勤める二十九歳の独身青年である。昭和六年に中央大学を卒業したが、在学中、ラグビー部に属して主将をつとめただけでなく、卒業後もラグビーをつづけるために研究科に籍をおいていたという。

東京から姿を消した七月二十五日から二十六日間、二人は千葉の海岸の宿を転々としながら生きていた。

二人が知り合ったのは昭和八年の暮、関西から東京へ向う夜行列車の車中といわれる。秋子は当時嘱託《しょくたく》をしていた白木屋デパートの仕事で出張した帰りであり、藤川京次は中大ラグビー部の関西遠征に同行していた。

バラバラの席に坐っていた二人が、なにかのきっかけで話しあうようになるのを、いっしょにいたラグビー部の後輩が何人も目撃している。藤川は試合で左手を負傷し、包帯をまいていた。

「その手はどうしたんですか」
と翠川秋子が訊ねたのがはじまりだという人もいる。
「恋の骸《むくろ》と消えた翠川女史
〝母性〟解消の失踪は
女人愛欲の情死行
若き愛人と最後の営み」
というのは遺体発見後の新聞記事の大見出しである。母から女への「転落」、そして息子のような愛人との情死。真相は不明のまま、追いつめられた理由として秋子の妊娠説もひろまり、二人の死は世間の好奇心の餌食《えじき》になっていった。

2 結婚

菩提寺の過去帳にある秋子の歿年《ぼつねん》は「四十三歳」である。四十三歳であれば、事件当時世間が噂をしたように、若い愛人の子を妊《みご》るということもあり得るかも知れない。

しかし、長女はいま、

「母にはそんな様子はまったくなかった。解剖もしていないのになぜわかるのでしょう？」

という。長男によれば、翠川秋子はわが子に対してもその年齢をいわない人であった。そして実際の年齢よりもひどく若く見えたようである。

事件のあとの論評のなかには、本当のとしは四十三歳より上であろうという見方があり、作家の沖野岩三郎は「秋子さんはもう妊娠する年では無かろう」といいきっている。

秋子は砲術師範の一人娘として東京日本橋亀島町に生れたが、生れたのは明治二十二年の九月。したがって亡くなったときには、四十七歳になっていた。藤川京次との年齢差は十八、ちょうど母と息子ほどの違いがある。過去帳にまで四歳若い人生を残したところに、翠川秋子という人の若さに対する強い執着があるのかも知れない。

秋子の父は徳川家につかえ、日本橋に拝領の何千坪かの地主として明治以降を生きてきた。母タミも身分の高い士族の娘に生れ、両親ともに生活の苦労を知らない。親族の口車に乗って土地を手放してしまったあと、秋子が十五歳の一月に父親は病死する。母親は数えで三十六歳の未亡人になった。

秋子は日本橋の坂本小学校、本郷の日本女学校をへて明治三十九年に女子美術学校に入学している。母一人子一人の生活になっていても、タミにはまだかなりの小金があり、娘の願うままにお嬢さん学校といわれた女子美へ進ませることもできた。

秋子は明治四十二年四月に西洋画科専科普通科を卒業したが、さらに高等科にすすんだ。だが、三年間修学しても、教師免状はじめ格別の資格は取得できない仕組みになっている。こういう学校に何年間も籍をおいたところに、秋子とその母親の人生に対する姿勢の甘さがあるのかも知れない。男に伍《ご》して社会生活を営むための資格が必要になるとは、親も子も夢にも思わなかった。秋子の絵の才能が、お嬢さん芸を出ないものであることを見きわめられなかった甘さもあろう。

高等科に残った結果、秋子は明治四十三年七月二十日に女子美へ入学した尾竹一枝（のちの富本憲吉夫人）を知ることになった。

一枝は著名な日本画家尾竹越堂の長女であり、秋子より四歳年下で、大阪から上京してきた。一枝が籍をおいたのは日本画科である。しかし在学わずか三カ月あまりで、家事の都合を理由に中退している。その後、明治四十五年春に巽《たつみ》画会に二曲一双の屏風を出品して入選し、日本画家として将来を嘱望されるようになった。この人は「紅吉」の名で『青鞜《せいとう》』の同人としてもきわだった存在となる女性である。創刊以来長沼智恵子（のちの高村光太郎夫人）が描いていた『青鞜』の表紙を描いたこともある。

秋子は『青鞜』が創刊された明治四十四年に、二十三歳で結婚した。夫は私立大学出の銀行員で、婿養子である。そして翌四十五年には長女が生れた。秋子には不本意な別れ方をした恋人があった。

この結婚生活は、あまり幸福とはいえなかったようである。秋子には不本意な別れ方をした恋人があった。女系家族の家へ、秋子をとりまく多くの青年たちが出入りしていたが、その中に東大生の兄弟がいて、秋子はその弟と結婚の約束をしていた。しかし秋子の母親はそれを知らずに兄の方との縁談をまとめた。弟は事情を知って身をひいたが、秋子はその兄との結婚を拒む。兄の方は郷里へひきこもったが、のちに狂死したという。

このことは、夫となった人にも知られていて、生涯妻に対する欲求不満の材料になった。そして母親は、自分のメガネにかなった青年を娘婿に選びながら、娘の結婚生活に対して心平らかではなかったようである。

「長い間の独身生活から来る性的の現象として」と秋子は観察しているが、母親は若夫婦に対して非常に嫉妬深かった。そのために新婚生活の甘さなど皆無の結婚になった。すぐに妊娠して、長女の育児に妻がふりまわされるようになると、夫は家庭の外に男としての歓楽を求めるようになる。それでも、大正三年に長男、五年に次男が生れ、秋子は三人の子の母親になった。

三十代半ばで銀行の支店長になった夫が結核で倒れなければ、翠川秋子には平凡な人生が過ぎていったはずである。だが転地療養をしたり入院したりの闘病ののち、大正十一年七月二十七日に夫は息をひきとった。十一年間の結婚生活である。

その前日、喀血《かっけつ》がつづいているのに風呂に入れてくれといわれて、秋子は子供をいれるようにして病人を入浴させた。骨と皮ばかりになった夫の身体を洗っていると涙がこぼれた。柔道や剣道で鍛えたという青年時代の面影はどこにもない。風呂からあがると、いつになく嬉しげな表情を見せたが、「生きているうちに湯灌《ゆかん》をしてもらったから思い残すことはない」という皮肉とも嫌味ともとれる言葉を吐いた。

「おまえを残して死にたくない。一日でもいいからおまえより後に残りたい」

と夫は臨終にいったというが、秋子は残されて三十四歳の未亡人となった。子供は十一歳、九歳、七歳の三人、その上面倒をみなければならない母親をかかえている。母も娘も三十代の半ばで未亡人になったわけだが、母親との違いは、秋子には頼りになる家産などほとんどないことであった。その日から、一家五人の責任を背負って生きる人生がはじまる。職業人としては素手にひとしく、若さを売りものにできる年齢でもない。そして女の進出できる職場はまだきわめて限られた時代であった。

未亡人になった秋子は周囲からの再婚話をことわり、牛込区（現新宿区）富久町の私立成女高等女学校の教師になる。長くはつづかない。明治四十年代から大正期へかけて、意識の目ざめにうながされ社会へ出てゆき、なんらかの運動につらなった女性が多いなかで、翠川秋子には目ざめの前に生活の必要が迫ってきた。秋子が未亡人になった大正十一年、母子ホームは全国に三カ所しかない。一番歴史の古いところで、大正七年七月の設立である。どん底の母子家庭の救済などほとんどかえりみられない社会にあって、秋子のように一見恵まれた未亡人は孤立無援であった。どん底まで身を落す逞《たくま》しさが身にそなわっていない分だけ、いっそう生き辛かった。

教師になったといっても、単科の担任の給料では、とうてい一家の生計を支えるに足らず、家庭教師、レターペーパーの図案など、夜の二時三時まで働く生活がつづく。子供たちの記憶に残る母親は、夜ふけまで机に向って原稿か絵をかいている姿である。子供たちの世話をみるのは祖母のタミであった。

大正十二年二月、神田三崎町の鉄道青年会本部に就職したのが、秋子のジャーナリストとしての第一歩である。ここでは若い鉄道従業員向けの雑誌『鉄道青年』を発行していた。「婦人記者募集」の新聞広告に百五、六十人の応募があったという。経験者に限るという募集条件に対して、秋子はまったく編集経験をもたなかったが採用になった。「生活への真剣な私の就職希望は認められて採用された」と秋子は書いている。

九月の関東大震災はこの編集室で経験し、余震のつづくなかを母と子の待つ家へ辿《たど》りつき、三日間は野宿した。この職場は、秋子の仕事ぶりを評価した編集長の妻の嫉妬によって、身をひかざるを得なくなっている。ついで『向上の婦人』の創刊に加わるなど、転々としながら、秋子の職業遍歴はつづくが、一度も働くことをやめた日はない。

タミはなぜか秋子の長男と折合いが悪く、目のカタキにした。孫の方も反抗的であった。ついには「この子を家におくか私が出てゆくかだ」と母にいわれ、小学五年生の息子を親戚筋の信州の寺へ預けに行く。子供は丸坊主にされ、毎朝きまった時間に鐘をつかされて、孤独で辛い生活を経験させられる。寺へおいて帰ってゆくとき、母親が泣いていた顔は息子の記憶にきざみこまれ、消えることはなかった。

3 受難

初代の女性アナウンサーとしての「受難」については、翠川秋子自身が「女性受難十二景」(『婦人画報』昭和五年十二月号)として寄稿している。この経験は死後に残された手記にも書かれていて、当世風にいえば、「男支配の社会の犠牲」に供されたという意識を長くもちつづけることになった。

「初めて職業にたずさわって今年で満八年、その間に職業的受難はあとからあとからまるで潮のように寄せては返しています。失業こそしないが、よく御難に出会《でくわ》します。それを婦人〇論なんかには、さも浮気な女ででもあるかのように、出鱈目《でたらめ》の噂話をかいて、何事も長つづきがしないの、幸福ではないらしいの、私が雑誌を出したと云っては皮肉を云いたい年になったかなど、等々……」

これが「女性受難十二景」の書き出しである。「皮肉」云々は、秋子が最後に手がけることになった雑誌『皮肉』に関するものであろう。雑誌名を伏せてあるが一読して『婦人公論』に対する忿懣《ふんまん》である。その雑誌が秋子の失踪と「情死」のあと、昭和十年の九月号と十月号に「特集」を組み、次男の文章、沖野岩三郎の寄稿「翠川秋子の秘密」、後述する失踪後の秋子の手紙などを収録し、唯一とさえいえる「資料」を残すことになった。

大正十四年（一九二五）の放送開始当時、すべてが生《なま》放送であり、ラジオはレシーバーを耳にあてて聞く鉱石ラジオであった。編集経験があることを買われて、翠川秋子は渡された原稿を読むだけのアナウンサーではなく、企画も台本つくりも手がけるプロデューサー兼業の形であったという。

留守宅の子供たちは、レシーバーから聞える母親の初放送の声を聞いて喚声をあげた。「鼻をつまんだような声」とゴシップ欄に書かれているが、子供たちにとってはいい声であり、明快な語り口であった。七月十二日に愛宕山の本放送所へ移ったときのアナウンサーはわずか四人、翠川秋子はその紅一点である。眼のふちを隈《くま》どった化粧、薩摩琵琶《びわ》できたえた声と度胸。局側が意識的に女アナウンサーの存在にスポットをあてたこともあり、新聞、雑誌は秋子の写真入りで書き立てた。当時『日刊ラヂオ新聞』の記者であった伊藤静枝（現婦人有権者同盟出版手伝い）は翠川秋子の印象について、

「あれほど自由自在に勤務した人はいなかったですね。それにあれくらい私たちが憧れた人もいなかったですね。特別な人ではなかったけれど、魅力的でした」

と語っている。女性記者たちが羽織袴姿で仕事をしているなかで、秋子はいつも洋装をし、帽子をかぶっていた。ある日、出演者の関係で十五分の空白を生じたとき、秋子は「湯豆腐の七味の上手な作り方」をうまく放送したという。

秋子にとってはいちばん働き甲斐のある仕事であり、晴れがましい舞台でもあったようだが、「あまりに切れ過ぎた事と八方美人に計ったことが因をなして、アタラ百円の俸給を棒にしてしまった」（死後に残された手記による）。

開局早々の放送局の内情には、現在では想像できないような乱脈さがあったらしい。特に女性アナウンサーにとっては「受難」の職場であった。翠川秋子は十一月のある日、放送をすませて自席へもどろうとしたとき、洋楽部主任のSにアナウンスの内容を注意され

た。

「オイ君、アナウンスの終りに〝ございます〟はよくないぜ、以後注意した方がいいぜ」

と命令的にいわれたと秋子は書いている。「ございます」は放送部長の服部の指示によるものでもあったから、直接の上司でないSの注意を秋子は素直にはきかなかった。やりとりの末、Sは拳骨《げんこつ》で翠川秋子を殴りつけた。退局を思いながら家族への責任を考えて耐え、告訴を考え、医師の診断書もとって、しかし局側の善処を待って未提出のうちに、翠川秋子は自分から辞表を書かざるを得なくなる。

秋子にきせられた「汚名」は、

「一、朝早く男と自動車に同乗して歩き廻っている、いつも相手が違った男性である。
二、帝国ホテル、ステーションホテル、丸ノ内ホテル等から出て来るのを見かけた。
三、講演者が容易《たやす》く依頼に応じる理由は、秋波をもってその弱点につけ入るからで、依頼する講師の大部分は醜関係のある者である。
四、周囲を取りまく男は全部関係のあるもので、其中に彼（翠川秋子のこと）に夢中になっている愛人がある」
等々であったという。秋子は項目別に反論を書いている。

「一、の場合は否定する必要のない事実です。というのは放送係だけでなく、講演係を兼ねている関係上、時間におくれて来られては迷惑ですから自動車で自身迎えに参ります。これを同伴して山（愛宕山のこと）迄来るのですから、勿論毎日人は違います。又男も女もあるわけです。

二、これは人を多く訪問する関係上、出入しないとも限りません、殊に食堂のあるに於てをやです。

三、これ等は断然そんな事はない、と云って見た処で見る人の心ごころで、色眼鏡で見ては白いものも汚れる道理、私自身として何とも云えない事と、思いました。

四、これは侮辱の甚だしいもの、だがこれは私自身とその境遇を全然知らない者だけにしか通用しないと思いました。又仮りに真の愛人があったとしても、その相手が局内の者でないならば、私的問題でありますから、勤務を怠らない限り、局そのものとしては、拒否したり叱責したりする何の理由もない事当然です」

事件の四年後にこの文章は書かれている。現代の女たちも、質的にはこれとおなじ射点から撃たれることが多い。秋子の反論は筋が通っており、決然としている。だが、この反論をかざしてたたかうことなく、彼女はアナウンサーの仕事をおりた。

問題の当事者の一方であるSはいったん馘首《かくしゅ》されたが、翠川の辞職後に復職した。この「翠川女史殴打事件」の顚末《てんまつ》のほか、当直アナウンサーが当直室に女給をひきいれた「醜行」や、出演者に対する情実などを理由に、逓信省《ていしん》から大正十五年二月一日づけで局に対する警告がなされた（二月二日付『万朝報』）。

翠川秋子を殴打したとき、Sは前夜当直であったとはいえ、丹前姿であったと秋子は書いている。

伊藤静枝はその場面に居合せて、Sが口論ののちにクルクル巻いた白い物で秋子を叩いたのを目撃した。秋子は叩かれたあと、椅子に戻って机に顔を伏せて泣いていたと思うという。そして、Sはドテラ姿であったという。

秋子と同じ頃にアナウンサーになった小森幸正（現「日本アストロドーム」取締役）によれば、入局の挨拶にいった小森に服部放送部長はつぎのようにいったという。

「君のような人が来るもんじゃない。放送局は新聞社のクズが来るところだよ。とにかく時間がルーズだし、あんたにはむかない」

翠川秋子についての小森幸正の話――。

「普通、アナウンサーは朝から晩まで、放送終了まで頑張っていたんですが、翠川さんは、自分の仕事が終るとさっさと帰ってしまいました。

仲間と、ばあさんのくせにおめかしして、いやな女だなとよくいっていました。チャーミングじゃないし、きつい人でしたね。男の中に割りこんで仕事をとるんだから、男性的でしたね。Sと噂が立ったことはありましたけど、それ以外の男女関係は聞いた覚えはないですね。誰かに殴られたという話はきいたことはありますけど、はっきりわかりません。ただ、あの頃の女性アナウンサーは、たいてい男女関係がもとで辞めてます。（心中事件が起きたときは）あの人らしいなといって仲間と笑ったな。むしろ軽蔑したくらいですよ」

小森は明治三十三年生れというから十一歳年長の翠川秋子は「ばあさん」と感じられたであろう。秋子は入局したとき「三十一歳」と紹介されていたが、実際には三十七歳になっていたのである。

秋子はアナウンサーの「月俸百円」と書いているが、これはいささか誇張されていよう。昭和七年に大阪で採用の四代目女性アナウンサー松沢知恵は、臨時アナウンサーとして日給二円であったという。

放送局を去ることは命綱をたたれるにひとしく、一家は路頭に迷いかねない。放送局を追われた秋子は、家庭電気普及会の雑誌『家庭の電気』の編集に次の職場を得る。そこで働きながら昭和への改元をむかえた。

4　気魄

この会は大正十三年四月に大阪で設立され、伯爵の後藤新平が会長に就任した。各地に支部を作り、電気の利用と普及促進のため、後藤伯自ら陣頭に立ったというから、かなりの熱の入れ方である。そして、東京放送局の初代総裁も後藤新平であった。保存されている秋子のアルバムには、後藤新平を囲んだパーティーなどの記念写真が何枚も貼りこまれている。

秋子の放送局入りは後藤総裁の推薦によるとする資料もあるのに、彼女自身が後藤伯とのかかわりについて書いたものは残っていない。在局中から『家庭の電気』の編集の一部を手伝っていたというが、放送局追放後の活路を『家庭の電気』に見出すについては、後藤の後援があったものと想像される。「華々しい気持の社会から離れ、この仕事を一生のことにせよ」と後藤はいったという。

昭和初年からかなりの期間にわたって、不景気が重苦しい雲のように社会全体をおおっていた。大の男にも生活が重過ぎる時代に、女の細腕一本で一家をささえるのは容易なことではない。加えて、母のタミが中風で寝たきりの病人になった。看護婦も家政婦もわがままな病人に手こずっていつかない。仕事をつづけるためには、入院させる以外に方法がなくなって、秋子が稼ぎ出さねばならない金額はさらにふえる。『家庭の電気』は百余頁の小雑誌で、文章、挿絵、編集、校正のすべてをとりしきって働き、かなりの高給は得ていても、内職をしなければその苦境はきりぬけられない。沖野岩三郎の好意に縋《すが》って連載小説の挿絵を描き、本の装幀もして約千円の金を得たこともあった。この頃の秋子には一種の気魄《きはく》があったようである。挿絵が採用にならなければ採用になるまで描きつづけて、一年分の連載の仕事を得たこともあった。

子供たちは母の手助けのできる年齢になっている。だが、母親は生活上の苦労をいっさい家庭にはもちこまなかった。母親であるよりは「力」のある父親であった。金の苦労を知らないのんびりしたお坊ちゃんとお嬢さんの生活を子供たちにさせ、病母の世話は金で解決して、翠川秋子は疾走するように働いていていた。その分、親子の情は薄く、縁は浅かったと子供たちは感じている。家庭ではきびしくて、甘えられない母親であった。

母のタミは昭和三年の十一月に六十一歳で亡くなっている。葬儀の費用として、沖野岩三郎をわずらわせて『小樽新聞』から画料の前借をした。沖野が東京の支社で金を受けとって届けに行ったときには、葬儀の最中であった。秋子は、

「これが頂戴したのでもなく、お借りしたのでもなく、自分の画筆一本で稼いだのだと思うと、うれしくて堪《たま》らない」

といって涙を流した。そして言葉をつづけた。

「死ぬという覚悟をもって当れば、どんな誘惑にも暴力にも打勝たれる。世間から兎角《とかく》の噂をせられる私は、近頃になって、堂々と衆目の中を闊歩する一つの秘訣を覚えました。それは、誰に何といわれたって、自分自身に寸毫《すんごう》も疚《やま》しい所のない生活をすることです」

秋子にとってこの言葉は、恋愛を封印することを意味してはいない。

『家庭の電気』編集者の時代に秋子はある外交官と知己以上の厚意をもちあうようになったことを、のこした手記に書いた。

恋多い女、スキャンダラスな女とみられながら、一方で、翠川秋子が身持の堅い女であったことを沖野は追悼文中に書いている。昭和初頭から、秋子の周辺には数人のステッキボーイとよばれる青年がいた。しかしその一人は、「あの女はきっと、最後は人手にかかって殺されるだろう」といっていたという。それは、「秋子が濃艶な姿体を近づけながら、強い肱《ひじ》鉄砲をかくしていた証拠」であるというのが沖野岩三郎の観察である。

昭和四年に後藤新平が亡くなり、後任会長が就任して理事の顔ぶれも変ると、秋子は孤立させられるようになった。しかし、『家庭の電気』を一人で支えているという自負心が、秋子をつよくしていた。自分の能力と社会的な知名度を過大評価していた気配もある。事態が微妙に変化を見せはじめていたとき、秋子は無警戒であった。

昭和四年の暮、「近代文化の尖端を往く銀座に、女人を中心とする一つの社交的集りさえ持たぬことは如何にも物足りなさを感じる……」という趣旨で「女人銀座クラブ」が発会式をあげたという新聞記事がある。

発起人は平塚らいてう、生田花世、北村兼子など十余名だが、「元アナウンサー翠川秋子」の名前もあげられている。男たちには「銀座クラブ」がすでにあり、政治家などをむかえて懇談会を開催していた。その妹分としての発会である。しかし、当時のけわしい世相にあって、この「女人銀座クラブ」がどんな実質をもち得たか疑問である。そしてわずか七カ月の経験でおわったにもかかわらず、「元アナウンサー」という肩書きがついてまわっているところに、翠川秋子の処世の哀しさと虚栄が感じられもする。

「一生の仕事」のつもりであった『家庭の電気』の編集者生活であったのに、意に反して五年の春に終止符を打たれ、秋子は失業した。その理由は、あまり高給であるため、不景気の折柄処遇しかねるということであり、

「会としてはあなたは重荷でその負担に耐えない。あなたほどの技量を要さなくても出来

そうに思うので、この際合理化という意味で」

というのが退職要求の言葉であった。しかし、某外交官との交際についてとかくの風評をたてられ、秋子自身「われから」みきりをつけた事情もあるようである。やがてその外交官はパリへ赴任し、自然に別れた形となった。

彼女の人生の軌道が乱れはじめるのは、この編集部を去った日以来のことと思われる。秋子が失業した昭和五年は、前年の世界的大恐慌の打撃をもろにこうむり、不景気のどん底にあった年である。働いても、雇い主の倒産や夜逃げによって報酬が得られないことは日常茶飯事のように起きていた。一家をたたんで都落ちして帰農したり、親戚のわずかな経済援助で急場をしのぐ家族はめずらしくなかった。

翠川秋子には名流女性としての「虚名」はあったが、経済的な基盤はない。長男は十七、次男は十五になっているのだから、窮地に立った多くの家庭で親たちが迷わずに選択したように、二人を学校からひかせて働きに出せば、「悪あがき」などしなくてもすんだ。秋子の能力に関係なく、生活を根本的に変えるべきときが来ていた。

彼女は子供たちに生活の重さを分つことを敗北か屈辱のように感じていたようである。十分な教育を受けさせ、生きてゆく上で武器になる資格をどの子にも得させたいと願ったのは、秋子自身が苦労して知った教訓だったのだろうか。

しかし、子供たちは苦労を知らずに育って、母親の期待通りには人生を生きない。長女はダンス教師になることを夢みていた。長男はスクリーンのフレッド・アステアに魅せられて、タップ・ダンサーとして生きたいといい、実業界へ入るためだった学業を中断した。すでに四十二歳になっている母親は、子供たちに向って「わたしはもう疲れた。これまでのようには働けない」というべきだった。

昭和五年六月に友人の開地敏子とサン・スーシー社を設立したのも、時勢を考えれば無謀といわれるようなことである。

まわりつづけていなければ倒れてしまうコマのように、秋子は「事業」をせずにはいられない。はじめ神田錦町に事務所をかまえたサン・スーシー社がどういう内容を社業とするものであったか不明である。『皮肉』という雑誌が六月早々に発行されたというが、この雑誌はずいぶん探したがみつからなかった。

わずかに秋子が書いた文章が、六月六日付の『報知新聞』にのっている。

「午前九時、生れたての『皮肉』四、五部持って四谷郵便局へ木暮局長を訪れ、更に新宿から小田急で千歳村の中河幹子氏を訪《おとな》う。芝生垣の前まで行くと、前方に無雑作に髪をつかねた、だが如何にも清そな婦人がやって来る。双方のひとみがハタと会って『マアお珍しい』『マア』とほとんど同時だった。

富本一枝さんだ。（中略）一枝さんとは紅吉の昔にかえってなつかしい思い出話し、ふと一枝さんは感激深《（ママ）》い顔をして『十九年目に会ったあの時、長与夫人が貴女を知りぬいて居ながら皆の前で知らない顔した事は、あれは貴女が職業を持っている事を軽蔑したのよ。独り生きて行く人はどれだけ尊いか知れないのに——私はあれ位癪《しゃく》に障った事はないの。そしてブルジョア生活を心から憎んだの。あれ以来私はちっとも往来していないのよ』一枝さんは美しい声に熱情をこめていわれた。

私は涙ぐましくなった。同じように何不自由なく学校生活をした昔、不幸にして早く良人《おっと》に死なれ、老母と子供をかかえ十年近くを生活戦線に苦しみぬいた私（中略）、一枝さんの心意気を私はしみじみとうれしく思った。

帰途平塚明子《はるこ》さんを訪れ『皮肉』への寄稿を約して久しぶりに晴々とした良い気持に月を浴びて帰った」（「職業を持つ女」）

秋子はこの『皮肉』を足がかりにして、広告や宣伝の仕事をした様子である。だが、雑誌が何号つづいたのか不明である。

この文章に秋子の虚勢を感じるのは思い過しだろうか。富本一枝が書かれている通りの言葉を語ったとしても、おなじ女子美出身の長与善郎夫人にかかわる「批評」は、友人同士の会話として胸におさめておくべき内容であったように思える。あげつらうように中河幹子、富本一枝、長与夫人、平塚らいてうの名前を書いて、友人のせっかくの厚意を踏みにじっているように感じられる。『皮肉』という雑誌と翠川秋子の存在を押し出すために、あえてこういう書き方をしたところが見える。

秋子は白木屋の嘱託になる一方、麻布電気食堂を経営して失敗し、バーの支配人として月に百円を得、新宿におでん屋「みどり」を開業し、さらに新しい仕事を企てて台湾へも行く。そこには、無理を承知で願望を押し通そうとした強引さがあり、負けたくないための「あがき」もあった。

5 清 算

初代女性アナウンサー、ジャーナリスト。経歴としては輝かしい過去を背負って、自信にみちた向う気の強さ。計算を度外視するような処世。男たちからは、はじき出されるか、かしずかれるかの両極しか知らなかったと思われる秋子に、おでん屋の女主人はおよそ不向きであった。この店が立ちゆかなくなったことも「死の清算」と無縁ではない。

なぜ客商売へ転身したのか、遺《のこ》された子供たちは母親の事情をまったく知らされていない。そばにいて母親の苦衷を感じとっていたのは故人になった次男だけであるかも知れない。立教予科へ進んだ次男が、中退して船員になったのは、母親の苦労を見兼ねたからであると書いている記事もある。

次男に送った半生記には、

「一時は『皮肉』『健康の友』等の雑誌も経営したこともあったが、資本のないなさけなさには永持ちがしなかった。その間には種々な迫害、誘惑もあったが、こんなことで負けて子供に不幸な目を見せてはいけないと何時《いつ》もはねのけて来た。経済上の苦しみなどは苦ではない。ただ子供がねじけた心にならないよう立派な人間に育て上げて、夫への責任を果したい、その一念だけだった。

どうやら子供も大きくなってその責任の一部は果したが、子供の前途には望みもかけられず、これからさき苦難と闘っても生活の安定は得られそうもなく、年老いて子供に苦労をかけたくない」

と書かれている。子供たちはそれぞれに、自分の人生を歩きはじめた。世間に対してもわが子に対しても「あの翠川秋子」としての姿勢を崩さずに生きてきて、四十七歳の母親は身も心もズタズタになっていた。

六月に兵役から戻った長男には、おでん屋をはじめてから母親が明るくなったという印象がある。それまでも母親に恋があり、言い寄る男たちのいたことは知っていた。藤川京次は真面目だが、気の弱そうな、すこし気どった青年で、継母のいる家庭に帰りたくないといって、秋子に甘えている感じがあった。

長男は後援者を得て神田に日本ではじめてのダンス・スタジオをもった。仲間といっしょに大勢で母の店へ飲みに行ったという。「お小づかい」といって渡す金は絶対に受けとらない母親は、「チップです」といえば受けとった。

店で藤川京次といっしょになった記憶はない。アパートへたずねてきて、「お母さん」「京次さん」とよびあってるのを耳にし、「かわいがりすぎるな」と思い、ときには「畜生！」と思ったおぼえもあるという。しかし、二人が情死するような仲であったとは考えていない。

長女も、心中と認めるにはあまりにも馬鹿馬鹿しすぎるという。「京ちゃん」「先生」とよびあう二人を見ていて、男と女の関係は感じなかった。京次は家庭がさびしいといっていて、よく遊びに来ていた。おとなしくて穏やかな好青年ではあったが、スマートな人でも優男《やさおとこ》でもなく、神経の細い感じを受けた。つまりは母親好みのタイプではなかったということのようである。母親が写生旅行などへ出かけた留守に、「京ちゃん」が見舞ってくれることもあった。

「京ちゃんはお母さんを崇拝していて、好きになったかも知れないけれど、誠心誠意つくしているという感じだけだった」

という。秋子は自分の子に対するように、「京ちゃん、こうなさい」などと、こだわりなく接していたという。

しかし、母親の晩年、もっとも身近にいた男性が藤川京次であったことは事実で、死の旅に同行者があり、京次であると知っても、子供たちに驚きはなかったようである。ただ、追いつめられた恋の道行きという見方を、長男も長女も当時から現在にいたるまで認めていない。

藤川京次のラグビー部の先輩の一人は、京次が心中したのは意外だったという。

「遠征の帰りに知りあった相手がおでん屋をやってて、そこに娘が出てたので、それを目当てに行ってるうちに、お袋さんの方と深くなっちゃったんじゃないかっていう話だよ。女性と心中するほど純情なはずがないって、笑ったんだ。あいつの死骸があがったのは相手があがってから四日後《(ママ)》、水泳がうまいからどこかにたどりついたんじゃないかって冗談をいってたんだけど……。（心中の）原因はさっぱりわからない。

洲崎《すざき》に女郎買いに行って、遊廓の下の川だか海だかに明け方とびこんで泳ぐなんて、馬鹿なこともやったようですよ。家のことはあまり話さなかったけど、家庭になにかあったようだったな」

藤川京次が友人たちに対して心を開かず、死の動機が不明と思われている以上に、翠川秋子の死に方には謎めいた部分が多い。一つには彼女自身が旅先から暗示にみちた手紙を書いていることによる。

十年八月五日付、友人新保民八《しんぽたみはち》あて。

「近年にない暑さとか、全く暑い事の大嫌いな私にとっては、苛々した気分のみ毎日させられて困ります。この上家庭の事情から（勿論子供達との）先日来東都を去っています。或は此手紙と前後して、あなた様にも私の死亡通知が私の宅から参るかも知れません。ですがそれはある拠処《よんどころ》ない事情からだと思ってただお一人あなたの胸に秘めて下さい。

そして私は今ここに最初でそして最後のお願いをする為に、あなたに手紙を書いています。

あなたは血もあり涙もある方と多勢の中からただお一人信頼してこんな打あけたお願いを致しますのですから、何とかしておききとどけ下さい。委《くわ》しい事情は日を改めて、拝姿の上申上ますから、今ふりかかった、私の生死の間をさまよっている境遇をお救い下さる意味で二十五円電報為替で送って下さい。大至急を要しますので恐入ますが是非電報為替で願います。

この場が救われれば何とでも出来るのですから、見込まれた御災難をお恨みなく、どうかおきき入れ下さい。

そして絶対にあなた様お一人以外の耳には入れないで下さい。探偵小説以上の出来事が展開されているのですから。……」（八月五日付）

新保民八はブラジルコーヒーの宣伝部員で、三十五歳と当時の新聞にある。「あなたを神様と信じてお願いします」と書かれた送金依頼の手紙が届いたとき、すでに六日の夕刊で「死の家出」を読んでいた。

「こりゃ引込みがつかなくなるぞ、こう新聞に書かれちゃ」と不安に駆られながら、新保は送金の手つづきをし、秋子の次男を呼んで手紙の内容を打ちあけた。

八日付で、秋子は礼状を書いている。「新保先生」と書き出しにあり、電報為替を受けとったこと、「私にとっての神様は現世に於てあなたでした」「誰一人にも打あけられない事を、最近のお近づきである、あなた様にお願いして」云々とある。

6 長旅

最後の手紙は館山局十九日の消印で、帯止め用の琥珀《こはく》といっしょであった。

「人として帰って行く家を持っているという事は、それが楽しからずとも幸であるという事を今度家を離れて見て始めて味《あじわ》った偽らざる告白であります。

独りたそがれの海辺に立ち、又は上弦の月の美しさを心ゆく迄眺めながら、いつも帰る家なき身を如何に淋しく、如何に悲しく思ったでしょう。自分で自分に見限《みき》りをつけたとはいえ、私はまだ働かれる可能性があると思えば心残りが自然と胸を打つ。子供の前途の幸福を祈るには、私自身が現世になまじの活動をしているよりか、神か仏の力を得可《うべ》く、自分の霊をささげて守護する方が力強いと思ったのです。

殊にあく迄も子達の前途の為、私の事は秘密にとのすべての頼みを××紙上に暴露している、その上知名の人達の批判迄仰いでいるなどは全く心ないしわざであり、ますます私をして死地に陥入《おとしい》れてしまった。

家を離れ静かに考え、頭が冷静になると同時にいろいろと計画した事の誤りをはっきりと知り得て、又そこには場所に対する種々偶然な故障も突発し、海軍の演習とか、その他海水浴場に起るいろいろの出来事に遭遇して本意なくも実行し得られないようになって、たった一人私の本心を打開《うちあ》ける人としてあなたへの救援のお願いをしました。（中略）過去十数年の私の奮闘は私に何の酬いられるものもなく、世間は寧《むし》ろ冷酷に浮薄な批判と嘲笑に葬っているばかりでした。いつも新らしい計画と事業に夢中になって働き、都合のよい下づみ役をのみやってのけて来ました。俠気の為に却《かえ》って人に裏切られ、地位を奪われ、汚名までもきせられた事、一再ではありません。それは勿論、自分の到らない事をはっきり考えさせられてはいますが、如何に強がっても女は女でした……」

帯止めを包んだ紙に俳句が書かれていた。

「四十年
　有耶無耶《うやむや》にして
　　今朝の露」

一度死を決意しながら翻意《ほんい》し、生きる決心をしたとき「追かけて来る無理解な世間の批評と讃美が、彼女をぬきさしのならないような立場に置いてしまった」と新保民八は書いている（新保民八「彼女の遺書」『婦人公論』昭和十年十月号）。

母親の死から四十五年たって、その長男と長女からそれぞれに話を聞いたが、翠川秋子の人生遍歴はつかみにくかった。一冊の著書もなく、遺書も半生記も保存されていない。アナウンサーの仕事も消えるものだが、雑誌記者の仕事もほとんど痕跡を残さないことを改めて感じた。

長女は旅立つ前の母親との、

「もう一人でやれるでしょう」

「やれないかも知れない」

「いえ一人でおやりなさい。みんなもう一人でやれるでしょう」

という会話を心にとめずに聞き流した。「お母さんもくたびれたんだな、しっかりしなくちゃ」と思ったのは、母と別れたあとであった。アナウンサー時代の洋服姿はやめ、いつも黒か茶系統の地味な和服を着ている母親に、いつになく深い疲労の影が見えた。母の言葉には謎があった。

家庭ではきびしい母であった反面、家事万端を一人でやり通していて、女として心得るべきすべては母に教えられた。大人になってからは、悩みごとをもっていったときの確実な相談相手であった。

母の死に直面した長女には、追いつめられていた母親の苦悩と疲れを見届けられなかった娘としての悔いが残った。

母の遺体確認にきょうだい三人でかけつけたとき、漁村の習慣として水死者は家の中へは入れず、炎天下の砂地の庭さきの柩《ひつぎ》に母の遺体は横たえられていた。惨めな葬送であった。

藤川京次の世代は、戦争による死者も多く、親しい友人はほとんど残っていない。弁護士であったその父親、母や弟たちのその後の消息も完全に消えてしまっていた。母親は『婦人公論』に寄せた手記で「継母」という噂を否定している。父親は新聞記者への談話で「女の情熱にずるずる引きずられ」た結果とみながら、二月頃から神経衰弱気味で憂鬱げに見えたことを語っている。


事件のあとで、「未亡人の情死」へさまざまな論評がなされた。年齢の差に対する世間の眼をおそれず、堂々と結婚すべきであったという意見は多い。ブルジョア的な境遇に育って、生活戦線に適応しきれなかった古さと弱さを指摘しながら、母と三人の子を抱えての生活の辛苦へ同情するもの、母としての責任放棄を責めるもの、スタンドプレイの死とみての反撥《はんぱつ》など多様である。

金子（山高）しげりは、翠川秋子の生活者としての脆さ、死をともにするほどの愛人と積極的に新生活の建設に入らなかったことへの疑問を書き、死を明らかな敗戦とみている。古い女、過渡期の女の敗北ととらえながら、しかしつぎのように追悼の意を表している。「世の中との戦いに、刀折れ矢つきてたおれた彼女であることに謬《あやま》りはない。その骸《かばね》は女性の旗をもって蔽《おお》われ、女性の挽歌もて葬らるべきであり、遺されたたたかいは更に後より続くものによって継承されねばなるまい」

老母を見送り、子供たちが手をはなれてゆく時期に到達したときの翠川秋子の深い虚脱感と疲労は、心ある女性たちによって見届けられていた。

この年の夏は、真崎甚三郎教育総監更迭問題で陸軍内部が大揺れに揺れ、そこから相澤三郎中佐による永田鉄山軍務局長斬殺事件も生じた。戦争へじりじりと傾斜してゆく暗い世相である。その世相を背景にした心中事件の一つ。子育てを終った中年女の愛欲劇のように書きたてられた情死事件であり、当時もいまも謎の部分は残っているが、その死には生きることに疲れ果てた女の悲しさが滲んでいる。

ふりかえればむなしい半生、迫ってくる老いへのおそれ、子供の世話にならずに生ききろうと考えたときの老後に対する不安。そして頼みにする財力もない。こう考えれば、翠川秋子を死へ踏みきらせた事情は、今日の女たちの苦悩や老後の問題とかさなりあう。

一人の働き疲れたおんなの心中死。だが、浜辺の波にもてあそばれる砂粒のように、四十八年前の事件はもはや跡形もない。

長女が言った。

「心中というけれど、母と京ちゃんは体を結びあわせていなかったからバラバラにあがったのでしょう？」

若い同伴者がいたこと、「探偵小説以上の出来事」などという芝居がかった手紙を残したことなどが、秋子の死の真相を粉飾し、見えなくさせている。

失われた時間へタイム・スリップするような取材をした直後、人生の答が「心中」であることは、秋子にとって不本意なことであるように私にも思えた。

女の身で一家の生計を背負うことは、現在とは比べようもなく困難な社会であった。その能力を正当に評価するより、女の色香を武器とする世渡りと歪めて見られがちであった。子供は手をはなれ、たたかい敗れて死んでゆく秋子は、むしろ一人で死にたかったのではないか、一度はそう考えた。青年との心中は、秋子が反撥し否定してきた世間の見方に、裏書きを与えるようなものだからである。

しかし、答をくれなかった世間への抗議を多少なりとふくむ死は、ゆとりのある死であるのかも知れない。意地を張る気力も失せ、疲れ果ててむなしい思いに占領されたとき、いっしょに死のうと言ってくれる若い男性の存在にすがろうとした弱さは、自然の成行きのようにも思える。

帰港の時期のわからない次男に、死後の始末の遺書を送り届けて、二人は旅に出てゆく。だが、なにかの事情があって決行を妨げられる。計画が頓挫すれば、秋子には年齢相応の分別が働いて、生きることを考え、そのために必要な二十五円の援助を友人に乞いもした。しかし、生きることも死ぬことも、どちらをとろうと自由であったはずが、生きているうちから新聞に報じられた結果、ことは決定的になった。もはや自由ではなかった。

秋子の最期は心中の形をとってはいても、新聞や雑誌の騒ぎによって心中へと追いつめられた果ての死、というべきなのかもしれない。

遺された三人きょうだいのうちで、いちばん秋子の心情を知っていそうな次男は、母の死から三年後、勤務していた船の航海中に亡くなった。病死として届けられたが、真相は酒の上の争いから刺殺されたものと兄も姉も思っている。

（翠川秋子の本名を書かなかったように、直接の関係者はすべて仮名である）

擬装結婚の愛と真実

若松齢と田岡好

1　九歳年下の夫

　昭和十年五月六日、東京巣鴨の駒込橋でレポの仕事をすませた若松齢《とし》は、帰途につくべく染井墓地へ向う道を歩いていた。人通りがたえ、夕闇がしのびよってくる気配へ、フェルト草履《ぞうり》の足音が背後から聞えてくる。齢は女の足音とばかり考えて、無警戒であった。いきなり右腕をつかまれ、羽がいじめにされるまで、一瞬のことである。銘仙の着物にフェルト草履をはいた男たちの一人は、かねて齢とは顔見知りの刑事である。男たちは、齢が地下活動中の共産党員の一人であることを確認した上で、人通りのすくない場所まであとをつけてきていた。逃れようもなく、シラのきりようもない検挙であった。

　その瞬間まで、いつ逮捕されるか全身の神経をとぎすましているような緊張の日々だった。逮捕されたさきに、生命をおびやかすほどの苛酷な訊問が待ちかまえていることは、承知の上である。前途に死も避けがたいことを覚悟して、非合法活動に従事する人々があり、齢もその一人だった。

万全を期しても「万全」はなく、検挙は覚悟の上ではあったが、このとき、若松齢には誰にもいえない辛い事情があった。入籍こそしていないが、一年半あまりも結婚同様の暮しをしてきた男性がいる。その相手は、「妻」の本名が若松齢であることも、九歳年長であることも知らない。ましてや、四・一六事件の被告として懲役四年の判決を受けた身で地下にもぐり、官憲の追及を逃れて生きている女であることなど知らなかった。

誠実で献身的な年下の青年に、齢は離れがたいと思う愛情を抱いてはいる。しかし、そんな感情の処理の問題などは小さなことであった。

『毎夕新聞』の記者である二十五歳の青年田岡好《よしみ》への余波をどう防ぐか。党活動のために一人の青年の前途を奪ってもよいという自信は齢にはなかった。

日本共産党そのものが、もはや存在しなくなっている。目的のために犠牲者が出てもやむを得ないと割切る支えが、すでに齢から失われてしまっていた。最後の中央委員袴田《はかまだ》里見《さとみ》もつかまって、党員として連絡をとりあってきた人間は、袴田の妻田中ウタと齢の二人だけである。リンチ殺人事件などが暴露され、国体否定の国賊として扱われてきた共産党員は、さらに猟奇的な極悪人のイメージに変えられて浸透している。しぶとく地下へもぐって暗躍してきた女として、どんな報道がなされるのか、齢にはおよその予想ができた。

若松齢逮捕の新聞記事、その写真の女が妻であることを知ったときの田岡の驚愕を思うと、齢は背信の苦痛が胸につきささるのを感じた。田岡の驚きだけではことはすまないのである。

昨日は端午の節句ということで、田岡の友人たちを招いて夕食をともにした。日頃は、近所の人々ともごく普通の妻としてのつきあいをしてきている。それは、銭湯にまで手配写真がまわっている思想犯としての、自己防衛の手段でもあった。合法と非合法の二つの生活を使いわけて生きてきたが、齢の写真が新聞に出れば、正体はかくしようもなくなる。田岡は「古賀ツルエ」という女性と結婚していると思っており、齢の前歴についてはなにも知らない。だが、この結婚が暴露されたら田岡もまた無事には生きられまい。

「失業、就職難、世間の冷たい眼」。めちゃめちゃになる田岡の人生が目に見えてくる。齢は留置場ではね起きた。「何とかして彼を救いたい。どうすればいいのであろう！」。腕ぐみして石のように坐って一睡もしないまま、最初の夜が明けた。

若松齢は明治三十四年（一九〇一）十一月十三日の生れで、この逮捕のとき、三十三歳になっていた。愛媛県宇和島の由緒ある士族の家に生れたが、中学教師であった父・常齢を数えの十五歳で失い、兄二人、弟一人の四人きょうだいの一人娘として育った。

暦が昭和に改まったとき、齢はすでに清家《せいけ》敏住と結婚しており、妻であるかたわら、日本女子大学社会科の学生として勉強中である。夫は宇和島の豪農の一人息子で、一日も早く郷里へ帰って両親といっしょに暮すべき責任を負っていた。妻に社会主義の手ほどきをしたのは清家敏住である。

昭和二年春、大学を卒業した齢は、同じ社会科の級友西村桜東洋《おとよ》といっしょに労農党の書記として勤めはじめた。翌三年には、早稲田大学を卒業して報知新聞社に勤めていた清家が政治運動に専念するために職場をやめた。

齢は日本女子大在学中、級友より年長ということもあり、学内の社会問題研究グループの中心的存在であった。東京女子大学や早稲田大学の学生たちとの交流もさかんで、目ざめた女子学生たちの合同の会合が、清家夫妻の家でもたれたこともある。

ある時期には、桜東洋は清家夫妻といっしょに暮した。サラリーマンになっていた敏住は、

「ぼくは前線に立てんけれど、二人の経済的面倒はみる。堂々としてうちにいてくれ」

と言い、兄のような親身の情愛を示す男性であった。家の重圧に縛られて、進学のための上京さえなかなか意のままにならず、齢との結婚も、敏住に親のきめた婚約者があったとはいえ、満四年もかけなければならなかった青年である。その清家が職場を捨てて非合

法の政治結社の働き手の一人になろうとする。心ある男も女も社会主義の戦列にいつかひきよせられずにはいない、そういう時代であった。

清家は昭和三年の大検挙、三・一五事件のあと、共産党の中央機関紙『赤旗』を印刷するべく活動中を逮捕され、九月十五日に起訴される。

齢は三・一五事件で検束はされたが六日ほどで釈放、夫の逮捕、起訴のあと、十月下旬に入党している。

齢はフラクション組織を拡大する活動中、昭和四年の四・一六事件で検挙され、二年二カ月の獄中生活を経験した。特高の拷問のひどさは有名だが、女たちに加えられるそれは、さらに陰惨な要素をふくんでいたようである。当時は和服の女性がほとんどで、下着も腰巻き程度が普通である。着衣をはいで裸にして逆さづりにし、陰門に火のついた煙草を押しこむような拷問を体験させられたひともある。指の間に鉛筆をはさんで男の腕力で捻《ね》じあげる。膝のうしろに角材をはさんで正座させ、膝の上に土足であがり全体重をかけて大腿部を圧《お》しつける。痛いというより気分が悪くなって失神すると、頭から水をかけてまた拷問を続行する。治安維持法は昭和三年に緊急勅令によって最高刑は死刑と改められた。

治安維持法に問われる被告たちの生存、その生殺与奪は、訊問者によって握られている。若い女たちは恰好の餌食《えじき》として、男たち以上に屈辱的な拷問に耐えなければならなかった。

齢の逮捕と入れかわるように清家敏住は保釈になって親許へ帰っている。齢は清家の家からの十分な送金によって「豊かな囚人」ではあったが、夫が運動から離れて郷里に逼塞《ひっそく》してしまったことはあきたりなく許しがたかった。

西村桜東洋は浜松町車掌細胞の責任者として活躍中に検挙され、齢より半月遅れて市ヶ谷刑務所の未決監に送られた。喉頭結核にかかり、差入れもないための栄養失調と拷問の後遺症によって、立っていられないような囚人になっていた。

ボロ布のようになった桜東洋に、すでに服役中の赤い着衣の女たちが、食事用の差入れ口をあけて夕食を渡す。渡された湯呑みの下に小さく畳んだ齢からのレポと鉛筆の芯がしのばせてあった。姦通罪や窃盗などの囚人たちを齢が手なずけて、桜東洋への連絡を頼んだ結果である。

――君が青白く痩せ細って歩くこともできず、看守につきそわれて壁伝いに歩く姿を見た。涙がこぼれてたまらなかった。よう生きてくれた。どんな拷問を受けたか、自分の体験から想像できる。どうか生きてくれ――

取調べ中に母の死を知らされたが、西村桜東洋は泣かなかった。しかし、鉛筆の芯で小さく書きつけられた齢の言葉は、桜東洋が耐えてきた涙の堰《せき》を切った。

「一カ月はもつまい」という病状になって桜東洋が保釈になり、それから半年後、齢も昭和六年六月中旬、保釈で出た。

三重県の霞ヶ浦海岸にある姉の別荘で療養生活に入る桜東洋を送って鮒は名古屋までゆき、宇和島の夫のもとへ帰っていった。愛されているし愛してもいると思っている相手と、別れることになるかも知れない予感をもっての帰郷である。船が港へ近づくと桟橋に清家の姿が見える。その姿がたちまち涙でぼやけてしまったと鮒はあとで桜東洋に打ちあけている。

2　地下潜入

宇和島に滞在中、九月十八日夜に満州事変が起きた。当時の共産党のスローガンは「帝国主義戦争を内乱へ！」である。鮒は夫に一日も早く上京して戦列に復帰しようと誘った。しかし、やさしくて包容力のあった夫の答は、「両親の生存中は実際運動はやりたくない」だった。

鮒は一晩考えて離婚の結論を出した。清家は妻から離婚話をもちだされて、

「離婚だけは思い止まってくれないか！　その代り東京にいって自由に活動すればよい。

そして倒れた時には帰ってくれればよい」

と言った。齢の心の中には火が燃えさかっていたようである。清家敏住と齢との協議離婚届は満州事変勃発が報じられて十日後、九月二十九日に受理されている。

十月末、若松齢は郷里を去った。清家敏住は、

「自分の人生はお前でおしまいだ。これからさきは屍《しかばね》の人生だ」

と訴えたという。晩秋の夜、港を離れてゆく船上から故郷の山をみつめている齢の目に、桟橋の突端にただ一つ動かない人影がうつった。「清家だ。彼は来ないではいられなかったのだ。私は一生懸命にハンカチを振った。彼も麦わら帽を一生懸命にふった。私はあふれ出る涙を拭《ぬぐ》おうとはしなかった」と齢は戦後の著書『伝説の時代』に書いている。

「私はいまや一切の過去から解放されようとしている。だがこの解放のなんとわびしく淋しいことよ！」

宇和島の町と別れ、愛情の残る清家敏住と別れて去ってゆく感情を、若松齢はじつに正直に書いている。二十代のときから「清家のおばさん」と親しまれる一種の俠気をもち、一途に階級闘争へのめりこんでいった齢には溢れるほどの涙があり、多情多感であった。

東京では四・一六事件公判闘争の準備が進んでいた。齢は西田信春、竹内文次の三人で構成される被告会議フラクションのキャップを命ぜられた。公判は昭和七年四月十九日に

はじまり、七月七日求刑、十月二十九日に判決となる。若松齢は求刑四年、判決も懲役四年であった（未決通算二五〇日）。

「第二次共産党事件」（三・一五事件、中間検挙、四・一六事件）での起訴人員は二百八十八名である。このうち、死亡によって公訴棄却になった被告は十五名。是枝恭二のような結核による獄中死、岩田義道のような拷問による殺害、結核と発狂によって死んだ伊藤千代子などの名前がこの一覧表にふくまれている。台湾の基隆《キールン》で死んだ渡辺政之輔の名前もある（『思想月報』第3号。昭和九年九月）。

被告人の起訴当時の年齢は、二十代が二百三十七名、三十代四十七名、四十代は四名である。若い人たちが敏感に時代の要請を感じ、運動の中心力になっていた。

若松齢の懲役四年の刑は、女性被告として丹野セツの懲役七年（未決通算二〇〇日）についで重い。齢は控訴し、間もなく地下へもぐってしまった。

四・一六事件の公判を階級闘争の場としてたたかう姿勢を示したのは、獄中での非転向組と、保釈のあと、党中央によって再度党員の資格を認められた人々である。党とは一線を引いた形で、同じく裁かれた被告の中に清家敏住の名前はある。

清家は求刑懲役五年、判決は懲役三年（未決通算一〇〇日）で、やはり控訴した。

「日本共産党中央部関係被告人に対する東京地方裁判所判決」（『現代史資料・社会主義運

動・5』）は、七年の十月二十九日に判決を言い渡された治安維持法違反事件被告百八十一名についてのものである。

この資料によると、清家敏住の住居は、「東京市淀橋区柏木一丁目百四番地　佐藤方」になっている。判決言い渡しの時点での住所である（獄中の被告は、「住居　不定」となっている）。そして、「清家齢事　若松齢」の「住居」も、清家とまったく同じ「佐藤方」である。

愛しあいながら別れた夫婦は、同じ治安維持法違反の被告でありながら、別の法廷で裁かれた。齢は被告人会議のキャップとして、獄中の党幹部と連絡して指示をあおぎ、公判廷では同志とはかって袂の中で裁判の進行をメモするなど、法廷の記録を残した。公判のたびに警官と小ぜりあいになり、着物の袖がちぎれかかるような日を送り、拷問の苛酷さを法廷で陳述して国家権力の告発をおこないもした。そういう闘争的な日々を送りながら、清家敏住といっしょに暮していたのである。

戦争が終ってから、齢は甥の若松純治に、

「この人が清家のおじさんよ。嫌いで別れたわけじゃないから、そのあとでいっしょに住んだこともあるのよ」

となんのこだわりもない口調で清家をひきあわせたという。

未練をひきながら自分から目をつぶって離婚した男と一時期よりをもどしたというのも齢らしいが、情勢の緊迫を察知すれば、また私情をたちきって地下生活者として生きる。女としての情《じょう》の深さとひたむきな一途さが齢の中に共存している。党生活者の理想的イメージはともすれば禁欲的《ストイック》で、個人の欲望や感情の否認をよしとした感がある。自己犠牲や党への献身と、生身《なまみ》の人間として生きることに肯定的であることを共存させて、若松齢は異色の女党員であった。

地下生活者――。

特高警察の目に追われ、逃げこむ民衆の輪を見出せない社会にあって、爪さきでタイトロープを渡るような毎日である。齢が地下へもぐったとき、党中央へ潜入したスパイによって党の活動方針そのものが歪められ、資金の獲得を名分に銀行を襲撃するギャング事件もおきていた。立党以来の党中央委員は、獄中にいるか、政治路線の対立から党を離れている。あとをついだ幹部たちも、つぎつぎに捕えられ、ある者は殺され、ある者は転向していた。あいつぐ大検挙は、党中枢にスパイがいることを暗示し、党員たちは相互に疑心暗鬼におちいっていた。

齢が実際にやった仕事のほとんどは、地下にもぐっている党員と党員を結ぶ「レポ」だ

ったようである。昭和三、四年頃にレポをつとめた西村桜東洋は、当時をふりかえって、

「三・一五事件から四・一六事件までの一年間の生活は、百年も生きたかと思うほどの疲れ方だった。でも栄光の歳月ですよ」

と言う。女党員として、齢も桜東洋に通じる心情であったと思われる。そして、昭和七年末から十年五月までの、二年六カ月に及ぶ地下活動のきびしさは、三・一五事件や四・一六事件当時とは比較にならなかったはずである。

党から月五十円ずつ支給されるはずであった生活と活動の資金は、間もなくたえた。各自がシンパをみつけて生きのび、活動をつづける以外に道はないのだが、資金提供者も治安維持法に問われ、「アカ」の烙印をおされる。容易なことでは資金は得られない。

離婚をし、実家の兄たちにそむき、母の生活を長兄にゆだねている齢には、学生時代の友人しかカンパを頼める相手はない。そして、シンパたちもまた警察の張り込みの網の中にいて迂闊《うかつ》には近づけなくなっていた。

三カ月以上同じところに住まないのが、地下生活者の心得とされている。しかし、当時は女の一人暮しそのものが目につき、敬遠される時代であった。その上、宿がえをする余分な費用の調達が困難であった。

昭和八年二月十一日、四・一六事件統一公判で齢といっしょに仕事をした西田信春が久

留米市で逮捕され、「取調べ中に急死」している。その死は昭和三十二年まで闇の中へ塗りこめられていた。西田信春は拷問に耐えぬき、「氏名不詳」の男として死んだ。一部には、行方不明の西田をスパイとみる見方さえあったという。若松齢は二つ年下の西田を非常に尊敬し愛していた。西田の死は闇から闇へ葬られて誰にも知られなかったが、二月二十日には作家の小林多喜二が街頭連絡中に捕えられ、築地警察において拷問により殺害された。

活動家たちの逮捕があいつぐ一方、六月九日、佐野学、鍋山貞親《なべやまさだちか》が獄中から転向声明を発表する。日本共産党は結党以来「共産主義インタナショナル」（コミンテルン）の支部として存在してきた。中央委員や政治綱領の決定も、コミンテルンの承認を必要とする。昭和七年に決定された「日本に於ける情勢と日本共産党の任務に関するテーゼ」（いわゆる「三二テーゼ」）は、はじめて天皇制の打倒を革命の第一任務に規定した。佐野・鍋山の転向は、天皇制の否認か、天皇制下の一国社会主義かという問題の一つの結論でもあるが、その与えた衝撃は大きかった。一カ月のうちに未決囚の三〇パーセント、既決囚の三六パーセントが「転向」を上申したといわれる。

齢は挫折することを知らない「不屈の闘士」として生き残った。婦人記者「古賀ツルエ」として下宿生活をいとなみ、月末には給料日をよそおって、大家《おおや》の子供たちに土産を買って帰るなど偽装に苦心を重ねているが、政治的な動揺はない。むしろ戦意はさかんである。衣類の売り食いにも限度があるから、食べることも不自由になる。連絡で会う人からわずかな米や味噌をもらい、乞食のようだと笑いながら粥《かゆ》をすすって活動をつづけていた。

3　田岡のプロポーズ

古賀ツルエは現存の実在の人物で、西村桜東洋の女学校時代の級友である。その戸籍謄本まで手に入れて、若松齢は、別な女になりすました。「古賀ツルエ」が田岡好と知りあい、同棲に至るのは、齢が非合法生活中の小石川宮下町時代である。彼女は炭屋の離れの二階に住んでいたが、庇《ひさし》と庇がくっつきそうな隣家の二階の下宿人が田岡好であった。

彼女が街頭連絡で会う相手は、モスクワ帰りの山本正美であり、野呂栄太郎、宮本顕治、逸見重雄、秋笹政之輔《あきささまさのすけ》、袴田里見と変ってゆく。レポとしての仕事は、逮捕をまぬがれている共産党中央の人々の接点の役割を果すことである。

齢がいちばん最後まで接触をもっていたのは袴田里見だが、袴田は、

「当時、彼女は東京の巣鴨のほうに一間を借りて住んでいましたが、彼女のへやに軒を接して、隣の素人下宿屋の二階に、三文文士みたいな男が住んでいました。そして、清家はあるときわたしにこういうことを話したことがあります。『とてもおもしろい人が近くに住んでいるのよ』『窓をあけると、すぐ近くでしょう。だから、窓の下のひさしに片足をつけて手をのばせばお互いに手がとどくのよ』と、こういう話です。そして、『わたしに腕時計をくれたのよ』と、こういう。（中略）そうしているあいだに二人はいっしょになったんですね。そのいきさつは、まったくわたしたちにはかくしていたんです。夫が現に実刑をうけて刑務所にはいっているそのあいだに、共産党員である妻が地下活動をやっていて、ある家の二階間に住んでいた隣のえたいの知れない男に朝晩声をかける。……」

とその著書『党とともに歩んで』の中で非難している。

九年二月十八日に、若松齢は不出廷のまま控訴審判決を受け、一審判決通りの刑が確定していた。清家敏住も同じく五月二十一日、一審判決通りの刑が確定している。「下獄した清家の妻」という思いこみが、長年月、袴田の念頭を去らなかったようである。

だが、齢は満州事変の直後から、法律的にも独身の女であった。齢自身は田岡と「擬装結婚」にいたる経緯として、翌月の部屋代を捻出《ねんしゅつ》する見込みさえなくなったこと、唯一つのシンパ的存在であった宇和島高女の一年先輩の井上トメ（当時、神保町の草刈洋装店勤務）にも尾行がつく状態になり、進退きわまっていた状態を書いている。

『伝説の時代』によれば、齢は八年の夏、灯火管制の演習が実施された夜に、かねて顔見知りの隣家の下宿人田岡好から、友人二、三人と家を借りて合宿をはじめたいので炊事婦の心あたりはないかと相談されたという。この演習は八月九日から関東一円で実施され、電灯を消して暗くなった街に、模擬爆弾の火が赤々と燃えていた記憶が数えの四歳だった私にもある。桐生悠々《きりゅうゆうゆう》が「関東防空大演習を嗤《わら》ふ」を『信濃毎日新聞』に書き、主筆の地位を追われることにもなる防空演習である。

齢は考えぬいた上でこの炊事婦の役を買って出、林町の新しい借家へさきに移った。だが、田岡は一人でやってきた。そして堅い表情で、

「古賀さん、僕の率直な言葉に気を悪くしないで下さい。……僕と結婚してくれませんか」

と言った。当時、党員は党員同士以外の結婚は許されず、それも上部機関の許可を必要とする規律があったという。齢には、田岡たち青年グループのなかに身をひそませ、生きのびる必要があった。炊事婦という話は思わぬ方向へ流れたが、田岡の求婚を斥《しりぞ》けて新しく住む場所を確保する力は齢にはなかった。

田岡好と古賀ツルエの同棲は十月の末からはじまった。二人の「新居」は袴田にもかく

した。齢の隠れ家を知ってたずねてくるのは、事情を知っている井上トメ一人であった。そのトメは、いま宇和島で暮している。

「はっきり言えば、齢さんは利用したんです。私には、こうするしか仕様がないからと言ってましたからね。まあ、いっしょに住むようになれば愛情も湧いてきますからね」

と言う。西村桜東洋はこの結婚に、「緊急避難」という表現を使った。

田岡も四国の出身である。明治四十三年二月十八日、徳島県三好郡三庄村に生れ、県立池田中学を卒業後、昭和六年三月、東洋大学専門部東洋文学科を出た。齢と知りあった頃は仕事がきまらず浪人中で、親からの仕送りで生活していた。

齢が、「この男と思ったら、ものにしなかったことはない」と自信いっぱいに語っていたという話がある。齢は男性に愛され、男性を愛した。男のいない日々は、ほとんど経験していないだろうとも聞いた。艶聞の多い女性といえるかも知れない。それは、女の方が男を誘惑したという見方に短絡しがちである。しかし、田岡と東洋大学で同期生だった伊《い》賀上茂《がうえしげる》（現日本政治経済新聞社編集委員）の記憶では、齢が田岡を積極的に誘惑したというのはあたらないようである。

昭和八年、田岡は足を怪我して松葉杖をつく生活を余儀なくされた。そのとき伊賀上は田岡によばれ、世話をしながら一週間ほどいっしょに暮した。なにもすることのない若い二人（田岡は数えの二十四歳）は、「隣の女」に目をつけた。わざと相手の部屋に夏蜜柑を投げたり、バナナの皮をほうったり、気をひこうとした。あまり美人ではない色の黒い大柄なその女性が、「若松齢」だった。怒りもしないでニコニコしていたという。色の黒さは連日の街頭連絡のせいであったろうか。

その後、田岡と齢の交際がはじまり、田岡はいちいち伊賀上の下宿へ報告に来て、「昨日は彼女と散歩して、お茶を飲んだよ」などと言っていたが、ある日、「部屋を探してくれ」と言った。「彼女といっしょに暮すことになったから」という。「からかったつもりが本当になってしまった」と言いながら、まんざらでもない感じであった。「お前より年上じゃないのか。本当にいいのか」と言っても、「おれはいいんだ」と田岡は気にかける様子もなく、きわめてさらりとしていたという。伊賀上は、本郷林町に二間の貸間をみつけた。

二人が暮しはじめて数日たった十一月一日、田岡は郷里の有力者秋田清の『二六新報』に就職がきまった。月給二十五円のほか、原稿料収入が二十円ほどあり、勤め人の妻として、朝から夕方まで齢の自由になる時間ができた。

田岡も伊賀上も、齢のはきはきした語調でやりこめられることが多く、少々左傾ぎみだった伊賀上は、彼女の言辞に左翼的なものを感じとっていた。「彼女は思想的にはアカだよ」と言っても、田岡は平然としており、この男は長くいっしょに暮す気はないのじゃないかという感じを伊賀上に与えた。田岡自身は思想的にはなにもない青年だったという。伊賀上の記憶にある「金出さんで、タダでできていい。あいつは、うまいんだ」という田岡の言葉は、若者の照れかくしの強がりであるとともに、その後半の言葉は男女関係においての齢のあり方について、ある真実を語っているようである。

4　死にまさる屈辱

長い間の栄養失調から腎臓炎をわずらい、一カ月余の病床生活を送った齢が、田岡の手厚い看護を受けているとき、中央委員の小畑達夫と大泉兼蔵がスパイとして査問を受け、小畑が死亡するという事件が起きていた。

九年一月にリンチ殺人事件として記事解禁になったが、齢は「ブル新聞のデマ」と信じて疑わなかった。宮本顕治がつかまり、逸見重雄がつかまり、九年二月十七日には木島隆明がつかまる。

木島は齢との連絡の場所に姿を見せず、連絡が切れた場合の予備の連絡線にも来なかった。齢と会う前の連絡には姿を見せたという。それは、齢が特高の手引きをしたのではないかという疑惑の材料となった。

齢は袴田と秋笹から数日前の木島との連絡について「根ほり葉ほり」聞かれて、自分がスパイ容疑のもとに査問にかけられていることに気づいた。「私は憤りのためにはらわたがでんぐりかえった」と齢は書いている。

「今のあなた方には弁解をしても無駄でしょうから、私は今日限り一切の仕事から手を引きます、こんごの連絡は全部うち切ります」

と齢は席を立った。どうやって帰りついたかわからないわが家には電灯がつき、帰宅していた田岡は机に向っていた。平静をよそおって部屋へ入った齢は、口惜しさと悲しさの爆発するまま身を投げ出して慟哭《どうこく》した。気がついたときは、布団の上に寝ていた。額の上には濡れ手拭がのせられ、枕元には心配そうな田岡の顔があった。田岡はなにも聞こうとせず、

「なにも心配しないでもう少し休みなさい」

と微笑を残して静かに部屋を出ていった。

この年の三月下旬から九月初旬まで、齢は党活動から身をひいている。信頼しあう同志であるからこそ、命がけの仕事をしてこられた。拷問にも長い拘禁生活にも耐えてきたが、

このときはじめて絶望し、「死」を思ったという。だが齢が『伝説の時代』の記述から省略した部分がある。「同志を売った人間」「スパイ」という烙印は、齢にとって「死」以上の屈辱である。その嫌疑をはらさなくては生きてゆけないと考えたのであろう。齢は井上トメに療養中の西村桜東洋への手紙を届けてもらい、上京するように頼んだ。トメの記憶では夏に桜東洋のもとへゆき、秋に上京してきた桜東洋を東京駅に出迎えたという。西村桜東洋は姉から五円借りて上京した。

齢の連絡相手がつかまるということが二度あった。「なぜなのか自分にはわからないが、自分に疑いがかかるのは仕方がない。しかし私は裏切っていない」と齢は桜東洋に言い、「袴田に会ってくれ」と頼んだ。「殺されるかも知れないから釈明してくれ」とも言ったという。

桜東洋が妻のウタと連れだってきた袴田と会ったのはどこかの墓地である。

「袴田さん、私はいま組織とのつながりはないから、組織についてどうこういうことはない。とし子さんにスパイの疑いがかけられているというが、私たちは長い間の友情でつながっている。スパイなんかするような人間じゃない。その証明のために私は東京へ来た」

という桜東洋に、袴田は、

「いや、そんな問題は解決したよ。清家からいっさいの職をとりあげ、保管させてる文書もすべてとりあげた」

と語ったという。この西村桜東洋の回想は、袴田が齢に対する疑惑を捨てたのではなく、仮にスパイであっても「実害」を生じない処置をほどこしただけであるという印象を与える。しかし、その後、袴田は井上トメを通じて齢に「会いたい」という意思表示を繰返し示したと齢は書いている。袴田が孤立し憔悴しきっていると聞いて齢は会いにゆく。そしてまた「戦列」へもどった。

袴田里見はいま、若松齢について、転向した人間という否定的な評価しか示さない。また、齢の査問はスパイ容疑ではなく、私行上の問題だったという。もし私行上のことで査問を受けたのであれば、齢は井上トメをわずらわせ、病気の西村桜東洋をわずらわせ、しかも田岡との生活を変えることなく党活動へ戻って行っただろうか。齢がたった一冊のこした書物の題が『伝説の時代』であるのは偶然ではない。きわめて単純明快であるはずのことが、すこしも明快にはならないからである。

桜東洋は齢の潔白の証明のために袴田と会ったとき、

「桜東洋さんは姉さんの別荘にいるそうだね。そこへぼくたち二人をかくまってくれんか」

と袴田から言われた。桜東洋には四日市署の監視がついている。袴田夫婦をおけばすぐにわかる。桜東洋は返事をしなかった。この話を聞いた齢は、「そんなことしたら、あんた死んでしまうよ。私がことわってやる。袴田なんかおろおろして行きあたりばったりの仕事しかしてない」と怒ったと言う。齢が袴田のもとで再び働く気になったのは、この桜東洋の件で文句を言う気で会い、会ってみて袴田の窮境に心を動かされた結果である可能性もある。

その頃、袴田は中央委員会批判の声明を出した「多数派」グループによって、スパイと名ざしで非難されていた。袴田によってスパイ扱いを受けた齢が、袴田の身のあかしをたてる役まわりを演じることになる。

西村桜東洋は東京に四日間いて療養生活へ戻っていった。齢の家には男物の洋服や着物がかかっていて、田岡といっしょに暮していることを打ち明けられた。田岡が新聞社から帰ってくると、桜東洋は齢を「ツルエさん」と呼んだ。

この四日間にも奇妙に交錯する異質の話がある。ふつうの寸法よりも長くできている枕を見て不審な表情をみせている桜東洋に、「あんたこれ知らないの。夫婦《めおと》枕っていうのよ」と齢は教えた。また、泊った翌朝、齢が言った。

「桜東洋さん、気がついたでしょ。いつも田岡が泣くの。桜東洋さんに聞えるからって言ったんだけど……」

だが、そう言いながら、素性を偽って暮している田岡との生活を、「針のむしろのようだ」と齢は言ったという。

5　許しを乞う涙

齢は袴田夫妻とともに、九年六月二十日付の一八〇号以来停刊の『赤旗』を復刊させた。十月三日付の一八一号から翌十年二月二十日付の一八七号までの七号と、付録の「国際ニュース」四回が発行されている。

戦前の『赤旗』はこの一八七号が最後だが、このほか『赤旗・関西版』が「多数派」グループの機関紙をひきつぐ形で、日本共産党関西地方委員会から出ている。

齢は袴田夫妻のもとへ米や調味料を運んで援助したと書いているが、袴田里見はその事実はないと否定した。最後の『赤旗』発行について「彼女はなんの役割も果していない」と言いきった。

もしそうであるのなら、一人の青年を欺き、いつ逮捕されるか一寸さきは闇の生活を選んで、若松齢はなにをしていたのだろうか。

農民組織や消費組合運動など、大衆活動を基盤にもっていた「多数派」グループが、〝党中央奪還〟を目標に独自の活動をし、ついには袴田をスパイよばわりしたのは、混乱をきわめた戦前の日本共産党末期の状態にあっては必然のことであったように思える。齢は「多数派」に属する活動家に会い、「袴田がコミンテルンで承認された唯一の中央委員」であり、「立派な同志」であり、「日本で残された唯一の党中央委員」であることを熱心に説き、「多数派」分派の誤謬《ごびゅう》を指摘して翻意《ほんい》させようとしたことを書いている。

袴田は昭和十年三月四日に検挙された。五月六日に齢が、翌七日には田中ウタが検挙される。党はもはや存在しない。「刀折れ矢尽き」という実感の中で齢が思いつめていたのは、田岡好のことであった。

五月十一日付『東京朝日新聞』に、

「三人の女闘士検挙

　赤い恋　捕われて知る妻の前科

　　楽しき夢破らる」

の四段ぬきの見出しで検挙の記事が書かれている。検挙された三人は、「中条（宮本）百合子、若松齢、田中ウタ」である。この記事が力点をおいて書いているのは、見出しにもあるように「年齢も過去の経歴も一切を隠し」た齢の「結婚」である。

「齢の夫は同女が検挙されてはじめて妻の前身を知り驚愕しながら堀留《（ママ）》署に駆けつけ齢と対面した時、かつて涙を見せたことのなかった気丈なこの女が、夫の前にひれ伏して涙にかき暮れ恕《ゆる》しを哀願したという」

と書かれている。齢は刑事が田岡の勤務先へ行くことをまず防ごうとし、警視庁から出向いた中川警部に、彼女の要求条件をみたされれば進んで手記を書くと言った。

彼女の要求というのは、現在いっしょに住んでいる人との面会をさせること。新聞発表はこの面会後にすること。彼の名前、勤務先等はいっさい変名にすること。一晩も検束しないという四条件である。さらに住んでいる家の場所を九日朝まで明かさなかった。この日は大掃除のため、田岡が新聞社を休んで家にいるからであった。

げっそりやつれた田岡と滝野川署で会う。特高課長らの立ち会いのもとである。かくしてきた前歴を告白し、「新聞にのらないうちに、今の家を引越して下さい」と涙で言葉をとぎらせながら許しを乞う齢に、田岡は一言もいわなかった。

一夜あけても帰らない妻の身を案じて、田岡は七日、井上トメに電話をかけている。「そっちに行ってないですか」と言われて、「それは捕まったんだからずっと帰ってきませんよ」とトメは答えたという。そういう会話が成立したのは、齢がある程度事情を話してあったのではないか。齢はかくしおおせるタイプではなく、またよく食事をしに行っても、偽名で呼んだ記憶もなく、田岡は多少はわかっていたのではないかと井上トメは言う。トメが知っている田岡は、背が高くて五尺六寸ほどあり、おとなしくて、いっしょに食事をしても黙々と食べている人、「人間的にやさしい人」であった。

齢の逮捕のあと、伊賀上をたずねてきた田岡は、
「君が言っていた通りの思想の持主だったんだな。うすうす気づいてはいたんだが」
と非常に辛そうな様子であったという。

手記を書くことになって、齢は自分が知らなかった連絡相手の本名に至るまで、党活動の内容が細大もらさず暴露されていることを知った。「私の手記によって敵が新たに知った事実は、田岡と私との問題ぐらいのものである」と齢は書いている。しかし手記を書いたことは、齢にとっては官憲への「屈服」であった。

警察をたらいまわしにされて二カ月あまりたったとき、齢は赤痢になって勾留停止となり、小松川に住む叔父（母の弟）の家へ車で送られた。田岡はこの叔父の家へ来て、看護をしながら新聞社へ通うようになった。勤務先は『毎夕新聞』をへて『国民新聞』へ移っていた。田岡は齢と二人きりになったとき、「何年でも帰りを待つ」と言った。

二カ月が過ぎ、勾留停止の期限がきた十月初め、齢は勇気をふるって留置場へ戻っていった。さびしそうに見送る田岡との別れに、うしろ髪をひかれる思いであった。

この年の十二月二十四日から、齢は市ヶ谷刑務所で服役し、赤い獄衣の女になった。すでに決っている四年の懲役をつとめるためである。翌十一年十一月に若松齢は再び裁かれ、さらに懲役二年の判決（求刑五年）を受け、栃木刑務所へ送られた。田岡は一度面会に来ている。

転向者は刑が軽減され、あるいは保釈になって出てゆく。昭和十五年は紀元二千六百年の奉祝ということで、多くの囚人に減刑の処分がなされた。刑期をあとわずか残すだけの九月末、若松齢は釈放されている。勾留停止が終って田岡と別れた日から丸五年になろうとしていた。

6　幸福で平和な結婚生活

田岡は約束通りに齢の出所を待っていたのである。この五年の間に日中戦争が起き、田岡の弟は上海で戦死した（昭和十二年九月）。田岡自身は十四年八月に『読売新聞』の整理部へうつっている。刑務所にいる妻へまめに手紙をよこした田岡は満三十歳、齢は三十八歳になっていた。

再会はぎごちない雰囲気だったようである。田岡ははじめの三年間、今日帰るか明日帰るかと待ったという。刑事から三年たてば仮出所で帰ってくるといわれたのを信じた。だが刑期は六年。三年はおろか、四年たっても帰ってこない。いつか気持も荒れ、色街もさまよい、酒にも浸った。郷里から縁談がもちこまれて見合いのために帰省もした。印象も悪くない相手であり、親きょうだいから良縁としてすすめられて動揺しながら、「待つ」といった約束を破れなかった。出所後は別々に生きる方が幸福と考えて心を決めていた。五年ぶりに会う妻は、思想犯としての懲役を体に刻んで、母親のように衰え、老いていたはずである。男性を魅了できる女としての能力をひそかに自負していた面影は消えていた。

妻と向きあって、田岡は用意していた別れ話を言えなくなった。妻といっても法律的にはアカの他人であり、齢にはこの「結婚」の今後について、なに一つ要求する資格はない。すべてが自分の判断にかかっていると考えたとき、田岡好は五年かけて捨てようとした「結婚生活」を捨てられなくなった。

田岡は齢が出てきたら別れる気持でいたことを話した。そして、

「長い間牢獄で苦労してきた人を、自分以外の誰が深い愛情で包んでくれるのだろうと思ったら、可哀相でとても別れる気にはなれなくなった」

と言った。齢は田岡の胸に顔を埋めて、子供のように泣きじゃくった。田岡が逃げて齢と会おうとせず、しばらくは別々に暮していたという話もあるし、齢が泣いて哀願したという話もある。どんな会話の結果かは、二人が故人となってしまった今、確かめる術もないが、田岡と齢は改めて夫婦になった。

齢は出所するとすぐ日本女子大以来の友人清水文子を訪ねている。すっかり面変《おもがわ》りして「あら、としさんかしら」と文子は思った。瘦せているのに水ぶくれしている感じで、指の爪はボロボロになってはがれかけていた。

「あなたのところへはじめて来たのよ。頭がぼやっとして、ここの家がみつからないの。新聞も読まずにただ仕事（獄中での作業）ばかりさせられていたし、栄養失調だし、私、ばかになったでしょう」

と齢は言った。「（警察で）なにも言わなかったのよ。早く転向すれば出られたんでしょうけど」とも言った。

その日から間もなく、「所帯をもったから来てよ」といわれ、文子は二人の家へちょくちょく遊びに行くようになった。田岡にも会い、「いい方みつけてよかったわね」と齢にいうと「やっと倖せになれたわ」と学生時代以来、いちばん幸福そうで平和な笑顔をみせた。この結婚生活に有頂天になっているともいえた。

田岡は「いっさい共産党関係から離れて、普通の女でいてくれ」という条件を出し、齢の訪問さきは、清水家だけだったという。清水文子が受けた田岡の印象は、サバサバしたいい人、よく喋り、ユーモアのある人だった。

「ぼくはこの人にだまされたんですよ。同いどしか一つくらい下と思っていたら、十もごまかされていた」

と冗談口でいうと、齢も、

「ほんと、そうなのよねえ」

と屈託なく笑った。

西村桜東洋も井上トメも出所後の齢を訪ねている。齢の甥たちが受験のために上京すれば、田岡は「おじさん」とよばれた。年齢よりも老けて、肉はしまっているが小ぶとりでヒゲの濃い、どかっとあぐらをかいた壮士のような雰囲気だったと甥の若松純治はいう。十七年の春から秋にかけ、田岡夫婦のもとから東京の学校へ通った少年は、四十年後の今、「田岡伯父はよくできた人だった」という。だが、夫婦のこまかな日常生活の記憶はのこっていなかった。

新聞社から帰ると銭湯へゆく田岡を待って、三人で夕食をとる。料理が上手で、献身的によく働く伯母と、口数もすくなく、家にいるときは本を読むか書きものをしている伯父を似合いの夫婦と思っていた。子供好きの夫婦に子供はなかった。清家と結婚していたときは、子供はつくらないようにしていると齢は言っていた。晩年、「女が歯をぐっとかみしめていりゃあ、子供なんて出来ないよ」と言っていたというが、田岡と暮した日々、子供をほしいと思った日もあるのではないだろうか。

齢と田岡の生活は、再会からわずか二年二カ月しかつづかなかった。十六年十二月に太平洋戦争が起き、占領地域は拡大された。十七年秋、治安と宣撫の行政措置として現地での新聞発行がきまる。軍当局の要請を各新聞社とも「喜んで」受けた。読売新聞社へは、陸軍からビルマ地区、海軍からはセラム地区のわりあてがくる。

セラム地区アンボン島（セレベス島の東）での邦字新聞と現地語新聞発行の要請は、十一月に伝えられ、十二月一日、現地新聞社の社長および記者から活版工まで十八人の要員と必要機材をのせた船が横浜を出航した。あわただしい編成であり出発であった。整理部からただ一人えらばれたのが、田岡好である。

選考の経緯を記憶している人はすでにない。田岡の直接の上司であった整理部長の門田武雄は四年前に亡くなっているが、東大を大正十年に卒業し、在学中は「東京帝大新人会」に属していたことがわかっている。田岡と同郷であり、おなじ整理部の同僚であった菅肇によると、門田は記事の本質をつかむ直感力をもち、すぐれた紙面をつくって「整理の神様」とよばれたという。その門田があるとき、内輪話に「田岡はもうすぐ次長だよ」と口にしたという。

すでに戦況は不利であり、制海権は奪われている。出征も南方の占領地勤務も、逃げられれば逃げたいところであった。齢はそれまで、ときどき特高が顔を見せるような生活の中で、戦争の推移にも関心なく、完全に「現在の生活」へ埋没していたようである。日の丸の小旗をふり、軍歌を歌って出征兵士を見送り、隣組の防火演習にも精を出した。田岡との平穏な幸福を守りたいという思いだけがあったように見える。戦争が二人を見逃して通過してくれればいいと思っていたかも知れない。しかし逃げられなかった。

菅肇は同郷という以上に深いつきあいのなかった田岡に、齢のような過去をもつ妻のいることなど知らなかった。大柄で楽天的なタイプの男という印象がのこっているに過ぎないという。

しかし、「続　昭和史のおんな」が『文藝春秋』に連載され、そこで田岡と若松齢との生活を読んだとき、鮮やかに思いおこされることがあったという。当時、新聞記者は順番のように外地へ派遣され、田岡がはじめてではなかった。出発が間近になった一夕《いっせき》、新聞社の五階会議室で田岡好の送別会が開かれた。門田部長の挨拶のあと、田岡は悲壮さなど気配もない様子で、つぎのように語った。

「私は途中でかりに船が沈むようなことがあっても、大丈夫だと思っています。その秘訣を教えてもらったので披露します。

カツオブシを二本、肌身離さず身につけておく。海へ放り出されたら、なにかにしがみつき、カツオブシをかじって漂流しているうちに、救いの手がさしのべられて助かるというわけです」

送られる方にも送る方にも、暗さやじめついた雰囲気はまったくなかったという。

田岡とともにアンボンへ派遣された政治部記者の安藤枯生（五十三年まで読売新聞社に在職）によれば、「行け」といわれて返事をするのに一日の猶予しかなかったという。「海軍嘱託」として行くのだから、召集はまぬがれると恩に着せられた。出発まで一週間なかった。

田岡は兵役は乙種であったが、いつ戦地へ行くのかという不安はあり、「どうせ行くなら特派員として行きたい」と口癖のように言っていたという。その田岡が戦地へ行く。

「私の恐れていたことが現実となったのだ」と齢は書いている。飛行機で現地へ行くことになっていたのが、「三日後の船で出発ときまった」といって田岡が慌しく帰宅したとき、齢は不吉な予感をおぼえた。田岡は残してゆく妻のために生命保険に加入の手つづきをし、郷里の親きょうだいに齢のことを頼む手紙を書き、齢に投函させた。

　出発の日、一度は有楽町駅に近い新聞社まで送って行ったが、時間が変更になって二人はいったん小岩の家へ帰った。数時間ののちに田岡はまた出かけてゆく。「小岩の駅でひと思いに別れたい」と田岡にいわれ、すべりこんできた電車にとび乗る田岡と一瞬のうちに別れた。誰も通らない真暗な道を、齢は泣きながら家へ帰った。齢が心の底から揺さぶられるように戦争を憎んだのは、田岡との別離に直面してである。「船はいやだ、飛行機だったらナア」と繰返して言った田岡の不安は、二カ月足らずのちに的中した。

　安藤枯生は横浜を出航するとき、はじめて田岡と会っている。四人部屋の船室の、蚕棚のようなベッドで向いあわせになった。数え年三十三歳の田岡を、六歳年下の安藤は四十くらいに見て、「こんな年配のひとが、よく来る気になったな」と思ったという。田岡は無口で、じっとベッドに横になり本を読んでいた。

　一行が乗った浅間丸は、関門海峡で沈没船のマストにふれて浸水し、船倉の活字、紙型《しけい》、製版機はすべて使用不能になる（『読売新聞百年史』）。長崎へ寄港し、資材を再整備して出航する十二月二十日まで、龍田丸へ移ったまま上陸も自由にならなかった。

　出発したきり音沙汰のなかった田岡からの手紙は、長崎の消印で届いた。これが田岡の最後の便りとなる。

南下する船内では、幹部の三人と他の十五人との間に対立を生じていた。特等室の三人と船底の十五人の確執である。田岡は先輩格の人間として改善要求の交渉に行かされるが、「そういうことは苦手でね、やりたくない」といって消極的だった。

敵の潜水艦の目をかすめて夜間航海をつづけ、セレベス島のマカッサルへ入港したのは十八年の一月三日である。一行のマカッサル到着の知らせは、一月中旬に新聞社から留守宅へ届いた。

それから一週間後、知人の家へ出かけた齢は、途中で下駄の鼻緒が切れた。先方へつくなり「田岡はもう駄目なんです」と言う。「虫の知らせっていうか予感があるのよねえ。マルクス主義ではどう説明するのかしら」と齢が言ったのはもう晩年に近づいてからだが、この日、急いで家へ帰ると、社旗を立てた高級車が隣家の横に止っていた。

一行の乗った船は一月二十三日夜、潜水艦の攻撃を受けた。四人の生存者があるが、その中に田岡はいないと門田部長は沈痛な声で伝えた。

アンボン行きの船を待ってマカッサルにいる間に、一行十八人の空気はさらに悪くなっていた。社長になるはずの村上正雄以外にはアンボンを知っている人間はいない。村上にしてもどこかの帰りに立ち寄った程度である。「どんなところか説明しろ」といわれて、「椰子《やし》の木が二、三本はえていて、どうってことはないところだ」と答え、「そんなところで仕事ができるか」とかなり険悪な議論になった。このときは田岡もよく発言した。飛行機で行かせろという交渉のラチがあかずにいるうち、明日乗船ということになった。現地人もいれて乗客は二百人ほど、小さな船だった。田岡は三人の幹部と同じく上のデッキにいたという。

午後五時頃、夕陽を右に見ながら出航したが、その夜中に魚雷を二発くった。満月の夜だったという。生存の四人は、互いに声をかけあって確認しあい、丸太につかまって二日二晩過し、海軍の舟艇に助けられた。田岡好はその中にはいない。十四人のスタッフが、魚雷の衝撃を受けた一瞬のうちに消えてしまっていた。

「ヨシミソウナン　セイシフメイ」

という電報を受けとって、清水文子はすぐ齢のところへ行った。田岡が出発してからもよく会っていたが、不安な様子は感じさせなかった。その齢が取乱してひどく泣いて、声も変り顔もはれあがっていた。「行方不明といわれても帰ってくる人がある」と慰めても、「田岡は死んだ。私にはわかる」と上ずった声でいう。見舞いの人に食べものは出しても、齢自身はのどを通らないと言ってなに一つ食べようとせず、魂がぬけてフワフワしている感じで、気がおかしくなるのではないかと不気味であった。

7　正式な嫁としての扱い

入籍はしていないが、田岡の妻として落着いてから、身のまわりにも気をつけ、齢は可愛い感じの女になっていた。小岩一帯に大水が出たとき、駅まで迎えにゆき、連れだって水たまりまで歩いてきてから、齢が田岡をおぶったという話を清水文子は聞いている。

「よくおぶれたわねえ」

「そうなのよ。靴濡れると勿体《もったい》ないから」

田岡は女二人の会話のそばにいた。

「田岡さん、本当ですか」

「そうなんです」

こだわりのない笑いになった。

田岡と知りあって九年あまりの歳月は、齢には人生を二度生きた以上の重さがあった。当局に対して書きたくない「手記」も書き、階級闘争の「没落者」にもなった。その選択を後悔させなかった男が死んだ。一度も過去の古傷にふれようとせず、貧血で倒れる癖のついた齢を出発間際まで心配していた田岡は帰ってこない。齢には生きてゆく支えがどこにもなくなった。

田岡の父は死の病床にあった。小学校の校長や村長を歴任してきたこの父もそして母も、きょうだいたちも、はじめて会う好の嫁に対して温かった。「いっしょに暮す人がいるなら、早く知らせてくれれば日陰者のような生活をさせずにすんだのに」と同情さえした。海軍の嘱託として「戦死」あつかいとなっての弔慰金など、すべてを齢にあたえた。「セラム新聞特派員十四名戦死」の記事が『読売新聞』に出るのは、昭和十九年の六月である。田岡好の写真も出ている。経歴の最後に、「江戸川区小岩町二の二八二〇の自宅には齢子未亡人がある」と書かれている。六月二十八日に社葬がおこなわれ、小岩の自宅での葬儀、郷里での葬儀と三回の葬儀に、齢は清水文子から借りた喪服を着た。遺骨のない死者である。

田岡の次兄乙二は、

「弟は子供の頃から静かで出来のいい子だった。『資本論』を読むことを私にすすめたくらいで、社会主義には理解があり、齢の過去を知っても抵抗はなかったのじゃないか。相手が刑務所へ入ったからといって、生活のすさむような男じゃないですよ。意志の強い男だったからね」

と語った。現在のこっている二人の写真は、昭和十六年頃、上海にいたこの兄のもとへ送られてきたものである。

田岡好は三十三歳になる誕生日を翌月にひかえながら死んだ。その周辺にいた人々を探しあてていくら取材を重ねても、きわだったエピソード一つ浮んでこない「静かな男」である。「まるで、齢伯母さんの人生の支え手として生れてきたような人」という甥の若松純治の言葉がいちばん印象に深い。

齢は戦後、第一回目の衆議院選挙に、共産党から立候補している。愛媛全県一区・定員九名のところへ三十七名が立候補し、齢は二十四位で落選した。この選挙には、清家敏住もシンパとして経済的援助などをしたという。

その後、齢が常任書記になった四国委員会の南予地区へ党中央からオルグとして派遣されたのが歴史家の寺尾五郎である。五郎は齢より二十歳年少であった。二人は昭和二十三年五月六日、宇和島で結婚した。

このあと、齢の戦後は寺尾五郎の妻として、裏方の人生に徹した。「自分は没落した女だ。すぐれた革命家と認めた五郎のために献身するのが役目だ」と言っていたという。集まってくる若い活動家に「はらすいてないか、電車賃はあるか」と口癖のように聞き、よく面倒を見た。

「寺尾のばあさん」とよんで親しみ、いまも忘れがたい追慕の思い出をもつ人は多い。齢は刑務所仕込みの腕を誇る針仕事をしていて、昭和四十七年一月三十日午前二時、脳溢血で倒れ、その夜亡くなった。七十一歳だった。

西村桜東洋は福岡県蓆田《むしろだ》の農地返還・賠償請求の大衆動員の渦中にいた。戦時中、軍の命令によって接収され、戦後は米軍の板付飛行場にされた農地をめぐる闘争である。

上京できない桜東洋は、故人となった寺尾齢にあてて電報を打った。

「ワガトモトシコヨ　ワガアネトシコヨ　ナニユエニカクモハヤク　ワレヲノコシテレーニンノモトニイソギツルヤ　アア」

齢は寺尾五郎が「中国派」として共産党を除名になったあと、同じように党籍を失った。そのため、日本共産党のもっとも困難な時代に党とともに歩んだ人間の一人でありながら、評価の定まらないところがある。しかし、彼女は死ぬまで共産主義者としての人生に誇りをもち、「解放の暁」を信じて疑わなかった。明治生れの女のしたたかな楽天性が齢の本領であった。

「齢は、南国の女として天衣無縫に生きていた」と寺尾五郎は明るく温い語り口だった。しかし行李一杯の齢の遺稿があることを認めながら、ついに見せることはしなかった。

『伝説の時代』は、政治の風雪に翻弄《ほんろう》されながら生きた女の、強さ、逞《たくま》しさ、豊かさとともに、弱さもみにくさも哀れさも正直にさらけ出した一冊として、独自の証言性をもっている。

暗黒の政治状況につづく戦争下の辛い時期、齢の人生を支え、自身は忘れられる死をとげた青年へのささやかな墓碑銘、それがこの稿の目的である。

注

各章とも発表の時点を軸とした記述を変更していない。また年齢は数え年を主にしてある。敬称を略し、原則として新仮名、新漢字に統一した。

『文藝春秋』掲載月号一覧

妻たちと東郷青児……………………一九七九年五月号
井上中尉夫人「死の餞別」…………一九七九年六月号
保険金殺人の母と娘…………………一九七九年七月号
志賀暁子の「罪と罰」………………一九七九年八月号
杉山智恵子の心の国境………………一九七九年九月号
チフス饅頭を贈った女医……………一九七九年十月号
性の求道者・小倉ミチヨ……………一九七九年十一月号
桝本セツの反逆的恋愛………………一九七九年十二月号
初代女性アナ翠川秋子の情死………一九八〇年十二月号
擬装結婚の愛と真実…………………一九八一年七月号

『昭和史のおんな』
単行本　一九八〇年四月
文　庫　一九八四年四月
『続　昭和史のおんな』
単行本　一九八三年五月
文　庫　一九八六年八月
『完本　昭和史のおんな』
単行本　二〇〇三年七月
すべて文藝春秋刊

編集付記

一、本書は『完本　昭和史のおんな』を底本として上下巻に分冊したものである。

一、明らかな誤植は訂正し、難読と思われる箇所にはルビを付した。

一、本文中には今日の人権意識に照らして不適切と思われる表現が見られるが、当時の社会的背景や歴史的事実を正確に伝えるため、底本のままとした。

中公文庫

完本《かんぽん》
昭《しょう》和《わ》史《し》のおんな（上《じょう》）

2024年10月25日　初版発行

著　者　澤《さわ》地《ち》久《ひさ》枝《え》

発行者　安部順一

発行所　中央公論新社
〒100-8152　東京都千代田区大手町1-7-1
電話　販売 03-5299-1730　編集 03-5299-1890
URL https://www.chuko.co.jp/

ＤＴＰ　嵐下英治
印　刷　三晃印刷
製　本　小泉製本

Published by CHUOKORON-SHINSHA, INC.
Printed in Japan　ISBN978-4-12-207569-6 C1121

中公文庫既刊より

各書目の下段の数字はISBNコードです。978－4－12が省略してあります。

さ-27-3
妻たちの二・二六事件　新装版
澤地久枝
〝至誠〟に殉じた二・二六事件の若き将校たち。彼らへの愛を秘めて激動の昭和を生きた妻たちの三十五年をたどる、感動のドキュメント。〈解説〉中田整一
206499-7

さ-87-1
百年の女　『婦人公論』が見た大正、昭和、平成
酒井順子
「婦人と言えども人である」と言われた創刊時から一世紀。女の上半身と下半身を見つめ続けた一四〇〇冊余を繙いた異色の近現代史！〈解説〉中島京子
207377-7

あ-36-2
清朝の王女に生れて　日中のはざまで
愛新覚羅顕琦《あいしんかくらけんき》
故郷や実姉の「女スパイ」川島芳子の思い出、女子学習院留学から文革下二十数年の獄中生活など、さすらいの王女の感動的な自伝。〈解説〉上坂冬子
204139-4

あ-72-1
流転の王妃の昭和史
愛新覚羅浩《あいしんかくらひろ》
満洲帝国皇帝弟に嫁ぐも、終戦後は夫と離れ次女を連れて大陸を流浪、帰国後の苦しい生活と長女の死……激動の人生を綴る自伝的昭和史。〈解説〉梯久美子
205659-6

う-3-7
生きて行く私
宇野千代
〝私は自分でも意識せずに、自分の生きたいと思うように生きて来た〟ひたむきに恋をし、ひたすらに前を見つめて歩んだ歳月を率直に綴った鮮烈な自伝。
201867-9

く-16-9
愛して生きて　宇野千代伝
工藤美代子
尾﨑士郎、梶井基次郎、東郷青児……。文豪、画家たちと恋した女流作家・宇野千代。艶やかなる官能の日々を辿る話題騒然のドキュメンタリー・ノベル！
206831-5

え-7-2
食卓のない家
円地文子
過激派学生による人質籠城事件。世間は学生だけでなく親たちの責任も追及するが——連合赤軍事件をモチーフに個人と社会のあり方を問う。〈解説〉篠田節子
207166-7

か-93-1
動乱の蔭に　川島芳子自伝
川島　芳子
清朝の王女として生まれ、祖国再興に身を捧げる。初恋の思い出や女性を捨てた経緯を語る。伝説の「男装の麗人」による半生記を初文庫化。〈解説〉寺尾紗穂
207109-4

く-12-1
鹿鳴館の貴婦人 大山捨松　日本初の女子留学生
久野　明子
会津藩に生まれ十一歳で日本初の女子留学生として渡米、のち陸軍卿大山巖と結婚して〈鹿鳴館の華〉と謳われた曾祖母の素顔を追う。〈解説〉佐伯彰一
201999-7

さ-88-1
学ぶこと 生きること　女性として考える
猿橋　勝子
「死の灰」による放射能汚染についてアメリカの誤りを正し、核兵器の危険性を訴えた地球科学者（「猿橋賞」創設者）の奮闘の記録。〈解説〉黒田玲子
207391-3

は-54-4
愉快なる地図　台湾・樺太・パリへ
林　芙美子
旅だけがたましいのいこいの場所——台湾、満洲、欧州など、肩の張らない三等列車一人旅を最上とする著者の若き日の旅。文庫オリジナル。〈解説〉川本三郎
207200-8

は-54-5
掌の読書会 柚木麻子と読む 林芙美子
林　芙美子
柚木麻子 編
「おフミさん」のふてぶてしさに何度も元気づけられた——作家・柚木麻子が、数多く残された短篇・エッセイから一二篇を選び、魅力を語る。〈解説〉今川英子
207367-8

は-54-6
トランク　林芙美子大陸小説集
林　芙美子
旅好きで知られる林芙美子が欧州、ロシア、満洲を描いた小説を集成。絶筆「漣波」を含む七篇と、川端康成が「漣波」単行本刊行時に寄せたあとがきを収録。
207406-4

ふ-18-1
旅　路
藤原　てい
戦後の超ベストセラー『流れる星は生きている』の著者が、三十年の後に、激しい試練に立ち向かって生きた人生を辿る感動の半生記。〈解説〉角田房子
201337-7

ふ-18-5
流れる星は生きている
藤原　てい
昭和二十年八月、ソ連参戦の夜、夫と引き裂かれた妻と愛児三人の壮絶なる脱出行が始まった。敗戦下の苦難に耐えて生き抜いた一人の女性の厳粛な記録。
204063-2

各書目の下段の数字はISBNコードです。978－4－12が省略してあります。

み-56-1
知覧からの手紙 新版
水口文乃
特攻隊員が愛する人に伝えたかった思いとは。戦後六十年以上を経て、婚約者が語り尽くした、あの時代とある愛のかたち。全面改稿を施したロングセラー新版。
207422-4

お-2-13
レイテ戦記(一)
大岡昇平
太平洋戦争の天王山・レイテ島での死闘を再現した戦記文学の金字塔。巻末に講演「『レイテ戦記』の意図」を付す。毎日芸術賞受賞。〈解説〉大江健三郎
206576-5

お-2-14
レイテ戦記(二)
大岡昇平
リモン峠で戦った第一師団の歩兵は、日本の歴史自身と戦っていたのである――インタビュー「『レイテ戦記』を語る」を収録。〈解説〉加賀乙彦
206580-2

お-2-15
レイテ戦記(三)
大岡昇平
マッカーサー大将がレイテ戦終結を宣言後も、徹底抗戦を続ける日本軍。大西巨人との対談「戦争・文学・人間」を巻末に新収録。〈解説〉菅野昭正
206595-6

お-2-16
レイテ戦記(四)
大岡昇平
太平洋戦争最悪の戦場を鎮魂の祈りを込め描く著者渾身の巨篇。巻末に「連載後記」、エッセイ「『レイテ戦記』を直す」を新たに付す。〈解説〉加藤陽子
206610-6

い-13-5
生きている兵隊(伏字復元版)
石川達三
戦時の兵士のすがたと心理を生々しく描き、そのリアリティ故に伏字とされ発表された、戦争文学の傑作。伏字部分に傍線をつけた、完全復刻版。
203457-0

い-65-2
軍国日本の興亡 日清戦争から日中戦争へ
猪木正道
日清・日露戦争に勝利した日本は軍国主義化し、国際的に孤立した。軍部の独走を許し国家の自爆に至った経緯を詳説する。著者の回想「軍国日本に生きる」を併録。
207013-4

い-123-1
獄中手記
磯部浅一
「陛下何という御失政でありますか」。貧富の格差に憤り国家改造を目指して蹶起した二・二六事件の主謀者が綴った叫び。未刊行史料収録。〈解説〉筒井清忠
206230-6

い-103-1
ぼくもいくさに征くのだけれど 竹内浩三の詩と死
稲泉 連
映画監督を夢見つつ23歳で戦死した若者が残した詩は、戦後に蘇り、人々の胸を打った。25歳の著者が、戦場で死ぬことの意味を見つめた大宅壮一ノンフィクション賞受賞作。
204886-7

い-108-6
昭和16年夏の敗戦 新版
猪瀬直樹
日米開戦前、総力戦研究所の精鋭たちが出した結論は「日本必敗」。それでも開戦に至った過程を描き、日本的組織の構造的欠陥を衝く。〈巻末対談〉石破 茂
206892-6

い-108-7
昭和23年冬の暗号
猪瀬直樹
東條英機はなぜ未来の「天皇誕生日」に処刑されたのか。敗戦国日本の真実に迫る『昭和16年夏の敗戦』完結篇。新たに書き下ろし論考を収録。〈解説〉梯久美子
207074-5

か-56-12
昭和怪優伝 帰ってきた昭和脇役名画館
鹿島 茂
荒木一郎、岸田森、川地民夫、成田三樹夫……。今なお眼に焼き付いて離れない昭和の怪優十二人を、映画狂・鹿島茂が語り尽くす！ 全邦画ファン、刮目せよ！
205850-7

き-15-17
香港・濁水渓 増補版
邱 永漢
戦後まもない香港で、台湾人青年がたくましく生き抜くさまを描いた直木賞受賞作「香港」と、同候補作「濁水渓」を併録。随筆一篇を増補。〈解説〉東山彰良
207058-5

き-15-18
わが青春の台湾 わが青春の香港
邱 永漢
台湾、日本、香港——戦中戦後の波瀾に満ちた半生を綴った回想記にして、現代東アジア史の貴重な証言。短篇「密入国者の手記」を特別収録。〈解説〉黒川 創
207066-0

し-10-5
新編 特攻体験と戦後
島尾敏雄
吉田 満
戦艦大和からの生還、震洋特攻隊隊長という極限の実体験とそれぞれの思いを二人の作家が語り合う。関連するエッセイを加えた新編増補版。〈解説〉加藤典洋
205984-9

し-10-6
妻への祈り 島尾敏雄作品集
島尾敏雄
梯久美子 編
加計呂麻島での運命の出会いから、二人はどのようにして『死の棘』に至ったのか。島尾敏雄の諸作品から妻ミホの姿を浮かび上がらせる、文庫オリジナル編集。
206303-7

各書目の下段の数字はISBNコードです。978－4－12が省略してあります。

し-11-2
海辺の生と死
島尾ミホ
記憶の奥に刻まれた奄美の暮らしや風物、幼時の思い出、特攻隊長として島にやって来た夫島尾敏雄との出会いなどを、ひたむきな眼差しで心のままに綴る。
205816-3

し-45-2
昭和の動乱（上）
重光葵
重光葵元外相が巣鴨獄中で書いた、貴重な昭和の外交記録である。上巻は満州事変から宇垣内閣が流産するまでの経緯を世界的視野に立って描く。
203918-6

し-45-3
昭和の動乱（下）
重光葵
重光葵元外相は巣鴨に於いて新たに取材をし、この記録を書いた。下巻は終戦工作からポツダム宣言受諾、降伏文書調印に至るまでを描く。〈解説〉牛村　圭
203919-3

と-18-1
失敗の本質　日本軍の組織論的研究
戸部良一／寺本義也／鎌田伸一／杉之尾孝生／村井友秀／野中郁次郎
大東亜戦争での諸作戦の失敗を、組織としての日本軍の失敗ととらえ直し、これを現代の組織一般にとっての教訓とした戦史の初めての社会科学的分析。
201833-4

と-28-1
夢声戦争日記　抄　敗戦の記
徳川夢声
活動写真弁士を皮切りに漫談家、俳優としてテレビ・ラジオで活躍したマルチ人間、徳川夢声が太平洋戦争中に綴った貴重な日録。〈解説〉水木しげる
203921-6

た-73-1
沖縄の島守　内務官僚かく戦えり
田村洋三
四人に一人が死んだ沖縄戦。県民の犠牲を最小限に止めるべく命がけで戦い殉職し、今もなお「島守の神」として尊敬される二人の官僚がいた。〈解説〉湯川　豊
204714-3

の-2-3
海軍日記　最下級兵の記録
野口冨士男
どこまでも誠実に精緻に綴られた、横須賀海兵団で過ごした一九四四年九月から終戦までの日々。戦争に行くはずのなかった「弱兵」の記録。〈解説〉平山周吉
207080-6

の-3-13
戦争童話集
野坂昭如
戦後を放浪しつづける著者が、戦争の悲惨な極限に生まれえた非現実の愛とその終わりを「八月十五日」に集約して描く、万人のための、鎮魂の童話集。
204165-3

の-3-15
新編「終戦日記」を読む
野坂昭如
空襲、原爆、玉音放送……あの夏の日、日本人は何を思ったか。文人・政治家の日記を渉猟し、自らの体験を綴る。戦争随筆十三篇を増補。〈解説〉村上玄一
206910-7

は-57-3
神やぶれたまはず　昭和二十年八月十五日正午
長谷川三千子
玉音放送を拝したラジオの前の人びとは、一瞬の静寂のうちに、何を聞きとったのだろうか。忘却された奇蹟を掘り起こす精神史の試み。〈解説〉桶谷秀昭
206266-5

ほ-1-1
陸軍省軍務局と日米開戦
保阪正康
選択は一つ――大陸撤兵か対米英戦争か。東条内閣成立から開戦に至る二カ月間を、陸軍の政治的中枢である軍務局首脳の動向を通して克明に追求する。
201625-5

ま-53-1
月白《つきしろ》の道　戦争散文集
丸山豊
ビルマ戦線から奇跡的に生還した軍医詩人が綴る〝白骨街道〟泥濘二〇〇〇キロの敗走。詩情香る戦記文学の白眉。谷川雁、野呂邦暢、川崎洋らの寄稿を収録。
207091-2

Cみ-1-18
水木しげるの戦場　従軍短篇集
水木しげる
昭和十八年召集、兵士として過酷な日々を過ごし、ラバウルの戦闘で味方は全滅、自身は銃撃で左腕を失う。実体験に基づく傑作漫画戦記集。〈解説〉呉智英
206275-7

み-54-1
台湾鉄路千公里　完全版
宮脇俊三
一九八〇年、戒厳令下の台湾での全線乗りつぶしの旅のエッセイに、その後の増設鉄路をカバー、全島一周を達成した紀行を増補した完全版。〈解説〉関川夏央
207251-0

み-54-2
時刻表昭和史　完全版
宮脇俊三
ハチ公のいた渋谷駅、玉音放送を聞いた今泉駅。歴史の節目は鉄道とともにあった。元祖・乗り鉄による昭和史にエッセイ、北杜夫との対談を増補した完全版。
207382-1

や-59-1
沖縄決戦　高級参謀の手記
八原博通
戦没者は軍人・民間人合わせて約20万人。壮絶な沖縄戦の全貌を、第三十二軍司令部唯一の生き残りである著者が余さず綴った渾身の記録。〈解説〉戸部良一
206118-7

各書目の下段の数字はISBNコードです。978-4-12が省略してあります。

ゆ-2-23
軍旗はためく下に 増補新版
結城昌治
陸軍刑法上、死刑と定められた罪で戦地で裁かれ処刑された兵士たち。戦争の非情を描く直木賞受賞作に著者自作解説を増補。〈解説〉五味川純平／川村湊
206913-8

よ-24-7
日本を決定した百年 附・思出す侭
吉田茂
偉大なるわがままと楽天性に満ちた元首相の個性が描き出した近代史。世界各国に反響をまき起した名篇が文庫にて甦る。単行本初収録の回想記を付す。
203554-6

よ-24-8
回想十年（上）
吉田茂
政界を引退してまもなく池田勇人や佐藤栄作らを相手に語った回想。戦後政治の内幕を述べつつ日本が進むべき「保守本流」を訴える。〈解説〉井上寿一
206046-3

よ-24-9
回想十年（中）
吉田茂
吉田茂が語った「戦後日本の形成」。中巻では、自衛隊創立、農地改革、食糧事情そしてサンフランシスコ講和条約締結の顚末等を振り返る。〈解説〉井上寿一
206057-9

よ-24-10
回想十年（下）
吉田茂
戦後日本はどのように復興していったのか。下巻では、ドッジライン、朝鮮戦争特需、三度の行政整理など、主に内政面から振り返る。〈解説〉井上寿一
206070-8

よ-47-1
洟《はな》をたらした神
吉野せい
詩人である夫とともに開墾者として生きた女性の年代記。残酷なまでに厳しい自然、弱くも逞しくもある人々、夫との愛憎などを、質実かつ研ぎ澄まされた言葉でつづる。
205727-2

よ-58-1
首里城への坂道 鎌倉芳太郎と近代沖縄の群像
与那原恵
大正末期から昭和初期に琉球文化の貴重な資料を残した研究者・鎌倉芳太郎、初の評伝。河合隼雄学芸賞、石橋湛山記念早稲田ジャーナリズム大賞受賞作。
206322-8

よ-58-2
歴史に消えたパトロン 謎の大富豪、赤星鉄馬
与那原恵
日本初の学術財団「啓明会」を設立、釣りやゴルフで名を馳せ、吉田茂ら華麗なる人脈を持ちながら、何も残さず消えた謎の実業家の一生。〈解説〉宇野重規
207501-6